ボワソナードと近世自然法論における所有権論

所有者が二重売りをした場合に関するグロチウス、プーフェンドルフ、トマジウスおよびヴォルフの学説史

出雲　孝

国際書院

ボワソナードと近世自然法論における所有権論：
所有者が二重売りをした場合に関するグロチウス、
プーフェンドルフ、トマジウスおよびヴォルフの学説史
by
Takashi Izumo

ISBN978-4-87791-277-2 C3032 Printed in Japan

まえがき

本書は、中央大学大学院法学研究科へ提出した博士論文に、加筆修正を加えたものである。現在、民法典の改正作業が進む中で、現行民法典の成立史、とりわけその前身であるボワソナード草案の内容に検討を加えることは、有意義であろうと思われる。従来、ボワソナードの法思想は、啓蒙期自然法論とは異なるという理解が一般的であった。本書は、両者の所有権論にもとづいて、このような通説を検証したものである。とりわけ売買における所有権とその移転に着目したのは、第1章でも述べるように、素材の豊富さである。近世自然法論における二重売りの問題は、所有権概念の発展史、契約類型の整備、所有権移転の要件に関する鋭い洞察を含んでいる。しかし、現実の思考プロセス、すなわち、いかなる研究もその動機となる先行研究を持つという事実に鑑みれば、本書は、津野義堂教授の論文［99］に触発されているところが大きい。

ボワソナードと近世自然法論との異同は、なにを意味するのであろうか。この問いに対しては、あらかじめ、3つの観点から答えることができる。第一に、自然法は、国際法の側面を持つ。国家間の法的関係を規律する自然法は、そのままでは国内法となりえない。近世自然法論のなかには、最初からボワソナードが取り得ない規則が存在する。第二に、自然法は、立法の基礎理論を提供する。いかなる法典編纂も、それが実定法外部での議論である以上、別の規範に立脚点を求めねばならない。その候補のひとつが、ボワソナードにおいては自然法だったのである。第三に、自然法は、世界道徳という性格を内在させる。世界道徳としての法は越境的であり、ここに、フランスと日本という、ふたつの異なる法文化圏を繋ぐ普遍的性格があった。本書で展開される論述は、以上の３点から、大きく枠付けることができよう。

本書の執筆にあたっては、指導教授の津野義堂氏を始め、多くの方々にお世話になった。とりわけ、ローマ法の解釈については、中央大学法学部准教授の森光氏、筑波大学人文社会系准教授の宮坂渉氏および上智大学ローマ法研究会の方々から、大きな示唆を得ている。また、哲学的考察については、長年の友人であるラクトゥア・ローザ氏およびラティワ・オルゴール氏から、助言をいただいた。

最後に、昨今の厳しい出版事情のもとにありながら、本書の出版を引き受けてくださった国際書院代表取締役の石井彰氏に、この場を借りて御礼申し上げる。

2016年７月　東京にて

出雲　孝

目　次

ボワソナードと近世自然法論における所有権論：
所有者が二重売りをした場合に関するグロチウス、プーフェンドルフ、トマジウスおよびヴォルフの学説史

目　次

第1章　先行研究と問題設定

1890年4月21日、旧民法典の財産法に関する部分が公布され、1893年1月1日からの施行が予定された。しかし、1892年、帝国議会において施行の延期が確定し、以後この法典が日の目を見ることはなかった。この施行延期の一因となったのが、いわゆる法典論争である。

大久保泰甫［94］は、この法典論争について、①政府内部および政治家のレベルでの議論、②専門知識のある法律家のレベルでの議論、③法学にはしろうとの一般国民のレベルでの議論をそれぞれ区別すべきであると述べている[1]。以下では、大久保［94］のこの分類に従い、②のレベルにおける議論を見て行く。

穂積陳重［109］は、ボワソナード民法典施行断行派と延期派との対立を、自然法論と歴史法学との対立であると評価した。「この争議の原因は、素と両学派の執るところの根本学説の差違に存するのであって、その実自然法派と歴史派との論争に外ならぬのである」[2]。

この穂積［109］の評価が論争の全般に渡って妥当するか否かはさておき、ボワソナード自身が自然法を高く評価して彼の法律哲学の基礎に据えていることからも[3]、ボワソナードが何らかの意味で自然法論者であったことには疑いの余地がない[4]。

また、施行延期派の論者たちが、ボワソナード草案の自然法論的側面を批判していたことも事実である[5]。例えば、富井政章［106］は[6]、ボワソナード草案における自然法論的傾向を2つの観点から次のように非難している[7]。

> 先ツ新民法ノ基本トモ稱スヘキ考ヘ如何ト尋ヌルニ已ニ數十年前ニ斃レタル性法又ハ自然法ニ外ナラサルカ如シ條文ノ上ヨリ其證據ヲ擧ク

> レハ所謂義務ノ定義中ニ自然法ヲ加ヘタル如キハ古來何レノ書ニモ其例ヲ見サル所ナリ（財産編第二百九十三條）惟フニ是レ羅馬法ニ於テ特別ノ必要ヨリ認メタル自然義務ナルモノヲ取ツテ之ニ自然法ノ基礎ヲ與ヘタルモノナルヘシ又幸ニ刪除ニハナリタレトモ所有權ノ定義ニモ自然法上ノ權利ト云フ語アリキ其他註釋書ヲ讀ムトキハ自然法ニ基キ説明ヲ與ヘタル條規幾許アルヤヲ知ラス

富井［106］は、ここで２つの点を指摘している。第一に、ボワソナード草案には、自然法をそのまま取り込んだ条文が見られることである。その例として、彼は、自然債務を挙げている。第二に、ボワソナードが、草案の註釈において、非常に多くの条文を、自然法にもとづいて説明していることである。

ところが、1972 年に田中耕太郎［101］は、「その自然法論が如何なるものであつたかについては遺憾ながら深く検討することなしに放置せられている感がある」という問題の提起を行った[8]。以後、この問いに対しては様々な先行研究が為されており、これを大まかに分けると、ボワソナード自身の思想・哲学に着目する手法と[9]、ボワソナード草案における個々の法制度に着目する手法とに二分される[10]。前者のアプローチについては、田中［101］の以下のテーゼが議論の鏑矢となっている[11]。

> ボアッソナードが自然法論者であつたことは周知の如くであるが、しかしそれが如何なる内容のものであるかは従来余り明瞭にせられていなかった。彼は十七八世紀の頃の啓蒙的自然法学派に属しない。この故に彼の思想はフランス革命のそれと出発点を異にしている。啓蒙期のそれ、フランス革命のそれは非宗教的（laïque）のものであるが、彼のものは、アリストテレス的、クリスト教的、スコラ的のそれ、すなわち宗教的性質のものである。彼の理論は総て神に対する信仰に依つて統一せられていたのである。

この田中［101］テーゼは、その後の研究においてもその大筋について承認を得ている[12]。但し、高橋良彰［93］と池田真朗［98］はともに、田中［101］テーゼに若干の制約を付している。高橋［93］によれば、なるほどボワソナードはトマス・アクィナスの神学と哲学を基礎としているけれども、「かれが中世における聖トマスの理論を、そのままそっくり踏襲していることを意味するものではない。またかれが、カトリックの公定の社会理論をうのみにし、それに盲目的にしたがっていたことを意味するものでもない」（傍点部は原文ママ）[13]。また、池田［98］も、「彼の旧民法草案の規定は決して彼の法思想の中の宗教的色彩を直接に発現させるものではない」と述べている[14]。

後者のアプローチ、すなわちボワソナード草案における個々の法制度に着目するアプローチについて見ると、二重譲渡における悪意者排除の規定について、2つの異なる見解が見られる[15]。

ひとつは、高橋［81］に代表される見解である。高橋［81］によれば、ボワソナードは、自然法上の要請にもとづいて、不動産の二重譲渡の場合に悪意の第二譲受人を保護しなかった[16]。

> 不動産譲渡について、ボワソナードは、第二譲受人になぜ「善意」を法律で要求するのか、という点については、明確な理由を述べていない。ただ、先取特権や抵当権の二重設定における登記 inscription の場合に、第二設定者の善意を問題とはしないとする理由を述べている部分（no. 214, p. 219）で、動産や債権譲渡の問題について見た思想が顔を出している。つまり、ボワソナードは、所有権の二重譲渡や支分権の設定の際に問題となる第一譲受人との権利の排他的競合の問題が、先取特権や抵当権の二重設定の際には、他の担保（保証など）の設定によって、避けられ得るとの考えを示し、先取特権や抵当権の二重設定の際の第二設定者の善意は、問題とされないとの結論を下している。したがって、逆に所有権の二重譲渡のような場合には、第二譲

受人になろうとする者が、第一譲受人がすでに所有権を得ていることを知っている場合には、当然に合意を取り結ぶべきでないことが、法律の規定の前提として要求されていると理解することができる。第二譲受人の倫理的判断、つまり後に彼の自然法思想を表現する標語として見る「他人を害するな」という自己規律が、その合意の際には要求されているのである。

これに対して、七戸克彦［83］は、高橋［81］テーゼを「極めて重要である」と評価しながらも[17]、この問題についてより倫理的色彩の薄い解釈を加えている[18]。

ここにいう《bonne foi》は、正確には「合理的な信頼」とでも訳すべきものであり、右信頼の基礎をそもそも欠く場合や信頼することにつき合理性のない場合（とりわけ第三者の過失・無過失の問題）を考慮の対象に取り込んでいる点において、単に「知らないこと」という意味での「善意」概念よりも広いものと解される。担保権に関して善意・悪意を不問とするボワソナードの記述は、担保権に関してはそのような信頼の基礎がないとしたもの、と解すべきではなかろうか。

七戸［83］のテーゼは、公示制度が「不知の者に認識させる」ことを目的としている以上、「右制度の保護の対象となるのは、善意者に必然的に限定される」というボワソナードのフランス法解釈を前提としているように思われる[19]。七戸［83］が第二譲受人のbonne foiを「合理的な信頼」と訳しているのも、「不知の者に認識させる」ことを公示制度の本質と見ているからであろう。

このように、従来のボワソナード研究は、濃淡の差はあれども、自然法論からの影響という主題に関して言えば、彼の倫理的側面に関心を向けている。では、ボワソナードが自然法論者と呼ばれるのは、草案の全体あるいはその個々の法制度の中に、自然法思想に依拠した倫理観が反映されているということに尽きるのであろうか。

なるほど、ボワソナードが、田中［101］の挙げていた面々、すなわちアリストテレスおよびスコラ哲学のみから自然法論を汲み取っていたならば、彼が自然法論から受けた影響は、法の倫理的側面に限られると言えよう。なぜなら、アリストテレスやキリスト教の神学者たちが打ち立てたのは、法学ではなく倫理学だからである。これに対して、ボワソナードが世俗的自然法論からも影響を受けていたならば、事情は異なってくる。その場合は、倫理的・宗教的な側面が後退して、合理的な法制度が前面に押し出される。

それゆえに、ボワソナード草案が倫理的なレベルではなく、純粋に私法のレベルにおいて自然法論的であるか否かは、また別の問題として解決されねばならない。そこで、筆者は、この問いに答えるために、本論文のテーマを以下のように絞り込むことにする。

まず、筆者は、比較の対象を、グロチウスに始まる17世紀から18世紀にかけての近世自然法論に限定する。このことは、一見すると、田中［101］テーゼに反しているかのように見える。しかし、既に述べたように、アリストテレスやトマス・アクィナスは法学を専門とした学者ではないので、彼らの著作の中に具体的な私法の比較対象を求めることは困難である。また、田中［101］テーゼが明らかにしているのは、ボワソナードが法の基礎論部分においては啓蒙期自然法論の伝統に属していないということであり、個々の法制度がそこから影響を受けていないということではない。

次に、筆者は、自然法論というカテゴリーの中から、フーゴー・グロチウス（Hugo GROTIUS, 1583-1645年）、ザミュエル・フォン・プーフェンドルフ（Samuel von PUFENDORF, 1632-1694年）、クリスティアン・トマジウス（Christian THOMASIUS, 1655-1728年）およびクリスティアン・ヴォルフ（Christian WOLFF, 1697-1754年）を取り上げる。この4人に限定する理由は、彼らが単に著名だからというだけではない[20]。ボワソナード草案との比較を行う以上、彼がフランスの法学者であることを考慮しなければならない。すなわち、フランスの法学に影響を与えたと推測される近世自然法論者を選び出し、影響を与えなかったと推測される近世自然法論者は除外しなければならない。すると、フランスへ近世自然法論を伝えるのに重要な役割を果たしたジャン・バルベイラック（Jean BARBEYRAC, 1674-1744 年）の貢献を無視することはできない。バルベイラックは、専らグロチウスおよびプーフェンドルフの著作をフランス語に翻訳し、それに独自の註釈を付した[21]。そして、この翻訳と註釈は、著名なフランスの法学者たちに援用されたのである。したがって、グロチウスとプーフェンドルフが最初の候補となる。また、バルベイラックは、グロチウスやプーフェンドルフの著作に註釈を付ける上で、彼の友人であったトマジウスの見解を参照した。したがって、トマジウスの名前も挙げておく必要がある。最後に、19 世紀においてはフランスへの影響力がやや過大視されていたものの、バルベイラックに与えた影響という理由から、ヴォルフも重要である[22]。

さらに、比較の対象となる素材として、二重売りを選択する。筆者は、二重売りという言葉で、所有者が自分の物を 2 人の買主に別々に売る事案を念頭に置いている。この二重売りにおいて、売主の所有権は、どちらの買主へどのような要件の下で移転するのか。これが、今回の論文において主たるテーマとなる問いである。このような事案を選択したのは、以下の 3 つの理由による。

第一に、グロチウスからボワソナードまでを幅広く比較する以上、全員が扱っている論点を選ばねばならない。そして、筆者は、この二重売りが近世自然法論者たちによって詳細に論じられていることを確認した。

第二に、二重売りという素材によって、多様な法制度を比較することが可能である。前述の問いは、所有権とは何か、所有権は一般的にどのような要件の下で移転するか、売買とは何か、売買と所有権移転との関係はどのようなものか、非所有者から買った買主に対する法的保護の有無など、多岐にわたる論点を含んでいる。

第三に、二重売りに関する近世自然法論の学説は、ローマ法から離れており、また17世紀から18世紀にかけてのフランスの著名な法学者すなわちドマおよびポティエの学説とも異なっているからである[23]。近世自然法論に固有でない学説を調べたとしても、ボワソナードがそこから影響を受けたか否かは明らかにならない。とりわけ、17世紀から18世紀にかけての近世自然法論の学説を見るときは、ローマ法および当時のフランスにおける学説との異同に注意する必要がある。

最後に、筆者は、二重売りの中でも、特定物動産の二重売りに限定した。これは、近世自然法論者たちが、登記制度というものを知らず、また、不特定物の譲渡についてはあまり紙面を割いていないことを理由としている。したがって、本論文において物が売られたと言われるときは、特に断りがない限り、特定物動産を念頭に置いている。

以上で、本書の問題設定を終えた。以下、本論へ入ることにする。

注

1　大久保［94, p. 76］

2　穂積［109, p. 342］

3　Boissonade［57, pp. 13-14］

4　その概要については大久保［93, pp. 57-71］を参照。

5　法律家によって提出された施行延期論の有名な論文としては、法典論争の火蓋を切ったとされる「法典編纂ニ関スル意見」あるいはその表題において大きなインパクトを有した「民法出デヽ忠孝亡ブ」が挙げられよう。しかし、これらの論文は、ボワソナード草案の具体的な条文を理論的に批判するというよりも、その拙速主義や泰西主義に対する批判、あるいはキリスト教の個人主義に対する抽象的な論難を中心としている。大久保［93, pp. 160-161］［93, pp. 170-171］

6　大久保［93］は、この富井論文の内容を、①自然法論に対する批判、②条文の過多に対する批判、③比較法的研究とりわけドイツ民法典草案との比較がないことに対する批判、④慣習無視に対する批判の4点にまとめている。大久保［93, p. 77］

7　富井［106, p. 62］

8　田中［101, p. 561］

9　田中［101］、池田［98］、吉田［71］がある。

10　高橋［81］、七戸［83］がある。

11　田中［101, pp. 587-588］

12　「確かに、ボワソナアドの全思想の根底には、クリスト教の信仰、もっと正確にいえば、カトリック的な、全知全能の神に対する揺るぎない信仰が存在するといえる。そしてその自然法思想の全体的基礎的な枠組をなしているのは、聖トマス・アクィナスの神学と哲学であると考えられる。したがってボワソナアドの思想は、スコラ的な自然法論を基礎としているといって大過はないと思われる」（傍点部は原文ママ）。高橋［93, p. 58］「私見も、ボワソナードの思想の根底が、キリスト教的スコラ的な自然法論であることは、彼の言動や講義録等を読み込むなかで確かにそう感じるものである」（傍点部は原文ママ）。池田［98, p. 12］

13　高橋［93, p. 58］

14　池田［98, p. 12］

15　片山［108, p. 22］

16　高橋［81, pp. 649-650］。動産の二重譲渡については、高橋［81, p. 642］を、債権の二重譲渡については、高橋［81, pp. 642-643］を参照。

17　七戸［83, p. 227］

18　七戸［83, p. 228］

19　七戸［83, pp. 223-224］

20　Thiemeも、17-18世紀における最も重要な自然法論者として、この4人を挙げている。Thieme［40, pp. 6-10］

21　バルベイラックの貢献については、大川［97, pp. 172-178］を参照。

22　Stolleis［38, p. 278］

23　所有権移転に関するドマおよびポティエの学説については、鎌田［70, pp. 79-92］を参照。

第2章　ボワソナード

はじめに

ボワソナードにおける近世自然法論の影響を見ることが、本書の課題である。よって、ボワソナードの二重売り論を最初に概観する。ボワソナードの二重売り論において明らかになった論点を、近世自然法論者たちの体系の中に求めるのが、順序として適切だからである[1]。

第1節　承継的な所有権移転の一般規則

1　所有権 propriété の定義

■所有権とは使用収益処分する権利である　まず、ボワソナードが所有権をどのように捉えていたかを見よう[2]。ここで筆者が「所有権」と訳しているのは、propriété というフランス語である。ボワソナードは、プロジェ新版31条において propriété を次のように定義している。

BOISSONADE, *Projet de Code Civil, nouvelle éd.*, liv. 2., art. 31.[3]

La propriété est le droit naturel d'user, de jouir et de disposer d'une chose, de la manière la plus étendue, dans les limites et sous les condi-	propriété とは、最も広い意味では、物を使用、収益、処分する自然な権利である。但し、法律および諸法規によってあるいは当事者たちの合意

tions apportées, soit par la Loi et les Règlements, soit par les conventions particulières ou par testament. [544.]

ないし遺言によって定められた制限および条件に従う［フランス民法典544条］。

この条文によれば、propriété とは、物を使用収益処分する権利である[4]。では、「使用」（user）、「収益」（jouir）、「処分」（disposer）とは何か。ボワソナードは、プロジェ新版31条に対する註53で、これらを次のように定義している。

BOISSONADE, *Projet, nouvelle éd.*, liv. 2-1., n° 53.[5]

[...] *User*, c'est tirer de la chose une utilité, des services continus: comme habiter une maison, employer un animal à des travaux, se servir d'un objet mobilier;

［...］使用するとは、物から有用性ないし継続的な手助けを手に入れることである。例えば、住宅に住むこと、動物を労働のために用いること、動産を自分のために用いることである。

Jouir, c'est tirer d'une chose des produits, des revenus périodiques, comme les fruits d'un fonds de terre, les petits des animaux, le lait, la laine, etc;

収益するとは、物から果実ないし定期的な産物を手に入れることである。例えば、土地の果実、動物の子、乳、毛などである。

Disposer, c'est faire de la chose un usage qui ne se renouvellera pas pour le propriétaire, un usage *final* qui la fait sortir de son patrimoine: par exemple *aliéner*. [...]

処分するとは、所有者によって繰り返されることのない使用を物に施すこと、すなわちその物を彼の財産から除外する最後の使用である。例えば、譲渡がこれに当たる。［...］

これらはいずれも分かり易い説明であり、改めて解釈し直す必要はないであろう。これらのうち、今回のテーマと最も密接なのは、処分する権利である。ボワソナードが述べる処分する権利とは、その物の所有者であることを止める権利である。処分には、譲渡も含まれる。なぜなら、譲渡も、所有者であることを止める行為だからである[6]。

2　承継的な所有権移転の一般規則

■譲渡の合意によって特定物の所有権は移転する　このように、所有権には、これをもはや取戻さないという形で移転する権利、つまり、自分が所有者であることを止めて他人を所有者にする権利も含まれているので、次に、この所有権がどのように移転するかを見る必要がある。ボワソナードは、特定物に関する所有権移転の一般規則を、次のように定めている。

BOISSONADE, *Projet, nouvelle éd.*, liv. 2., art. 351.[7]

La convention de donner, à titre onéreux ou gratuit, une chose individuellement déterminée ou corps certain, soit mobilière soit immobilière, transfère la propriété au stipulant, immédiatement et indépendamment de la tradition due; sans préjudice de ce qui sera ultérieurement statué au sujet de la condition suspensive dont la convention peut être affectée. [1138, 1583]

「譲渡の合意」(convention de donner) は、有償の権原によってであれ無償の権原によってであれ、特定の個物あるいは一定の集合物のpropriétéを、動産であるか不動産であるかを区別せずに、約権者に、即座に引渡から独立して移転させる。但し、合意に付されることができる停止条件に関して後で規定されるであろうことは除かれる。[フランス民法典1138条、1583条]

この条文によれば、所有権は、「譲渡の合意」(convention de donner) によって所有者から譲受人へ移転する。したがって、譲渡の合意とは、所有者が自己の所有権をもはや取戻さないという形で譲受人へ移転する合意を意味する。ところで、convention とは、ボワソナードの定義によれば、始めは異なる考えを有していた当事者たちが、後から同じ感情および意思を有するに至ったことを表示することである[8]。したがって、譲渡の合意とは、始めはお互いの間で所有権を移転する考えを有していなかった当事者たち（所有者[9]と譲受人）が、後からお互いの間で所有権を移転する考えに至ったことを表示するときを言う。そして、このような合意が行われるや否や、「引渡」（tradition）なしに、所有権が譲受人へ移転する。

■譲渡の合意によって特定物の所有権が移転することは自然法上の規則である　ボワソナードは、この合意による所有権の移転という規則を、単に民法草案においてのみ採用したのか、それとも自然法上の要請として採用したのか。結論を先に言えば、ボワソナードは、これを自然法上の要請であると考えていた。次の箇所から、このことが分かる。

ボワソナード『性法講義』[10]

所有權或ハ其ノ分裂ノ轉移ハ全ク無形ノ事ナレハ性法ヨリ見ルトキハ偏ニ存意ノ一致（承諾）ノミニテ之ヲ爲スヘキナリ故ニ譬ヘハ甲太ハ乙次ノ爲メニ其物上權ヲ擲却センコトヲ欲シ而シテ乙次ハ或ハ無給ニシテ又タ他ノ利益ヲ甲太ニ給與シテ（有報ノ契約）此ノ權利ヲ得ンコトヲ承諾スルニ於テハ道理至正ヨリ是ヲ見ルモ十分ニ所有權ノ轉移ヲ爲セシト云フヲ得ヘシ

ここではまだ訳語の試行錯誤が見られるけれども、内容はプロジェ新版と同じであると考えられる。つまり、所有者と譲受人とが譲渡の合意を結ぶことによって成立する所有権の移転は、自然法上の規則であって、草案固有の規則ではない。

■譲渡の合意は停止条件がない限り特定物の所有権を即座に移転させる　譲渡の合意のみによって所有権は移転するので、譲渡の合意の時期と所有権移転の時期とは完全に一致していることになる。では、この合意と所有権移転との時期的な一致は、あくまでも原則であって例外を受け入れるものであるのか、また、例外があるとすればどのような場合に認められるのかが問題となる。この点、ボワソナードは、特定物と不特定物とを区別して論じているので[11]、以下、順番に見ていく。

まず、前掲プロジェ新版351条但書から明らかなように、「停止条件」（condition suspensive）が付されることによって、所有権の移転時期は、停止条件成就のときまで留保される。この停止条件は、譲渡の合意それ自体に付されるものであるから、合意と所有権移転とのあいだに時間的なギャップが生じることはない。

では、特定物の所有権移転に期限を付すことができるであろうか。例えば、所有者と譲受人とが「譲渡の合意は今成立したが、所有権は明日の正午に移転する」と明示的に合意した場合、所有権の移転は翌日の正午まで延期されるであろうか。この問いは、譲渡人が所有権の移転義務を負担しうるか否かという、別の問いとも繋がっている。なぜなら、もし所有権の移転義務というものが成立しえないならば、所有者は、譲渡の合意の時点で所有権の移転を迫られることになり、これを延期することができないからである。それゆえに、先の「譲渡の合意は今成立したが、所有権は明日の正午に移転する」という合意は、「譲渡の合意は今成立したが、譲渡人は所有権の移転義務を負担しており、明日の正午にこの義務を履行する」と言い換えてもよい。そして、ボワソナード訓定の解説書は、この問題について次のように解説している（下線部は引用者による）。

ボワソナード（訓定）、富井政章（校閲）『民法義解』[12]
331条及び332条に対する解説145

此二條ハ所有權ヲ移轉スルコトヲ目的トスル合意ノ効力ヲ規定スルモノナリ蓋シ茲ニ授與スルトハ第二百九十三條ニ所謂與フルト同義ニシテ有償無償ヲ問ハス所有權ヲ移轉スルノ意ナリ抑所有權ヲ移轉スルノ合意ハ其目的物特定ナルトキハ直チニ其所有權移轉ノ効ヲ奏シ又其目的物ノ代替スヘキモノナルトキハ物ノ引渡若クハ指定アリタルトキ其所有權ヲ移轉ス

ボワソナード（訓定）、富井政章（校閲）『民法義解』[13]
293条及び294条に対する解説3

或ル物ヲ與フルトハ所有權若クハ其他ノ物權ヲ移轉スルノ義ナリ然レトモ特定物ノ所有權ヲ與フルノ合意ハ直チニ其効果ヲ生シ所有權ヲ移轉スルヲ以テ又義務ノ生スルコトナシ故ニ物ヲ與フルノ義務ハ定量物ヲ與フルノ合意ニ於テ存スルノミ

ここでは、特定物に関する所有権の移転と定量物に関する所有権の移転とが区別されている。そして、特定物の譲渡の合意において、所有権は、合意が結ばれた時点で即座に譲受人へ移転する。言い換えれば、所有者は、譲渡の合意の時点で所有権の移転を履行することになり、これを将来へ延期することができない。このような推論は、次の箇所によってさらに根拠付けられる。

ボワソナード（訓定）、富井政章（校閲）『民法義解』[14]
331条及び332条に対する解説148

所有權ノ移轉ハ停止条件ニ繋ラシムルヲ得ルモ之ニ期限ヲ附スルヲ得ス例ヘハ今月今日ニ在テ其物ノ所有權ハ來月某日ニ至リ移轉スト約ス

ルコトヲ得ス若シ夫レ所有權ノ移轉ヲ豫約シ一ノ作爲義務を約シタルトキハ則チ其合意ハ有効ナルモ單ニ所有權ノ移轉ヲ約シ其効力ハ多少ノ時間後ニ生スヘシトノ約ハ有効ナラサルナリ何トナレハ所有權ニハ期限ヲ附スルヲ得サルモノナルニ此約束ハ讓渡人ノ所有權ニ期限ヲ附スルモノナレハナリ故ニ實際此ノ如キ合意アラハ其指示スル期限ハ引渡ノ期限ニシテ所有權ハ合意取結ノ時直チニ移轉シ了シタルモノト解釋スヘキナリ

ここでは、所有権の移転に期限を付すことが明確に否定されている。また、たとえ所有者と譲受人とが引渡を後日行うことに合意したとしても、その合意は引渡のみに関するものであり、所有権の移転時期には影響を与えない。このような解釈は、いわゆる所有権留保を否定しているという点で、現行民法の解釈と袂を分かっている[15]。

■不特定物の所有権は特定によって移転する　特定物に関する所有権の移転については明らかになったので、次に不特定物に関する所有権の移転を簡単に見ておこう。特定物の場合は、ボワソナードの見解によれば、譲渡の合意と所有権の移転とは同時であった。けれども、不特定物の場合は、そもそもどの物を移転するかが明らかになっていないのだから、このようなボワソナードの説明が当てはまらないことは明白である。そこで、ボワソナードは、不特定物について、次のような規定を設けた。

BOISSONADE, *Projet, nouvelle éd.*, liv. 2., art. 352.[16]

La convention de donner des choses fongibles ou appréciées au poids, au nombre ou à la mesure, oblige le promettant à transférer au stipulant la propriété des choses promises,

代替物あるいは数、量、長さによって評価される物に関する譲渡の合意は、合意された性質、品質および数量に従って、約束された物の所有権を約権者に移転するように約務者を

dans la nature, la qualité et la quantité convenues; dans ce cas, la propriété est transférée par la tradition ou par une détermination faite contradictoirement entre les parties. [1585]

義務付ける。この場合、所有権は、引渡あるいは当事者たちの立会の下で為された決定によって移転する。［フランス民法典1585条］

プロジェ新版352条によれば、不特定物の所有権が移転するのは、所有者と譲受人とが譲渡の合意を結んだ後で、さらに「引渡」（tradition）を行ったかあるいは対面での「特定」（détermination）が行われた場合に限られる。つまり、不特定物の場合には、どの物の所有権を移転するかが明らかではないので、当事者はこれを特定しなければならない。

すると、不特定物の場合は、譲渡の合意だけでは所有権の移転が生じないのであるから、当事者たちの合意を有効に保つためには、譲渡人に所有権の移転義務を負担させる必要がある。このことは、特定物について紹介した『民法義解』の箇所からも明らかであった[17]。したがって、不特定物に関する譲渡の合意は、所有権の移転という物権法上の効果をもたらすのではなく、所有権の移転義務という債務法上の効果を発生させるに過ぎない。

第2節　売買と所有権移転との関係

1　売買venteの定義

■特定物の売買とは、代金と引き換えに目的物の所有権を相手方に移転するかあるいは移転する義務を負担することである　まず、「売買」（vente）の定義から始めよう。ボワソナードは、プロジェ新版661条で売買を定義している。

BOISSONADE, *Projet, nouvelle éd.*, liv. 3., art. 661.[18]

La vente est un contrat par lequel une partie transfère ou s'oblige à transférer à l'autre la propriété ou un démembrement de la propriété d'une chose, moyen-nant un prix déterminé en argent que l'autre partie ou un tiers s'engage à lui payer. [1582, 1er al.]

「売買」(vente) とは、当事者の一方が、相手方があるいは相手方より委任された第三者が金銭から成る確定額の代金を支払うことと引き換えに、相手方に物の所有権ないし所有権の一部を移転するか、あるいは移転することを義務付けられる「契約」(contrat) である。[フランス民法典 1582 条 1 項]

BOISSONADE, *Projet, nouvelle éd.*, liv. 2., art. 317.[19]

La convention est l'accord de deux ou plusieurs volontés, dans le but de créer ou de transférer, de modifier ou d'éteindre un droit, soit réel, soit personnel.

La convention prend le nom particulier de *contrat*, lorsqu'elle a pour objet principal la création d'un droit personnel ou d'une obligation. [C. civ. fr., 1101; C. it., 1098 (a).]

「合意」(conventio) とは、物権あるいは債権に関する、権利の創設、変更または消滅についての二人のあるいは二人以上の意思の一致である。

合意の中でも、債権あるいは債務を創設することを主たる目的とするものは、「契約」(contrat) という特別な名称を持つ [フランス民法典 1101 条、イタリア民法典 1098 条 (a)]。

ボワソナードによれば、売買とは、買主あるいは買主から委任を受けた第三者が確定額の代金を売主に支払うことによって、売主が目的物の所有権ないしその一部を買主に移転するか、あるいは移転する義務を負う「契約」(contrat) である。契約とは、「合意」(convention) の一種であり、債権あるいは債務の創設を目的とするものを言う。一見すると、売主は所有権を移転するかそれとも移転する義務を負担するかを選択できるかのような印象を受けるが、そうではない。売主には、そのような選択権は与えられておらず、特定物売買の場合は所有権移転が即座に行われ、不特定物売買の場合にのみ所有権の移転義務が生じる。これについては、次の項で論じる。

2　売買と所有権移転との関係

■所有権の移転に関する規則は売買にも適用される　次に、承継的な所有権移転の一般規則が、売買にも当てはまるか否かを確認する[20]。この確認は、次の箇所を見ることによって簡単に済ませることができる。

BOISSONADE, *Projet, nouvelle éd.*, liv. 3., art. 681.[21]

Le contrat de vente est soumis, quant au transfert de propriété et aux risques de la chose vendue, aux règles du droit commun déjà établies par les articles 351, 352, 355 et 439. [1584, 1624.]

売買という契約は、売られた物の所有権の移転および危険に関しては、先に定められた権利に関する一般規定 351 条、352 条、355 条および 439 条の規定に従う。[フランス民法典 1584 条、1624 条]

この箇所においてボワソナードは、権利に関する一般規則が売買にも適用されると説く。そして、その規定の中には、所有権の移転に関する規定すなわちプロジェ新版 351 条と 352 条も含まれている。したがって、特定物の譲渡の合意に関する条文も、不特定物の譲渡の合意に関する条文も、売買に当てはまることが分かる。

■特定物売買は譲渡の合意を常に内在させている　しかし、これではまだ売買における所有権移転を具体的に明らかにしたことにはならない。なぜなら、譲渡の合意と売買との関係が明らかになっていないからである。ここでは、ボワソナード草案において、売買は譲渡の合意の一種であると考えられていたことを明らかにする。

BOISSONADE, *Projet, nouvelle éd.*, lib. 3., n°. 144.[22]

[...] La définition de notre premier article répond aux deux effets que peut produire la vente: 1⁰ elle transfère la propriété, par elle-même et sans tradition, s'il s'agit d'un corps certain, meuble ou immeuble, pourvu que le vendeur soit lui-même propriétaire (et il lui sera interdit plus loin de vendre la chose d'autrui) ; 2⁰ elle oblige le vendeur à transférer la propriété, quand la chose vendue n'est déterminée que par l'espèce, la quantité et la qualité, et le vendeur ne doit pas livrer des chose ne lui appartenant pas.

[...] 私たちの最初の条文の定義は、売買が生じさせうる2つの効果と対応している。1、もし有体の特定物が問題になっているならば、それが動産であれ不動産であれ、売主がまさに所有者である限り、売買それ自体で「引渡」(tradition) なしに所有権が移転する（他人物の売買はもっと後［の条文］で禁止されている)。2、売られた物が種類、量および品質によって定まる物であるときは、売主は、所有権を移転する義務を負う。そして、売主は、自分に属していない物を引渡してはならない。

既に見たように、特定物の所有権を移転する合意を結んだ場合、所有権は即座に譲受人に移転し、当事者が停止条件以外の方法でこれを変更することはできなかった。他方で、不特定物の所有権を移転する合意が結ばれたときは、所有者は所有権を移転する義務を負った。この規則は、売買にも当てはまる。ボワソナードは、註144において、次のように説く。特定物の売買が行われた場合は、目的物の所有権は即座に売主に移転し、他方で不特定物の売買が行われた場合は、売主は目的物を特定して所有権を移転する義務を負う。

では、売買におけるこのような所有権の移転は、いったい何を意味しているのであろうか。特定物の譲渡の合意においては所有権が合意と同時に移転し、そして、売買においてこの規則が維持されるのであるから、特定物の売買は譲渡の合意と一体化しており、両者を分離することができない。特定物の売主は、売買と同時に譲渡の合意を結ぶことになる。したがって、特定物の売買は、まさに譲渡の合意を内在させており、密接不可分な関係にある[23]。

■自然法上も特定物売買において所有権移転義務は生じない　このように、ボワソナードは、特定物売買において売主に所有権移転義務が生じることを否定した。なぜなら、特定物を売るとは目的物の所有権を現に移転することであり、それゆえに、特定物を売ることと所有権移転義務の負担をすることとは両立しないからである。

では、この主張は、民法草案上の規則に過ぎないのか、それとも自然法上の規則でもあるのか。この点、ボワソナードは、自然法上の売買においても、売主には所有権移転義務が生じないと考えていたように思われる。なぜなら、ボワソナードは、『性法講義』において、売主の３つの義務を挙げているのだが、その中に所有権移転義務は含まれていないからである[24]。

■したがって他人物売買は無効である　ところで、売買が譲渡の合意を内在させているという命題は、ひとつの重要な帰結を生じさせる。それは、他人の特定物の売買、すなわち、所有権を即座に移転することができない売買は、無効だということである。ボワソナードは、次の条文でそのことを明記している。

BOISSONADE, *Projet, nouvelle éd.*, liv. 3., art. 679(1)[25]	
La vente de la chose d'autrui est nulle à l'égard des deux parties. [1599]	他人物に関する売買は、両当事者から見て無効である。[フランス民法典 1599 条]

なぜ、他人物の売買は無効になるのか。ボワソナードによれば、その理由は、買主に売買契約締結の「原由」(cause) が失われるからである[26]。売主は、目的物の所有者でなければならない（プロジェ新版 325 条 1 項 2 号)[27]。なぜなら、自身が処分権を持たない物を勝手に融通することはできないからである[28]。ところで、買主は所有者になるために物を購入するのであるから、所有権を取得できない売買を行う原由を持たない。そして、合意は、このような原由を要件とする（プロジェ新版 325 条 1 項 3 号)[29]。したがって、他人物の売買は、合意の成立要件を満たさないので、無効である[30]。

3　ボワソナードの売買概念に対する富井論文の批判

以上のようなボワソナードの売買概念は、以下の 2 点に要約できる。

1. 売買とは、譲渡の合意、すなわち所有権移転の合意を内在させたものであり、両者は分離不可能である。
2. したがって、売買を行うことは譲渡の合意を結ぶことを常に伴い、特定物の売買において、所有権は即座に買主へ移転する。

これらがボワソナード草案における売買の特徴であると言ってよい。ところで、まさにこれらの点について、法典調査会民法起草委員にもなった富井政章（1858-1935 年）が、「売買ノ本義」という論文において、注目に値する批判を展開している。富井は、ボワソナード草案における売買の定義について、次のように問題を提起する。

富井政章「売買ノ本義」[31]

> 然ルニ我日本新民法ハ此二種ノ取得方法ヲ混同シ賣買ヲ定義シテ「所有權ヲ移轉シ又ハ移轉スルノ義務ヲ生スル契約」ト曰ヘリ（財産取得篇第二十四條）故ニ此定義ニ依レハ合意直接ノ効果トシテ所有權ノ移轉スルハ契約ノ性質ヲ失ハシムルモノニ非サルコトト爲ル是レ古來一定スル所ノ契約ノ本義ニ背反スルノミナラス立法者自ラ財産篇第二部ニ掲クル此語ノ定義ト全ク矛盾スルモノトス財産編第二百九十六條ニ曰ク「合意カ人權ノ創殺ヲ目的トスルトキハ之ヲ契約ト名ツク」ト之ニ反シテ其直ニ物權タル所有權ヲ移轉スルモノハ同條第一項ニ之ヲ定義シテ合意ト曰ヒ契約ト稱スヘキニ非サルコトヲ明言セリ然ルニ所得編ニ至リ直ニ所有權ヲ移転スル賣買ヲ名ケテ契約ト言ヒタルハ何ソヤ唯一個ノ失言トシテ看過ス可キヤ將又故意ニ出テタルモノナルヤ是レ究明スヘキ一點ナリ

富井の批判は「失言」などの言葉からしてかなり痛烈なものであるが、内容は極めて学究的である。彼の批判は、以下の２点に要約されよう。

1. 売買の合意が直接的に所有権を移転させることは、従来の売買概念と一致しない。
2. ボワソナードは、債権を取得する合意のみを契約と呼んでいるので、物権的効果を有する売買を契約と呼ぶのは妥当でない。

どちらの批判も重要であるが、ここでは先に後者の批判の妥当性について考える。富井の２番目の批判は、一言で言い表せば、用語法に矛盾があるということである。その矛盾とは、債権取得行為のみが契約であるにもかかわらず、物権取得行為である売買が契約と呼ばれているという点にあるとされる。ここで契約と訳されているのは、プロジェ新版 317 条２項における contrat であり、売買契約と訳されているのは、プロジェ新版 681 条などに見られる le contrat de vente であると推測される。

　ところで、この批判は、議論の余地がないわけではない。というのも、ボワソナードはあらかじめこのような批判を想定して[32]、次のような反論を用意していたからである。

BOISSONADE, *Projet, nouvelle éd.*, liv. 2., n°. 17.[33]

[...] Si, au contraire, on suppose une vente ou un échange, bien que l'effet principal soit la transmission de la propriété, il y a aussi des obligations créées: l'acheteur doit payer un prix; pour lui, la convention est un contrat; pour le vendeur et le coéchangiste, il y a aussi, outre l'obligation de livrer, celle de garantir le cessionnaire de tout trouble ou éviction fondé sur un droit antérieur prétendu par un tiers; la convention est donc, de ce chef, un contrat, et c'est ce qui explique que l'on dise bien plus souvent "le contrat de vente ou d'échange" que la convention de vente, la convention d'échange. [...]

[...] もし反対に、売買あるいは交換が前提とされるときは、たとえ主たる効果が所有権の移譲であるとしても、創設された義務が存在する。買主は、代金を支払わねばならない。これゆえに、この〔売買という〕合意は、契約である。売主および交換の当事者について見れば、引渡の義務の他に、譲受人に対して、第三者から申立てられた先行する権利にもとづく妨害ないし追奪に関する担保責任を負う。この点に鑑みて、この〔売買という〕合意は、契約である。そして、売買合意や交換合意とは言わずに、「売買契約あるいは交換契約」ととてもしばしば言われるのは、このようにして説明がつく。[...]

　ボワソナードの反論によれば、たとえ売買において所有権の移転義務が発生しないとしても、引渡請求権や代金支払請求権は依然として残っているので、売買は単なる合意ではなく、債権の発生を主たる目的とする合意すなわち契約であると言える。実際、ボワソナードは、引渡義務、追奪担保義務および瑕疵担保義務を売買から発生する自然法上の３つの義務として挙げており、売買を純粋な所有権移転行為と捉えていたわけではない。

しかし、富井は、このような反論には納得せず、次のような再反論を行っている。

富井政章「売買ノ本義」[34]

今ヤ假ニ一歩ヲ譲リ代價ト引換ニテ直ニ所有權移轉ト共ニ引渡ノ義務ヲモ履行シ法鎖ノ全ク當事者双方ニ遺存セサル場合ハ如何尚之ヲ名ケテ契約ト謂フコトヲ得ヘキヤ尤モ此場合ニ於テモ尚賣主ニ擔保ノ義務アルコトヲ主張スヘシト雖モ擔保ノ義務ハ賣買ノ要素ニ非スシテ其常素又ハ附随ノ効果ニ過キス他人ノ所有物ヲ賣却シタル場合ニ於テ買主ヲ保護スルノ一方法ノミ

ここでの再反論も、次のような２点に集約される。

1. 売主と買主が売買の合意を結んだとき、即座に物の引渡を行うならば、引渡義務は発生しない。
2. 追奪担保責任と瑕疵担保責任は残るが、これは売買の要素ではなく常素に過ぎない。

つまり、富井によれば、前述の３つの義務のうち、引渡義務は発生しない場合があり、また担保責任は売買の要素ではなく常素に過ぎない[35]。それゆえに、所有権移転義務の発生しない売買は、その要素について見れば、債権取得行為ではなく、純粋な所有権取得行為となる。したがって、ボワソナードの、債権取得行為が契約であるという定義からすれば、少なくとも特定物売買は契約ではない。富井のこの再反論が決定的なものであるのか、それともボワソナードに再々反論の余地が残されているのか、この問いは、本稿のテーマを超えるものである。

次に、富井の1番目の批判に立ち返ろう。1番目の批判は、特定物の売買が所有権の移転を内在させることは、売買の本義に反するというものであった。2番目の批判が用語法に関するものであったとすれば、1番目の批判は売買概念それ自体に関するものである。ここから、富井はそもそも、ボワソナードによる売買の定義に反対していたことが分かる。これは、次のようにまとめられる。

富井政章「売買ノ本義」[36]

> 要スルニ所謂物權ノ移轉ト人權ノ創造トハ別種ノ權利行爲ニシテ直ニ所有權ヲ移轉スル合意ハ之ヲ契約ト名ツク可カラス故ニ我民法ニ於テ賣買ヲ以テ所有權ヲ移轉シ又ハ移轉スルノ義務ヲ生スルモノトシタルノミナラス故サラニ之ヲ稱シテ契約ト明言シタルハ其當ヲ失フモノト考フルナリ

このように、富井の要旨は、物権を移転する行為と債権を発生させる行為とは異なっており、両者を一体化させたボワソナードの売買概念は誤っているということにある。富井は、このような混同がフランス民法典やイタリア民法典にも見られると言う[37]。他方で、イギリス法とドイツ法においては、両者は明確に区別されているとされる[38]。

第3節　特定物動産の二重売り

1　特定物動産の二重売りにおける所有権の移転

■特定物動産の二重売りにおいては、現に占有する買主が所有者である　売買におけるボワソナードの所有権移転論が明らかになったので、次に、特定物動産の二重売りについて検討する。結論を先に言えば、特定物動産の二重売りは、ボワソナードの体系においては、対抗要件の問題ではなく「即時時効」（prescription instantanée）の問題であった。つまり、善意かつ正当な権原にもとづいて動産を譲り受け、その「現実占有」（possession réelle）を行っている者は、所有者であるとみなされる、ということである。以下、このことを確認する。次の条文が出発点となる。

BOISSONADE, *Projet, nouvelle éd.*, liv. 2., art. 366(1)[39]

Toutefois, si une chose mobilière corporelle a été, de la part du propriétaire, l'objet de deux conventions de donner, faites avec deux personnes différentes, celle des deux qui s'en trouve en possession réelle est préférée et en demeure propriétaire, encore que son titre soit postérieur en date, pourvu qu'elle ait ignoré la première aliénation au moment de sa propre convention et si elle n'est pas d'aillieurs chargée d'administrer les biens de la première personne. [1141.]

しかしながら、もしある有体の動産が、譲渡に関する異なる2人の人々と行われた2つの合意の対象であったならば、2人のうち「現実占有」（possession réelle）を行っている人が優先し、所有者に留まる。たとえ彼の権原が日付において劣後しているとしても、そうである。但し、彼が、自己の合意にあたって1番目の譲渡を知らず、かつこれに加えて彼が1番目の人の財産を管理する義務を負っていなかったときに限られる。［フランス民法典1141条］

この条文の翻訳は、草案段階において文言上の修正を繰り返し受けたが[40]、その基本思想は変更されていない。すなわち、①動産の所有者が、②その動産を異なる人々に二度譲渡したならば、③現実占有を行っている者が所有者である。但し、④第二譲受人が現実占有を行っているときは、彼は1回目の譲渡に関する合意について善意であり、かつ⑤第一譲受人の財産管理人であってはならない。

■現実占有とは目的物を所持していることである　このように、ボワソナードは、特定物動産について二重売りが行われたときは、現実占有を有する買主が所有権を得たものとみなされると考えた。しかし、これだけではまだ問題は解決していない。というのは、現実占有を行う者とは誰なのかが、未だ曖昧だからである。そこで、この問題を解決するために、以下ではボワソナードにおける占有論を概観する。

まず、ボワソナードが占有一般をどのように定義したかを見る。

BOISSONADE, *Projet, nouvelle éd.*, liv. 2-1., n° 252.[41]

Dans le sens le plus simple et, en même temps, le plus usité du mot, la Possession est le fait d'avoir une chose à sa libre et entière disposition.

とても単純で同時にとても有用な言い回しの意味によれば、possessionとは、ある物をそれを自由にかつ完全に処分する形で持っていることである。

この定義によれば、占有とは、物を自由かつ完全な形で処分することができる事実状態を言う。そして、ボワソナードは、これをさらに3つの種類に区別する。

BOISSONADE, *Projet, nouvelle éd.*, liv. 2., art. 191.[42]

La possession est naturelle, civile, ou précaire.

「占有」(possession) には、「自然な占有」(possession naturelle)、「市民的な占有」(possession civile) および「容仮占有」(précaire) がある。

ボワソナードのプロジェ新版191条によれば、占有には、「自然な占有」

(possession naturelle)、「市民的な占有」(possession civile) および「容仮占有」(précaire) がある[43]。

まず、自然な占有から見て行く。

BOISSONADE, *Projet, nouvelle éd.*, liv. 2., art. 192(1) [44]

La possession *naturelle* est la détention d'une chose corporelle, sans que le détenteur ait aucune prétention à un droit sur cette chose.

自然な占有とは、有体物を所持しており、かつ所持人がこの物に関する権利を何ら主張しないときを言う。

プロジェ新版192条によれば、自然な占有とは、ある人が物を所持しており、かつその物について権利を主張しないときを言う。ここで、所持人が権利を主張しないとは、どのような意味か。ボワソナードはこれを説明していないが、次のように考えられる。ボワソナードは、権利を主張せずに所持している人の例として、①家族や友人あるいはその他の人々が、他人の物を無断で使用する場合、②所有者の許可を得て使用貸借する場合、③受託者の場合を挙げている[45]。つまり、権利を主張しないとは、所持するための債権法上の原因がないことではなく(もしこのような基準が採用されているならば、使用借人および受託者は、自然な占有を得ないはずである)、自己の所有権を主張していないことを意味する。

次に、ボワソナードは、市民的な占有を次のように定義している。

BOISSONADE, *Projet, nouvelle éd.*, liv. 2., art. 193(1) [46]

La possession *civile* est la détention d'une chose corporelle ou l'exercice d'un droit, avec l'intention de l'avoir pour soi. [C. fr. 2228.]

市民的な占有とは、有体物を所持しているかあるいは権利を行使しており、かつそれを自分のために有するという意図が伴うときを言う。[フランス民法典2228条参照]

市民的な占有とは、自己のために有するという意図で有体物を所持するとき、あるいは同じ意図で権利を行使するときを言う。権利を行使するとは、有体物に対して物権を行使しているということではなく、債権を行使していることであると説明される[47]。そして、この定義から明らかであるように、市民的な占有は、自主占有に限られる。

最後に、ボワソナードは、容仮占有を次のように定義する。

BOISSONADE, *Projet, nouvelle éd.*, liv. 2., art. 197(1) [48]

La possession est dite *précaire*, lorsque le possessuer détient une chose ou exerce un droit au nom et pour le compte d'autrui.	容仮占有とは、占有者が物を所持しているかあるいは権利を行使しており、それが他人の名義でかつ他人のために行われているときを言う。

容仮占有とは、ある人が物を他人の名義で他人のために所持するとき、あるいは権利を行使するときを言う。この容仮占有は、正確に言えば、占有の3番目の種類ではなく、自然な占有の一種である[49]。なぜなら、容仮占有を行っている人は、自然な占有の要件を全て満たしているからである。例えば、受託者は、自然な占有と同時に容仮占有を行っている。

そして、現実占有という表現は、これら2類3種の占有のうち、市民的な占有に該当する。なぜなら、買主は所有権を有する者として占有するのであるから、物権法上の権利を持つ者として自己のために有するという市民的な占有の要件を満たすからである。

しかし、以上のような分析だけでは、現実占有の意味を明らかにしたことにならない。なぜなら、次のような問題が残っているからである。買主は、物を現に所持していなければならないのか、それとも売主に容仮占有を与えた上で、他人を通じて占有を行うだけで足りるのか。この問題に対するボワソナードの直接的な解答は見当たらないが、プロジェ366条に対する註釈は、前者が正しいことを示唆している。

BOISSONADE, *Projet, nouvelle éd.*, liv. 2-2., n°. 171. [50]

[...] Il faut bien se garder de voir dans l'avantage attribué ici à la possession un retour à l'ancienne théorie d'après laquelle la tradition était nécessaire pour la translation de la propriété. Lorsqu'il y a eu deux aliénations successives d'un meuble, il n'est pas douteux que la propriété soit acquise au premier contractant, et, d'après le droit commun, le cédant n'a pu conférer une seconde fois le même droit; le second cessionnaire, n'étant que l'ayant-cause du cédant, ne devrait pas avoir plus de droit que celui-ci, et spécialement, il ne devrait pouvoir, en aucun cas, évincer le premier cessionnare qui est un *tiers* par rapport à la seconde convention. Mais la loi considère que l'équité et l'intérêt général souffriraient également si un nouveau contractant était exposé lui-même à une éviction qu'il n'a pas prévue ni pu prévoir. Ne pouvant organiser une publicité proprement dite des aliénations de meubles, comme elle en institue une pour les

[...] 次のような過ちを犯さないようによく気をつけねばならない。それは、ここで占有に与えられている利益の中に、所有権の移転に引渡を要求する昔の理論への回帰を見出すことである。ひとつの動産に２つの承継的な譲渡があるとき、所有権は１番目の契約当事者によって取得されることに疑いはない。そして、普通法によれば、譲渡人は同じ権利をもう一度譲渡することができない。２番目の譲受人は、譲渡人の承継人に過ぎないので、譲渡人の権利よりも多くの権利を持ってはならない。またとりわけ、いかなる場合においても、２番目の譲受人が、２番目の合意との関係では第三者である１番目の譲受人から所有権を追奪することはできない。しかし、本法は、もし新しく契約した人が、予見しておらずまた予見することもできなかった追奪に晒されるならば、衡平および一般の利益が損害を被ると考えた。本法は、不動産の譲渡に関して設けられたようないわゆる本来の「公示」(publicité) を動産の譲渡において整えることができないので、

aliénations d'immeubles, la loi la considère comme utilement remplacée par la tradition *réelle*, c'est-à-dire par la mise en possession matérielle de l'acquéreur. Dès lors, celui qui achète ou reçoit en donation un meuble déjà aliéné et qui n'est plus en possession du cédant, commet une imprudence dont il doit s'imputer les suites: il reste ayant-cause, avec les conséquences de cette qualité. Mais si, au contraire, le second acquéreur voit la chose dans les mains du cédant, ce n'est plus lui qui est en faute, mais le premier acquéreur qui n'a pas exigé la tradition. [...]

「現実の引渡」(tradition réelle) によって代替させることを有益であるとみなした。つまり、取得者に「物的な占有」(possession matérielle) を与えることである。したがって、動産を買ったかあるいは贈与で貰った人は、その物が既に他人の物になっておりかつ譲渡人の占有にもはやないときは、自分でこの結果を負わねばならないほどの不注意を犯している。この人は〔第一譲受人に対しては〕承継人となり、〔無権利者である譲渡人の〕地位を受け継ぐべきである。しかし、これとは反対に、もし2番目の取得者が、物が譲渡人の手元にあるのを見たならば、過失があるのは、他でもない、引渡を請求しなかった1番目の取得者である。[...]

ボワソナードによれば、第二譲受人が保護に値するか否かは、譲渡人の手元に目的物があったか否かにかかっている。すなわち、譲渡人の手元に目的物があるのを見た第二譲受人は保護に値し、逆に目的物がないにもかかわらず譲渡の合意を結んだ第二譲受人は保護に値しない。したがって、第一譲受人がプロジェ新版366条による追奪を免れるためには、譲渡人の手元に物がないようにしなければならない。そのために最も適しているのは、ボワソナードが言うように、第一譲受人が「現実の引渡」(tradition réelle) を受けて物を所持することである。これとは反対に、第一譲受人は、譲渡人に目的物の容仮占有を設定するだけでは、追奪を免れることができない。なぜなら、目的物が、譲渡人の手元に残ってしまうからである。それゆえに、第一譲受人について現実占有が行われているとは、彼が物を所持していることを意味する[51]。

■いずれも現実占有を獲得していないときは第一譲受人が勝つ　では、第一譲受人も第二譲受人も現実占有を獲得していないときは、どちらが優先するのであろうか。ボワソナードは、次のように答えている。

BOISSONADE, *Projet, nouvelle éd.*, liv. 2-2., n°. 173. [52]

[...] Si, maintenant, l'on suppose qu'aucum des cessionaires n'a été mis en possession réelle, on retrouvera l'application de la règle que la propriété a été transférée au premier par le seul consentement: c'est lui qui triomphera dans l'action en revendication qui serait intentée par l'un ou par l'autre; [...]

[...] ところで、もしこれらの承継人のうちいずれも現に占有していないならば、私たちは、合意のみによって第一承継人に所有権が移転するという規則を思い出さねばならず、この第一承継人が、彼あるいは第二承継人によって提起された所有物取戻訴訟において勝訴すべきである。[...]

ボワソナードによれば、もし第一譲受人も第二譲受人も現実占有を獲得していないならば、第一譲受人が勝つことになる。つまり、譲渡の合意のみによって所有権が譲受人へ移転するという原則が、ここでは維持される。

ところで、この箇所も、現実占有がいわゆる占有改定を含まないことを証明している[53]。なぜなら、仮に占有改定でプロジェ新版366条の現実占有の要件が満たされるならば、売買においては常に第一買主が占有改定によって市民的な占有を獲得するので[54]、いずれの買主も現実占有を獲得していない状況がありえなくなり、それゆえにボワソナードの註173は無意味に帰するからである。したがって、現実占有の獲得には占有改定で足りるという仮定が誤っている。そして、このことは、ボワソナードにおける二重譲渡（本稿のテーマでは二重売り）の規律が、占有獲得の先後ではなく、「所持」（detention）の先後によって決せられることを意味する。

2　即時時効 prescription instantanée

■特定物動産の二重売りは即時時効によって規律される　以上のように、プロジェ新版366条における特定物動産の二重売りについて、占有を中心に見て来た。その結論を要約すれば、第一買主と第二買主のいずれかが目的物を現に所持しているときは、その所持している買主が所有者となり、いずれも目的物を現に占有していないときは、第一買主が所有者に留まるということである。

しかし、このような考察でボワソナードにおける特定物動産の二重売りが全て明らかになったわけではない。なぜ特定物動産の二重売りにおいては、現実占有を獲得している買主が所有者となるのであろうか。特定物の所有権が売買と同時に移転し、そしてこの移転時期を停止条件以外の方法によっては遅らせられない以上、現実占有を得た第二買主を保護するという結論は、所有権の一般規則からは導き出されえないはずである。

以下では、この問題について、プロジェ新版366条の趣旨から考えて行くことにしたい。ボワソナードは、プロジェ新版366条の趣旨を、次のように説明している。

BOISSONADE, *Projet, nouvelle éd.*, liv. 2-2., n°. 173.[55]

Toute cette théorie, qui donne la préférence et la qualité de *tiers* à celui des deux cessionnaires qui possède effectivement, peut par-	この理論全体は、2人の譲受人のうち、実際に占有している人に、優先および第三者の地位を与えるのだが、一見すると、大胆かつ風変わり

aître, au premier aspect, hardie et singulière, et elle ne serait pas suffisamment justifiée comme quelques personnes le croiraient par la règle précitée: “dans deux situations également favorables, on préfère celle du possesseur:” ici les situations ne sont pas égales, puisqu'il y a la priorité de contrat en faveur de l'un des cessionnaires. Mais, outre que cette théorie est, comme on l'a fait remarquer, aussi juste qu'utile, elle est, de plus, en parfait accord avec une autre théorie non moins importante du droit nouveau, laquelle fait acquérir les meubles par la possession fondée sur un juste titre avec bonne foi (voy. c. civ. fr., art. 2279: Proj., art. 1481), sans qu'elle ait besoin d'une durée déterminée, d'où son nom ordinaire de “prescription instantanée.” [...]

であり、ある人々がそう信じるところによれば、先の規則によっては十分正当化されないように思われるかもしれない。すなわち、「等しい地位にある2人の人間においては、占有している人が優位である」。ここでは、地位は対等ではない。なぜなら、そこでは、譲受人たちの一人〔=第一譲受人〕が有利になるような、契約の優先があるからである。しかし、[私の] この理論は、私が指摘したように、正当かつ有益であるのみならず、さらに、別のある理論と完璧に一致する。その理論は、新しい法の中で同じくらい重要である。この理論は、善意を伴う正当な権原に基礎付けられた占有によって、動産を取得させる（フランス民法典 2279 条、プロジェ 1481 条)。これは、一定期間を必要としない。このため、「即時時効」という正規の名前を有する。[...]

ボワソナードの解説によれば、特定物動産の二重売りは、「即時時効」（prescription instantanée）の規律に服する[56]。つまり、二重売りの解決は、両当事者が対等な場合は現占有者が優位するという、伝統的なルールに由来するわけではない。なぜなら、第一買主は第二買主と同じ地位に立っていないからである。第一買主は、第二買主よりも契約期日において優位している。したがって、先に現実占有を獲得した第二買主が所有権を取得できるのは、所有権移転の一般規則からでもなければ、占有に関する伝統的な規則からでもない。それは、即時時効という特殊なルールによらなければ成立しない保護である。

■即時時効とは動産について定められた所有権取得の推定規定である　では、即時時効とは何か。ボワソナードは、ローマ法上の「使用取得」（usucapio）という制度から期間の要件を削除したものであると説いている[57]。そして、プロジェ新版1481条において、次のように規定している。

BOISSONADE, *Projet, nouvelle éd.*, liv. 5., art. 1481.[58]

Le bénéfice de la prescription appartient instantanément à celui qui a acquis par juste titre et de bonne foi la possession d'un objet mobilier corporel; sans préjudice de ce qui est dit aux articles 1470 et 1471. [Comp. 2279, 1er al.]

「時効」（prescription）の利益は、正当な権原にもとづき善意で有体の動産の占有を取得した人に、即時に生じる。但し、1470条および1471条に規定されていることを妨げない［フランス民法典2279条1項と比較せよ］。

この条文によれば、即時時効とは、①ある人が物の占有を獲得したとき、②その物が有体の動産であり、かつ、③その占有獲得が「正当な権原」（juste titre）にもとづいて、④善意で為された場合、その人に時効の利益を、時間を置かずに生じさせる制度である。

まず、即時時効が成立するためには、占有の獲得が要求される。即時時効の基礎になる占有は、市民的な占有に限られる[59]。このことは、自然な占有や容仮占有が、自己の物権に基礎付けられない事実上の占有であることと整合的である。

次に、この条文の適用範囲は、有体の動産に限られる。不動産および無体の動産に関する即時時効の規定はない[60]。

そして、この占有の獲得は、正当な権原にもとづかねばならない。この正当な権原には、売買も含まれると解される。なぜなら、ボワソナードは、市民的な占有の解説において、売買を正当な権原の一例として挙げているからである[61]。

最後に、この占有の獲得は、善意でなければならない。ボワソナードは善意とは何であるかを論じていないが、ここでは所有権の取得が問題になっているので、善意とは、相手方が所有者でないことを知らなかったことであると思われる。プロジェ新版366条においては、第二買主が第一買主の存在を知らなかったことが要件とされており、これが即時時効における善意に当たるのであろう。なぜなら、第一買主の存在を知っているときは、売主に所有権がないことを知っているからである。

以上で、即時時効の要件は明らかになった。しかし、その効果は明らかになっていない。なぜなら、プロジェ新版1481条は、単に、占有者に時効の利益が生じるとしか述べていないからである。そこで、時効一般の規定に目を通す必要がある。ボワソナードは、時効一般を次のように定義している。

BOISSONADE, *Projet, nouvelle éd.*, liv. 5., art. 1426.[62]

La prescription est une présomption légale d'acquisition d'un droit réel ou de libération d'une obligation, par l'effet d'un temps déterminé et sous les autres conditions fixées par la loi, sans préjudice de ce qui est statué aux articles 1481 et suivants, sur la prescription instantanée des effets mobiliers. [voy.

時効は、物権の取得あるいは債務の免責の推定であり、その効果は法律によって定められた一定の期間およびその他の条件にもとづく。但し、動産のための「即時時効」(prescription instantanée) に関する1481条以下の条文にもとづく規則は、この限りでない。[フランス民法典712条、1234条、1350条2項、

712, 1234, 1350-2°, 2219.]	2219条]

ボワソナードは、時効に2つの種類を設ける。ひとつは、物権の取得に関する時効であり、もうひとつは、債務の消滅に関する時効である。前者を取得時効、後者を消滅時効と呼ぶことが可能であろう。そして、時効とは、これら2つの事柄に関する「推定」(présomption)であると定義される。この定義から明らかであるように、ボワソナード草案において、時効は、権利取得あるいは義務免責の直接的な方法ではない[63]。時効の条文は、財産取得編ではなく、証拠編に配置される。

そして、このことから、特定物動産の二重売りに関する理解が可能となる。先に見たように、特定物動産の二重売りは、即時時効の一環として把握されていた。即時時効とは、権利取得あるいは義務免除の方法ではなく、それに関する法律上の推定である。したがって、特定物動産の二重売りにおいて、善意で目的物の現実占有を獲得した第二買主が優先するのは、第二買主がその所有権を売主あるいは第一買主から直接的に取得したからではなく、この動産の所有者と推定されるからである。このような理解から、なぜボワソナードが二重売りについて所有権移転のプロセスを説明しないのかも明らかになる。すなわち、ボワソナードの体系において、二重売りの問題は実体法上の問題ではなく、証拠法上の問題だからである。

■即時時効による推定は一部の例外を除いて反証されない　ところで、即時時効が推定規定であるということから、次のような疑問が生じる。プロジェ新版366条が所有権取得の推定に基礎付けられるならば、第一買主は別の証拠によってこれを反証することができるのではないか、と。しかし、ボワソナードは、次のような規定を設けている。

BOISSONADE, *Projet, nouvelle éd.*, liv. 5., art. 1427. [64]

La présomption d'acquisition ou de	法定の取得あるいは法定の免責に関

libération légitime est absolue et d'ordre public: elle n'admet la preuve contraire que dans les cas et par les moyens déterminés par la loi, tels qu'ils sont réglés aux articles 1433 et 1498. [1359.]

する推定は、絶対的なものであり、公の秩序に関わる。この推定は、反対の証明を認めない。但し、1433条および1498条の規則にあるように、法律によって定められた場合および方法によるときは、この限りでない。[フランス民法典1359条]

ボワソナードによれば、時効による推定は、一部の例外を除いて反証されない。その例外は、プロジェ新版1433条およびプロジェ新版1498条に定められている。この点、プロジェ新版1498条は、債務弁済の推定に関する規定であるから[65]、今回のテーマとは関係がない。これに対して、プロジェ新版1433条は、次のように定めている。

BOISSONADE, *Projet, nouvelle éd.*, liv. 5., art. 1433.[66]

Les juges ne peuvent suppléer d'office le moyen d'action ou d'exception résultant de la prescription: il doit être invoqué par celui en faveur duquel les conditions en sont accomplies. [2223.]

裁判官は、時効から生じる訴えあるいは抗弁という手段を職権で補うことができない。この手段は、その条件が満たされることによる利益を受ける人によって援用されねばならない。[フランス民法典2223条]

Celui même qui, au moment où il invoque la prescription, reconnaît qu'il n'est pas dans un cas d'acquisition ou de libération légitime est privé du bénéfice de la prescrption.

時効を援用しようとしたとき、法定の取得あるいは法定の免責の場合ではないことを認めた人から、時効の利益は奪われる。

プロジェ新版1433条は、時効について2つの規定を設けている。ひとつは、同条1項で定められているように、裁判官は、時効の利益を職権で援用してはならないという規定である。もうひとつは、同条2項で定められているように、時効の利益を受ける当事者が、法定取得の存在あるいは法定免責の存在を否定した場合には、時効の利益は放棄されたものとみなされるという規定である。

それゆえに、二重売りにおける即時時効の推定が反証されるのは、唯一、第二買主が時効の利益を放棄したときに限られる。しかし、このような放棄は普通ありえないので、第二買主が得る推定は、反証不可能なものと考えて良い。

第4節　本章の小括

ボワソナードは、所有者と譲受人とが譲渡の合意を結ぶことによって所有権が移転する、と説いた。引渡は、所有権移転の要件ではない。そして、ボワソナードは、特定物売買において、売買契約それ自体によって所有権が移転する、という構成を採用した。なぜならボワソナードによれば、売買契約は、譲渡の合意を常に内在させており、両者は分離不能だからである。このため、たとえ売主と買主が所有権の移転時期を変更する合意を結んだとしても、その合意は、移転時期に影響を及ぼさない。

このような所有権移転の原則に鑑みれば、特定物動産の二重売りにおいては、第一買主が所有者となり、第二買主に優先する。というのも、第一買主が先に売買契約を締結しており、この売買契約によって所有権が移転するからである。そして、第二買主は、無権利者である売主から所有権をそのままでは取得することはできない。なぜなら、ボワソナードが言うように、非所有者から所有権を取得することはできないからである。それどころか、ボワソナード草案においては、非所有者との売買は無効とされている。

しかし、第二買主が非所有者から所有権を全く取得できないならば、それは取引の安全を著しく害する。そこで、ボワソナードは、有体物たる動産の売買について、即時時効による所有権取得の推定への道を開いた。即時時効とは、正当な権原にもとづいて善意で動産の占有を獲得した人は、所有者であると推定される制度である。この制度は推定に基礎付けられるがゆえに、財産取得編ではなく証拠編に置かれている。ボワソナードは、この証拠法という考え方によって、動産の二重売りにおける所有権移転の問題を、証明の問題へと解消した。つまり、ボワソナードは、動産の売買について、対抗要件という考えをとっておらず、即時取得のようなものへ一本化していたのである。

注

1　ボワソナードの紹介については、既存の専門書に譲る。彼の経歴については、大久保［93］を、法典編纂の過程については、大久保=高橋［95］を参照。

2　ボワソナードの所有権概念については、とりわけフランス法との関係で、多くの先行研究が存在する。七戸［83］および吉野［77］［78］［79］を参照。

3　Boissonade［59, p. 74］；再閲修正民法草案註釈 544 条［63, p. 79］「所有權トハ最モ廣ク物ヲ使用シ收益シ及ヒ處置スル自然ノ權利ヲ云フ但法律又ハ合意ヲ以テ定メタル制限及ヒ條件ニ循フヘシ」。この論文において、筆者は、プロジェ新版から条文を引用した後で、なるべく『再閲修正民法草案註釈』の該当箇所を併記することにした。しかし、この併記は、『再閲修正民法草案註釈』の引用箇所がプロジェ新版の翻訳だからではなく、あくまでも参考として引いただけに過ぎない。また、『再閲修正民法草案註釈』とプロジェ新版とが正確に対応しているわけでもない。このことは、いくつかの条文ないし解説の比較から明らかである。プロジェ新版に筆者が私訳を当てているのは、このためである。

4　吉野［78］は、この定義の仕方がフランス民法典の影響を強く受けていることを指摘する。吉野［78, p. 74］

5　Boissonade［59, pp. 82–83］

6　吉野［78］は、他人を所有物から排斥する権利はボワソナード草案では明記されていないと述べる。吉野［78, pp. 136–137］

7　Boissonade［58, p. 140］再閲修正民法草案註釈 851 条［66, pp. 141–142］「動産、不動産ヲ問ハス有償又ハ無償ノ名義ヲ以テ確定物ヲ與フルノ合意ハ其引渡ニ關セス直ニ所有權ヲ約權者ニ轉移ス但合意ニ設クルコトアル停止ノ未必條件ニ就キ後ニ規定スルモノハ此例ニ在ラス〔第千百三十八條第千五百八十三條〕」

8　再閲修正民法草案注釈817条註17［66, p. 25］「合意ハ〔イ〕始メ異別ノ精神ヲ有セシ者後ニ至リテ其感覚、意思ヲ同フスルニ至リタルヲ表示スルモノナリ」。

9　ここで、ボワソナードは、合意の当事者の範囲について言及していないが、所有権を移転する主体は所有者でなければならない。なぜなら、何人も、自己の権利以上のものを他人に移転することはできないからである。このことは、ボワソナードがプロジェ新版661条において、「売主自身が所有者である限りにおいて」（pourvu que le vendeur soit lui-même propriétaire）と限定を付していることからも明らかである。BOISSONADE［60, p. 190］［65, p. 186］。また、他人物売買を無効としていることも、その証左となろう。BOISSONADE［65, p. 234］art. 679. を参照。したがって、合意の当事者の一方は、原則的に、目的物の所有者でなければならない。例外として、所有者の管理人が考えられる。しかし、この論文では、所有者自身が所有権を譲渡する場合に限定する。

10　BOISSONADE［56, p. 95］［57, pp. 171-172］

11　ボワソナード自身は「不特定物」という用語を用いておらず、「代替物」（des choses fongibles）あるいは「数、量、長さによって評価される物」（des choses appréciées au poids, au nombre ou à la mesure）という言い回しを用いている。それにもかかわらず、ここでは、特定物と不特定物との区別であると考えてよい。なぜなら、後から分かるように、ボワソナードがここで着目しているのは、propriété の移転が可能なように、物が特定されているか否かだからである。

12　ボワソナード（訓定）＝富井政章（校閲）［54, p. 263］

13　ボワソナード（訓定）＝富井政章（校閲）［54, pp. 5-6］

14　ボワソナード（訓定）＝富井政章（校閲）［54, p. 271］

15　ここから、引渡の期日に関する合意は、停止条件としては扱われないことも明らかである。なぜなら、引渡に関する合意が停止条件として扱われるならば、プロジェ新版351条の但書に該当することになり、所有権移転の時期を変更するはずだからである。船越［92, p. 67］は、「所有権は登記の時に移転する」という合意について、「登記時に独自の物権行為をすることが要求されるのではなく、所有権移転に単に期限が付されただけであり、履行行為としての登記に係らしめられているのみと解すべきである」と説く。この考え方は、履行の一環である登記を停止条件と考えない点で、『民法義解』と同様の解釈を採用している。

16　BOISSONADE［58, p. 140］；再閲修正民法草案註釈852条［66, p. 147］「代補物又ハ數、量、尺度ヲ以テ量定スル物ヲ與フルノ合意ハ其約シタル性質、品格及ヒ分量ヲ以テ其物ノ所有權ヲ約權者へ轉移スルノ義務ヲ約務者ニ負ハシム此場合ニ於テ所有權ハ物ノ引渡ニ因リ又ハ雙方立會ノ上爲シタル指定ニ因リ轉移ス〔第千五百八十五條〕」

17　ボワソナード(訓定)＝富井政章(校閲)［54, p. 263］［54, pp. 5-6］

18　Boissonade［60, p. 180］；再閲修正民法草案註釈1161条1項［65, p. 181］「賣買ハ一方ヨリ他ノ一方若ハ第三者カ拂フノ義務ヲ約スル金圓ニ於ケル代價ヲ受ケテ一箇物ノ所有權又ハ其支分權ヲ轉移シ若ハ轉移スル義務ヲ約スル契約ナリ〔佛民第千五百八十二條第一項〕」

19　Boissonade［58, p. 19］再閲修正民法草案註釈817条［66, p. 25］「合意トハ物權、人權ヲ問ハス權利ヲ創設シ改様シ又ハ消滅スルコトヲ目的トスル二人又ハ數人ノ意思ノ一致ヲ云フ　人權又ハ義務ノ創設ヲ合意ノ主タル目的トスルトキハ特ニ之ヲ契約ト云フ〔第千百一條、伊民第千九十八條〕」

20　所有権移転の一般規則が個別の契約にも当てはまるか否かは、その都度検討しなければならない。現在の我が国においても、事情は変わっていない。例えば、売買における所有権移転を、川島説に従って考えるならば、不動産売買において所有権は、登記の時点に移転するのが原則であり、それゆえに、対抗要件（民177条）の問題は原則的に生じないという結論に至るのではないであろうか。川島［91, p. 151-153］を参照。これも、売買の理解が所有権移転の時期に影響を及ぼす一例であると言えよう。

21　Boissonade［60, pp. 251-252］；再閲修正民法草案註釈1181条［65, p. 255］「賣買契約ハ賣渡シタル物ノ所有權ノ轉移及ヒ其損失擔當ノコトニ就テハ第八百五十一條、第八百五十二條、第八百五十五條及ヒ第九百三十九條ニ定メタル普通法ノ規則ニ從フ〔佛民法第千五百八十四條、第千六百二十四條〕」

22　Boissonade［60, pp. 189-190］

23　venteの場合にも、propriétéの移転に期限を付すことはできない。これについては、再閲修正民法草案注釈1181条註201［65, pp. 256-257］を見よ。

24　3つの義務とは、物の引渡義務、追奪担保責任および瑕疵担保責任である。Boissonade［56, pp. 139-141］［57, pp. 249-252］

25　Boissonade［60, p. 234］

26　Boissonade［60, pp. 242-243］；再閲修正民法草案註釈［65, pp. 242-244］

27　Boissonade［60, p. 52］；再閲修正民法草案註釈［65, p. 53］

28　Boissonade［58, pp. 70-71］；再閲修正民法草案註釈［66, pp. 57-58］

29　Boissonade［60, p. 52］［58, pp. 90-91］；再閲修正民法草案註釈［65, p. 53］

［66, p. 76］

30　筆者は、この他人物 vente の無効という規定を、より純粋に論理的な推論からも根拠付けることができると考える。ボワソナードによれば、特定物の vente とは、特定物に関する convention de donner を内在させる contrat であった。そして、特定物に関する convention de donner は、convention と同時に propriété を譲受人すなわちここでは買主に移転させる。当事者は、この移転時期を停止条件以外の方法で変更することができない。したがって、これを一言で言い表すならば、特定物の vente は、目的物の propriété を即座に買主へ移転させる contrat である。すると、この最後の命題の対偶を取るならば、目的物の propriété を即座に買主へ移転させない contrat は、特定物の vente ではないという命題が導かれる。したがって、目的物の propriété を即座に移転させない他人物の vente は、vente ではない。以上は、特定物の vente において propriété の移転義務が発生しないことからの、筋の通った解決であると言えよう。

31　富井［105, p. 51］

32　というよりも、富井博士がこのボワソナードの該当箇所を見て、それに反論する目的で「売買ノ本義」を書いたのであろう。ここで紹介するボワソナードの箇所は、富井論文においても参照されている。富井［105, pp. 51-52］

33　Boissonade［58, p. 19］；再閲修正民法草案註釈 817 条註 17［66, p. 26］「若シ之ニ反シテ賣買又ハ交換アリト假定スルトキハ假令ヒ主タル効力ハ所有權ノ移轉タリト雖トモ亦創設セラレタル義務アリ即チ買主ハ代價ヲ拂ハサル可ラサルモノニシテ之カ爲メニハ合意ハ一箇ノ契約ナリ又買主及ヒ一方ノ交換者ノ爲メニハ又引渡ノ義務ノ外ニ他人ヨリ先ニ既ニ得タル權利アリト謂立テ諸般ノ妨害又ハ奪取ニ就キ讓受人ヲ擔保スルノ義務アリ故ニ此點ニ付テハ合意ハ一箇ノ契約ナリ而シテ世人ノ賣買又ハ交換ノ合意ト云ハスシテ「賣買又ハ交換ノ契約」ト云フハ蓋シ之ニ依ルナリ」

34　富井［105, pp. 52-53］

35　富井がここで要素・常素をどのように理解しているかは明記されていないが、17 世紀ヨーロッパで既に成立していた要素 essentia および常素 natura の区別であるように思われる。ポティエが伝えているところによれば、契約の要素 essentia とは、それがなければ契約が有効に成立しない事項であり、常素 natura とは、それがなくても契約は有効に成立するがしかし通常はその契約に含まれていると理解されねばならない事項である。Pothier［30, pp. 5-6］

36　富井［105, p. 53］

37　富井［105, p. 50］

38　富井［105, pp. 50-51］

39　Boissonade［58, pp. 201-202］；再閲修正民法草案註釈 866 条［66, p. 195］「然レトモ所有者有體ナル動産ヲ與フルノ合意ヲ兩度ニ各別ナル二人ト爲シタルトキハ其二人中現ニ其物ヲ占有スル者ハ證書ノ日附ハ後ナリト雖優等トシテ其所有者トス但其合意ヲ爲ス時ニ於テ最先ノ讓渡アリシコトヲ知ラス且最先合意者ノ財産管理ニ躬ヲ任セサリシコトヲ要ス〔第千百四十一條〕」

40　註釈民法草案［62, p. 573］；再閲民法草案［67, p. 325］；再閲修正民法草案注釈［66, p. 195］；法律取調委員会［110, pp. 111-114］

41　Boissonade［63, pp. 352-353］；再閲修正民法草案註釈註 252［63, p. 352］「占有トハ最モ簡易ニシテ同時ニ最モ常用スル意義ニ依レハ自由ニシテ完全ナル處分ヲ爲スコトヲ得可キ形状ニテ一箇ノ物ヲ有スル事實ヲ云フ」

42　Boissonade［59, p. 376］；再閲修正民法草案註釈 691 条［63, p. 374］「占有ニ自然ノモノアリ又民法上ノモノアリ」；舊民法財産編 179 条「占有ニ法定、自然及ヒ容仮ノ三種アリ」

43　ところで、このプロジェ新版 191 条と、註で挙げておいた再閲修正民法草案註釈 691 条が異なっていることは一見して明らかである。すなわち、再閲修正民法草案註釈 691 条では、précaire に該当する訳語が見られない。これは、再閲修正民法草案註釈の定本がプロジェ新版とは異なっていたことを示している。プロジェ新版の内容が考慮され始めたのは、法律取調委員会の段階であると推測される。というのも、法律取調委員会で用いられた条文には、プロジェ新版の内容を反映したものが見られるからである。

44　Boissonade［59, p. 376］；再閲修正民法草案註釈 692 条 1 項［63, p. 375］「自然ノ占有トハ所持人カ有體物上ニ權利ヲ有スルコトヲ主張セスシテ其物ヲ所持スルコトヲ云フ」

45　Boissonade［59, pp. 380-381］；再閲修正民法草案註釈［63, p. 375］

46　Boissonade［59, p. 376］再閲修正民法草案註釈 693 条［63, pp. 376-377］「民法上ノ占有トハ自己ノ爲メニ有スルノ意思ヲ以テ有體物ヲ所持シ又ハ權利ヲ行フコトヲ云フ〔第二千二百二十八條〕」

47　Boissonade［59, pp. 382-383］；再閲修正民法草案註釈［63, pp. 377-378］

48　Boissonade［59, pp. 377-378］；再閲修正民法草案註釈 697 条［63, pp. 388-389］「占有者カ他人ノ名ヲ以テ他人ノ爲メニ物ヲ所持シ又ハ権利ヲ行フトキハ其自然ノ占有ヲ暫假ノ占有ト云フ　占有者自己ノ爲メニ占有ヲ始ムルトキハ暫假ノ占有ハ止息シテ民法上ノ占有トナルヘシ〔第二千二百三十六條第二千二百三十七條〕　然レトモ暫假ノ占有カ其基ク名義ノ性質ヨリ生スルトキハ其占有ハ左ノ二原由ノ一ニ因ルニ非レハ止息セス　第一　占有ノ利益ヲ得ル者ニ宣示シ其者ノ權利ニ明白ナル駁斥ヲ記載シタル裁判上又ハ裁判外ノ文書　第二　契約者又ハ第三ノ人ニ出テタルモノニシテ占有ニ新ナル原由ヲ付スル名義ノ變換〔第二千二百三十八條〕」

49　Boissonade［59, p. 393］；再閲修正民法草案註釈［63, p. 390］

50　Boissonade［58, pp. 212-213］；再閲修正民法草案註釈 866 条註 171［66, pp. 195-196］「茲ニ占有ニ付シタル利益ヲ以テ所有權轉移ノ爲メニハ引渡ノ必要ナリシ古昔ノ理論ニ復歸セシモノト看做ス可カラス○蓋シ一箇ノ動産ニ付引續キタル二度ノ讓渡アリシトキハ其所有權第一ノ結約者ニ屬ス可キヤ疑フ可カラス普通法ニ循フニ讓渡人ハ同一ノ権利ヲ再ヒ讓渡スルコト能ハス第二ノ讓受人ハ讓渡人ノ承継人ニ外ナラサレハ權利ヲ有スルコト讓渡人ヨリ多キコト能ハス殊ニ如何ナル場合ニ於テモ第二ノ合意ニ關シテハ第三ノ人タル第一ノ讓受人ノ所有權ヲ奪取スルコトヲ得可カラサルナリ○然レトモ若シ新結約者カ其豫見セス又豫見シ能ハサル奪取ニ遭遇スルトキハ法律ハ公理幷ニ一般ノ利益齊シク共ニ害セラル可シト看做シタリ○法律ハ不動産讓渡ノ爲メニ設ケタル如ク動産讓渡ニハ眞ニ所謂ル公示ノ法式ヲ組成スルコト能ハサルヲ以テ現實ノ引渡詳言スレハ獲得者ヲ物料上ノ占有ニ置クコトヲ以テ有益ニ公式ニ代替シタリト認メタリ○然ルカ故ニ既ニ讓渡セラレテ最早讓渡人ノ占有ニ在ラサル所ノ動産ヲ買得シ若ハ贈與ニ依テ受取リタル者ハ結果ノ責ヲ已ニ負ハサルヘカラサル不注意ヲ爲シタルモノトス此者ハ承繼人トナリ此名義ノ結果ヲ受クヘシ○然レトモ若シ之ニ反シテ第二ノ獲得者讓渡人ノ手裏ニ物件ノアルヲ見タル時ハ過怠アルモノハ最早第二ノ獲得者ニ非スシテ引渡ヲ請求セサリシ第一ノ獲得者ナリトス」

51　次のことも論拠になる。旧民法財産編 185 条に対する解説書によれば、売主が買主に目的物をすぐに tradition せずとも、売主の possession は précaire に変更される。ボワソナード(訓定)＝富井政章(校閲)［55, pp. 777-778］。これは、買主が売買と同時に possession civile を獲得することを意味する。したがって、特定物の vente において、買主は、目的物の possession civile を常に獲得する。すると、仮にプロジェ新版 366 条が、いわゆる占有改定によって第一買主を勝たせるならば、もはやこの条文は意味を持たないことになろう。なぜなら、二重の vente においては、常に第一買主が先に possession civile を獲得しているからである。

52　Boissonade［58, pp. 213-215］；再閲修正民法草案註釈 866 条註 173［66, p. 198］「若シ今何レノ讓受人モ現實ノ占有ヲ得サリシト想像スルトキハ所有權ハ承諾ノミニテ第一ノ獲得者ニ轉移スヘシトノ規則ヲ適用スヘクシテ其第一及ヒ第二ノ獲得者カ起ス所ノ取戻ノ訴訟ニ於テ勝利ヲ得ルモノハ第一ノ獲得者ナリ」

53　本稿のテーマからはやや外れるが、プロジェ新版 366 条と現行民法 178 条との関係について簡単に触れておきたい。一見すると、プロジェ新版 366 条は、propriété 移転の一般規則（プロジェ新版 351 条）の近くに置かれており、かつ、動産が二重譲渡された場合の処理について規律しているので、現行民法 178 条の前身に思われるかもしれない。しかし、プロジェ新版 366 条は、現行民法 178 条の前身ではない。なぜなら、ボワソナードは、動産に関して、いわゆる公示や対抗関係というものを想定しなかったからである。このことは、以下の 3 つの事実から根拠付けられる。①プロジェ新版 366 条註 171 から明らかなように、ボワソナードは、動産について、不動産のような公示制度を設けることができないと述べている。Boissonade［58, pp. 212-213］。②プロジェ新版においては、不動産の二重譲渡に関して、「対抗」という文言が明記されているにもかかわらず、プロジェ新版 366 条にはそれが見られない。③プロジェ新版 366 条註 173 から明らかなように、本条文は、公示制度ではなく prescription instantanée（即時時効）に基礎付けられている。Boissonade［58, pp. 213-215］。④法典調査会は、この prescription instantanée に対して否定的な態度を取っているので、立法過程に鑑みても、現行民法 178 条がプロジェ新版 366 条と同一の規定であるということはない。このように、プロジェ新版 366 条は、現行民法 178 条の前身ではなく、ボワソナード草案に独自の規定である。

54　ボワソナード（訓定）＝富井政章（校閲）［55, pp. 777-778］

55　Boissonade［58, pp. 213-215］；再閲修正民法草案註釈 866 条註 173［66, pp. 197-198］「總テ二名ノ讓受人ノ中ニテ現ニ占有ヲ爲スモノニ優等ノ權及ヒ第三ノ人タルノ分限ヲ與フル所ノ此理論ハ初メテ之ヲ一見スレハ太タ鹵莽ニシテ奇怪ナルカ如ク見ユヘク又或人ノ信スル如ク前述ノ規則ニ因リ之ヲ十分ニ辨明スルヲ得ス其規則トハ曰ク二箇ノ等シキ有利ナル地位ニ於テハ吾人ハ占有者ノ地位ヲ優レリトスト是レナリ而ルニ爰ニハ二名ノ讓受人ノ中其一人ノ利益ノ爲メニ先キニ契約ヲ爲シタルノ地位アルカ故ニ其地位ハ同等ナラサルヘキナリ○然レトモ此理論ハ吾人ノ既ニ注意シタルカ如ク公正ニシテ且有益ナルノミナラス新法中ノ頗ル重要ナル他ノ理論ト全ク符号ス而シテ其所謂理論ハ定期ヲ要スルコトナク善意ニシテ且正當ノ名義ニ基ク占有ニ因リテ動産ヲ獲得セシムルモノナリ因テ之レカ爲メ即時ノ獲得時證ノ名稱ヲ生セシム（第七百十三條註解第三百二十號ヲ比較セヨ）」

56　清水［90, p. 303］は反対。

57　BOISSONADE［61, p. 977］；再閲修正民法草案註釈［64, p. 363］。即時時効と言われるが、一般の取得時効および消滅時効と同一の性質を有する。堀〔ほか〕［111, p. 318］

58　BOISSONADE［61, p. 971］；再閲修正民法草案註釈 1981 条 1 項［64, p. 359］「時効ノ利益ハ正名義及ヒ善意ニテ有體動産ノ占有ヲ取得スル者ニ屬ス但第千九百七十條及ヒ第千九百七十一條ニ記載シタルモノヲ妨ケス〔第二千二百七十九條第一項〕」

59　BOISSONADE［61, pp. 975-976］；再閲修正民法草案註釈［64, p. 361］

60　これらの prescription については、プロジェ新版 1474 条および 1486 条の 2 を参照。BOISSONADE［61, p. 960］；再閲修正民法草案註釈［64, p. 349］；BOISSONADE［61, p. 973］；再閲修正民法草案註釈［64, p. 373］

61　BOISSONADE［59, p. 364］；再閲修正民法草案註釈註 262［63, pp. 361-362］

62　BOISSONADE［61, p. 863］；再閲修正民法草案註釈 1926 条［64, p. 259］「時効ハ定マリタル時ノ効力ト法律ニ定メタル其他ノ條件トヲ以テスル物權取得又ハ義務免除ノ法律上ノ推定タリ但動産ノ瞬時間ノ時効ニ關シ第千九百八十一條以下ニ定メタルモノヲ妨ケス〔第七百十二條、第千二百三十四條、第千三百五十條第二號、第二千二百十九條〕」

63　BOISSONADE［61, pp. 867-868］；再閲修正民法草案註釈註 251［64, pp. 260-261］；堀〔ほか〕［111, pp. 313-314］

64　BOISSONADE［61, p. 863］；再閲修正民法草案註釈 1927 条［64, p. 273］「正當ナル取得又ハ免除ノ推定ハ完全ニシテ且公ノ秩序ニ關スルモノトス又此推定ハ第千九百三十三條及ヒ第千九百九十八條ニ規定シタル如キ法律ノ定メタル場合ニ於テ其定メタル方法ヲ以テスルニ非サレハ反對ノ證ヲ許サス〔第千三百五十二條〕」

65　BOISSONADE［61, p. 999］；再閲修正民法草案註釈 1998 条［64, p. 389］

66　BOISSONADE［61, p. 865］；再閲修正民法草案註釈 1933 条［64, p. 281］「判事ハ時効ヨリ生スル訴又ハ抗辯ノ方法ヲ職權ヲ以テ補足スルコトヲ得ス時効ハ其條件ノ成就シタルカ爲メ利益ヲ受クル者ヨリ之ヲ申立ツルコトヲ要ス〔第二千二百二十三條〕　時効ヲ援用スル當時ニ於テ正當取得又ハ免責ノ場合ニ非サルコトヲ追認スル者ハ時効ヲ拋棄シタリト看做ス」

第3章　グロチウス

はじめに

近世自然法論の出発点として、フーゴー・グロチウス（Hugo GROTIUS, 1583-1645年）をまず扱う。彼は幼い頃からオランダの神童として成長し、高名な弁護士になった。しかし、宗教的・政治的なクーデターによって終身禁固刑を言い渡され、パリに亡命した。そこで書き上げられたのが、『戦争と平和の法』（*De jure belli ac pacis*, 1625年）である。その後、彼はオランダへ戻ることなく、ロストックにおいて客死した[1]。

グロチウスは、既に18世紀において、自然法と万民法の創始者であると評されていた[2]。その名声をもたらした書物こそ、『戦争と平和の法』に他ならない。この書物は、ホフマンの評価によれば、「ヨーロッパ精神史上の頂点のひとつ」であり[3]、本論文において扱うプーフェンドルフ、トマジウスおよびヴォルフらの手によってドイツへと輸入された[4]。そして、その内容は、「当時の戦争の残虐行為に不快を覚え、そこからして偶然に諸国民の法（国際法）を志向した、正義の思想にもとづく、法を体系的にではあるが、考えうるもろもろの権利侵害からして映し出す法哲学」とされる[5]。

このホフマンの評価は、哲学的・思想的側面を強調しすぎている感があり、グロチウスが当時のローマ普通法学から影響を受けたことが過小評価されているように思われる。けれども、その論証については、本章の最後に回すことにする。重要なのは、グロチウスの著作の体系性に着目している点である。吉野悟［75］は、コーシャカーの *Europa und das römische Recht*（1947年）を引用しながら[6]、近代法が自然法を基礎として体系を得たということ、そしてローマ法それ自体には体系が存在しないということ、これらの仮説は、法制史におけるひとつの研究テーマであると述べている[7]。

グロチウスは、ローマ法において存在しなかった「体系性」(Systematik)を、いかにして与えたのか。そして、与えたとすれば、その体系性とは、何を意味しているのか。これらのことが問われねばならない。本論文の冒頭で掲げた問題意識に加えて、本章では、これらの疑問も念頭に置きながら、グロチウスにおける二重売り論を見て行くことにする。

第1節　承継的な所有権移転の一般規則

1　所有権の定義

まず、所有権の定義を見る[8]。その前に、筆者がここで「所有権」という言葉で念頭に置いているものが何であるかを簡潔に説明しておきたい。筆者が以下において「所有権」と訳しているのは、近世自然法論者たちがラテン語でdominiumと呼んでいた概念である。我が国で言われる「所有権」概念が歴史的産物である以上、これと完全に同一の概念を近世自然法論の中に見出そうとすることは、余り適切ではない。むしろ、我が国における所有権概念を歴史的に相対化して、近世自然法論との差異を調べる方が有益であろう。このような前提に従えば、グロチウスを初めとする近世自然法論者たちの所有権概念を確認することは、必然的に、所有権概念の発展史を素描することへと繋がる。

けれども、所有権概念の発展史それ自体が今回のテーマではない[9]。それゆえに、このような近世自然法論者たちの所有権概念の把握は、二重売りと関係がある範囲で行われねばならない。所有権の数ある性質の中で、二重売りと最も関係が深いのは、所有権それ自体を他人に移転する権利である。それゆえに、以下の論述は、所有権のなかでもとりわけ譲渡権に着目したものであり、使用権や収益権は、詳しく扱わないことにする。

■所有権を移転する権利は所有権それ自体に内在する　グロチウスは、彼の主著『戦争と平和の法』(*De jure belli ac pacis*, 1625年) において、「所有権」(dominium) の効果を次のように述べる。

GROTIUS, *De jure belli ac pacis*, lib. 2., cap. 6., §. 1., n. 1. [10]

Acquisitione derivativa nostrum fit aliquid facto hominis aut legis. Homines rerum domini, ut dominium, aut totum, aut ex parte transferre possint, iuris est naturalis post introductum dominium: inest enim hoc in ipsa dominii, pleni scilicet, natura. Itaque Aristoteles: ὅρος τοῦ οἰκεῖον εἶναι, ὅταν ἐφ' αὐτῷ ᾖ ἀπαλλοτριῶδαι. *proprietatis definitio est, ubi penes nos est ius alienandi.* Duo tantum notanda sunt alterum in dante, alterum in eo cui datur. In dante, non sufficere actum internum voluntatis, sed simul requiri, aut verba, aut alia signa externa: quia actus internus, ut alibi diximus, non est congruens naturae societatis humanae.

承継取得によって何かが私たちの物になるのは、人間の行為によってかあるいは法律によってである。物の所有者である人間たちが「所有権」(dominium) を全部であれ一部であれ移転することができるのは、所有権が導入された後では、自然法に適っている。というのも、このことは、所有権すなわち完全な所有権の自然本性に内在しているからである。したがって、アリストテレスは、次のように言う。「proprietasの定義とは、他人の物にする権利が私たちのもとにあるということである」。2つのことだけが注意されねばならない。ひとつは、与える側に、ひとつは与えられる側に。与える側において、「意思」(voluntas) の内的な活動は不十分であり、言葉あるいはその他の外的な徴表が同時に必要となる。なぜなら、内的な活動は、他の箇所で私が述べたように、人間社会の自然本性にとって相応しくないからである。

この箇所では、2つのことが言われている。前半部分は、所有権にどのような権利が内在しているかであり、後半部分は、その所有権が移転するための要件である。ここでは、前者についてのみ扱い、後者については次の項で扱うことにする。

グロチウスは、アリストテレスを引用しながら、完全な所有権には、「他人の物にする権利」(ius alienandi) が内在していると述べる。したがって、今回のテーマである売買においても、この他人の物にする権利が重要になる。但し、「所有権の自然本性に内在している」という言い回しは、若干注意を要する。他人の物にする権利は、あくまでも所有権の一部であり、所有権と同一ではない。このことは、グロチウスがアリストテレスをラテン語訳するにあたって、譲渡する権利を、dominium ではなく proprietas と置き換えていることからも傍証される[11]。

■所有権とは用役権と譲渡権の組み合わせである　すると、完全な「所有権」(dominium) は、「譲渡権」(proprietas) 以外になにを含んでいるのかが問題になる。グロチウスは、『戦争と平和の法』のなかで、このことを説明していない。しかし、当時のローマ普通法学をみることによって、その結論は明らかになる。プーフェンドルフ、トマジウス、ヴォルフにおいても dominium と proprietas の関係は問題になるので、以下、16-18 世紀の法学辞書を用いて、簡単に確認しよう。

SPIEGEL, *Lexicon iuris civilis*, ad proprietatem [12]

Proprietatem quidam putant idem esse quod dominium: quum in

proprietas は、ある人々の考えによれば、dominium と同一である。し

apicib. magna inter ea sit differentia. ut Doctores tradunt, l. si quis. §. differentia ff. de Acquir. possess. Spieg.

かしながら、いくつかの点で、両者の間には大きな違いがある。これは博士たちがD 41.2.17.1について論じている通りである。シュピーゲル。

SPIEGEL, *Lexicon iuris civilis*, ad proprietatis nudae [13]

Proprietatis nudae nomine, nullus fructus continetur. l. videamus. ff. de Vsuris. Spieg.

裸のproprietasという名称は、収益権を含まない（D 22.1.19 pr）。シュピーゲル。

この16世紀中葉に書かれたシュピーゲルの辞書によれば、dominiumとproprietasとの関係には2つの説がある。ひとつは、dominiumはproprietasに等しいという説である。シュピーゲルは、これに賛成していない。彼によれば、dominiumとproprietasとの間には、何らかの違いがあるとされる。彼自身はこれを説明していないけれども、proprietasの項目から推測されるように、proprietasは、「収益権」（fructus）を含まないものとされる。したがって、シュピーゲルは、dominiumを、proprietasに収益権を含ませたものと捉えているのであろう。

このことは、プラテーユスの手になるもっと後の辞書において、より詳細に説明されている。

PRATEJUS, *Lexicon Iuris Civilis et Canonici*, ad proprietas [14]

Proprietas vocabulum est a Iurisconsultis distinguendorum definiendorumque dominiorum causa confictum. nam dominii nomine solidum dominium fere intelligitur: id est, in

proprietasという語彙は、法学者たちによってdominiumの区別および定義の目的で発明されたものである。なぜなら、dominiumという名称で念頭に置かれるのは、普通は、

quo vsusfructus inest, vnde vsusfructus, pars dominii appellatur, l. 3. D. vsufr. cum igitur dominium vsufructu deminutum significare vellent, Proprietatem dixerunt. vt patet ex c. de vsufruct. locis innumeris, in quibus vsusfurctus proprietati opponitur. Itaque Neratius in 13. D. de acquir. rer. domin. cum dominium duxisset, et illud quod vsusfruct. expers est significaret, continuo proprietatis nomine hoc interpretatus est. Si procurator rem mihi emerit ex mandato meo, eique sit tradita meo nomine, dominium mihi, id est, proprietas acquiritur, etiam ignoranti. postea tamen cum suo more subtiliter omnia persequerentur, vti Proprietatis vocabulo non contenti, Proprietatem nudam dixerunt, quae vsufructu deminuta est: plenam vero, quae vsumfructum in se haberet. Papinianus l. 2. D. quibus mod. vsusfruct. amitt. Si duobus separatim alternis annis vsusfructus relinquatur, continuis annis proprietas nuda est: cum si legatarium vnum substituas, cui

dominium 全体だからである。すなわち、用役権が内在している dominium である。それゆえに、用役権は、dominium の一部と呼ばれる(D 7.9.3〔D 7.9.4〕)。したがって、用役権を控除した dominium を意味させたいときは、法学者たちは proprietas と表現した。このことは、C 3.33 の多くの箇所から明らかである。そこでは、用役権が proprietas と対置されている。したがって、ネラティウス〔ネルワ?〕は、D 41.1.13.1 において、dominium を引き合いに出しながら用役権のないものを意味させたかったので、すぐ後で proprietas という名称を持ち出してこのことを説明した。「もし委託事務管理人が物を私のために私の委任にもとづいて買って、そして彼に私の名義で引渡されたならば、私に dominium すなわち proprietas が取得される。たとえ私が知らないとしても、そうである」。しかし、法学者たちはその後、用語法にもとづいて厳密に、proprietas という言葉をそのまま使うことは止めて、使用収益権を除く場合は裸の proprietas と表現することにした。

alternis annis legatus sit vsusfructus, plena sit apud haeredem proprietas eo tempore quo ius fruendi legatario non est.

他方で、用役権を含む場合は、完全な proprietas と表現した。パピニアーヌス法文 D 7.4.2「2人の人間に1年交代で用役権が遺されるならば、全期間連続で proprietas は裸である。もし君が1人だけを受遺者に定めて彼に1年置きの用役権が遺贈されたならば、収益する権利が受遺者にない期間は proprietas は完全であるけれども」。

プラテーユスが述べているように、ローマ普通法学において、dominium と proprietas は、本来的に異なるものと考えられていた。すなわち、dominium とは、「用益権」（ususfructus）と「譲渡権」（proprietas）が合わさったものである。逆に言えば、dominium から「用益権」（ususfructus）を差し引いたものが、「譲渡権」（proprietas）である。

すると、グロチウスの用語法は、この dominium と proprietas との区別に影響を受けていると推測される。なぜなら、グロチウスは、dominium および proprietas を論じるにあたって、冒頭で、「法学者たちが dominium と呼ぶ proprietas」という表現を用いているからである。もっとも、彼がローマ普通法学における用語法を完全に踏襲していたのか、それとも自然法論の観点から新たな見解を付け加えたのかは[15]、この箇所からは明らかでない[16]。

2　承継的な所有権移転の一般規則

■所有権は所有者の譲渡意思と譲受人の承諾とによって移転する　次に所有権の移転規則を概観する。グロチウスが所有権の移転方法について明瞭に述べているのは、『戦争と平和の法』第2巻第6章第1節においてである。該当箇所を再掲しておく。

GROTIUS, *De jure belli ac pacis*, lib. 2., cap. 6., §. 1. n. 1. [17]

[...] Duo tantum notanda sunt alterum in dante, alterum in eo cui datur. In dante, non sufficere actum internum voluntatis, sed simul requiri, aut verba, aut alia signa externa: quia actus internus, ut alibi diximus, non est congruens naturae societatis humanae.

[...] 2つのことだけが注意されねばならない。ひとつは、与える側に、ひとつは与えられる側に。与える側において、「意思」(voluntas) の内的な活動は不十分であり、言葉あるいはその他の外的な徴表が同時に必要となる。なぜなら、内的な活動は、他の箇所で私が述べたように、人間社会の自然本性にとって相応しくないからである。

この箇所では、「他人の物にする権利」(ius alienandi) の要件が説明されている。所有権が他人に移転するためには、2つのことが必要になる。ひとつは、所有権を「与える」(dare) 人が、その「意思」(voluntas) を持つことである。もうひとつは、この意思を外部に表示することである。譲渡人が所有権移転の意思を内心で抱いているということでは不十分であり、それを外部に向かって表示しなければならない。

では、譲渡人が自己の意思を外部に表示するならば、それだけで所有権は相手方へと移転するのであろうか。そうではない。グロチウスは、さらに2つ要件を設ける。

GROTIUS, *De jure belli ac pacis*, lib. 2., cap. 6., §. 2. [18]

Vicissim in eo cui res datur, seposita lege civili, requiritur naturaliter voluntas accipiendi, cum suo signo,

他方で、物を与えられる人においては、市民法から離れるならば、その自然本性からして、徴表を伴う「承

quae voluntas ordinarie sequitur dationem, sed potest et praecedere, puta si quis quid dari, aut concedi sibi petierat. censetur enim durare voluntas nisi mutatio appareat. Caetera quae tum ad iuris concessionem, tum ad acceptionem requiruntur, et quomodo fieri utrumque possit, infra in capite de promissis tractabimus. nam in hoc alienandi et promittendi par est ratio, iure quidem naturali.

諾」(acceptatio) の意思が必要とされる。この意思は、本来の順番から言えば、与えることの後に行われるものであるが、しかしそれに先行することもありえる。例えば、ある人が、何かを自分に与えるようにあるいは認めるように求めるときである。というのも、意思は、変更されたことが明らかにならない限り、継続していると評価されるからである。法権利の譲与や取得においてはさらに何が要求されるのか、また両者はどのようなときに起こるのか、これらのことについては、後述第2巻第11章で扱うことにしよう。なぜなら、譲渡の章と約束の章においては同じ理が当て嵌まり、もちろんそれは自然法においてそうだからである。

所有権が承継的に移転するための3番目の要件として、譲受人が「承諾」(acceptatio) の意思を持つこと、4番目に、この意思がやはり何らかの徴表によって外部に表示されることが求められる。筆者は、グロチウスの用語法に倣って、譲渡人の意思を「与える意思」(voluntas dandi)、譲受人の意思を「受け取る意思」(voluntas acceptandi) と呼ぶことにする。このような2つの意思の表示による所有権の移転は、彼の『オランダ法学入門』(*Inleidinge tot de Hollandsche rechts-geleerdheid,* 1631年) においても確認されている[19]。

■所有権は合意によって移転するのではない　ところで、所有権を与える意思と所有権を受け取る意思との表示による所有権の移転は、合意による所有権の移転であろうか。例えば、conventio、consensus あるいは pactum の一種であると理解しても良いのであろうか[20]。そうではない。ここでは、2つの意思による移転が、合意による移転を意味しないことを確認する。

まず、所有権を移転する pactum という表現は、なぜ不適切なのか。それは、pactum というラテン語が、グロチウスの用語法においては、「約束」という特別な意味を持っているからである。

GROTIUS, *De jure belli ac pacis*, lib. 2., cap. 11., §. 1., n. 1.[21]

Perduxit nos ordo ad obligationem quae ex promisso oritur: ubi statim se nobis obiicit vir eruditionis minime vulgaris Franciscus Connanus. Is enim hanc defendit sententiam iure naturae ac gentium ea pacta, quae non habent συνάλλαγμα, nullam inducere obligationem: honeste tamen impleri, si modo talis res sit, quam praestare etiam citra promissum honestum ac virtuti alicui congruens fuerat.

話の順番からして、「約務」（promissio）から生じる義務に移ろう。そこでは、非凡な学識を持つフランシス・デ・コナンが、私と明らかに対立している。というのも、彼は、次のような見解を擁護しているからである。シュナラグマを有さない「約束」（pactum）は、自然法上も万民法上も何ら義務を生じさせないが、しかし「約務」（promissum）なしでもそれを履行することが誠実でありかつ何らかの徳と調和しているような内容であるときに限っては、履行する方が誠実である、と。

この箇所において、グロチウスは、「義務」（obligatio）を発生させる「約務」（promissio）について述べている[22]。そして、コナンの説を取り上げながら、pactum というラテン語を用いる。この用語法がコナンに由来しているか否かとは無関係に、pactum もまた約務の言い換えであると理解することができる[23]。したがって、与える意思と受け取る意思との表示による所有権の移転を、pactum による移転と表現することはできない。なぜなら、pactum は単なる合意ではなく、義務負担行為を含意しており、義務負担行為だけでは所有権は移転しないからである[24]。

次に、conventio による移転や consensus による移転という表現はどうであろうか。一見すると、所有権移転の conventio という表現は、成立するように思われる。なぜなら、ボワソナードは、所有権移転の要件を「譲渡の合意」（convention de donner）と呼んでいたからである。しかし、グロチウスの場合には、conventio も consensus も不適切である。というのも、ローマの法学者たちによれば、どちらの言葉にも義務負担のニュアンスが含まれているからである。

D 2.14.1.2（Ulpianus 4 ad ed.）

Et est pactio duorum pluriumve in idem placitum et consensus.	そして、「約束する」（pactio）とは、2人あるいはそれ以上の人々の、同じことに対する意見の一致および「合意」（consensus）である。

D 2.14.1.4（Ulpianus 4 ad ed.）

Sed conventionum pleraeque in aliud nomen transeunt: veluti in emptionem, in locationem, in pignus vel in stipulationem.	ところで、「合意」（conventio）の多くは、他の名前で呼ばれる。例えば、売買、賃約、質あるいは問答契約である。

まず、consensus という用語に着目すると、pactum は consensus であると言われている。グロチウスのもとで pactum は約束を意味するがゆえに、consensus という語も約束を意味する可能性があり、紛らわしい。

次に、conventioという語は、それが特定の契約類型に合致するときは別の名前で呼ばれ、それには「売買」(emptio venditio) も含まれている。すると、「与える合意」(conventio dandi) によって所有権が移転するという表現は、あたかも売買契約それ自体によって所有権が移転するという錯覚を起こす。このような売買契約それ自体による所有権の移転を、グロチウスは認めていない。

したがって、義務負担行為によって所有権が移転することはないという前提にグロチウスが立つ限り、conventio、consensusおよびpactumというラテン語は、不適切である。これらを使わずに、「与える意思」(voluntas dandi) の表示と「受け取る意思」(voluntas acceptandi) の表示によって所有権は移転すると述べるのが、最も正確である。グロチウスが「合意」に該当するラテン語を用いないのは、彼がそのような表現の仕方を知らなかったからではなく、ローマ法における「合意」(conventio, consensus, pactum) の意味を考慮して、慎重に避けたと考えるのが妥当であろう[25]。

■所有権の移転に引渡は必要ない　所有者の与える意思の表示と相手方の受け取る意思の表示によって所有権は移転するので、その移転に「引渡」(traditio) は必要ない。グロチウスは次の箇所で、このことをはっきりと述べている。

GROTIUS, *De jure belli ac pacis*, lib. 2., cap. 6., §. 1., n. 2.[26]

Ut vero traditio etiam requiratur, ex lege est civili. quae quia a multis gentibus recepta est, ius gentium improprie dicitur. Sic alicubi usurpatum videmus, ut professio apud populum, aut magistratum, et relatio in acta requiratur; quae omnia ex

ところで、市民法によれば、「引渡」(traditio) も要求される。この市民法は多くの諸民族に受け入れられたので、万民法と呼ばれているが、本当はそうではない。同じように、他の場所においては、公衆の面前であるいは法務官の面前で宣言を行うこ

iure esse civili certissimum est. Actus autem voluntatis quae signo exprimitur, intelligi debet voluntatis rationalis.

とや、記録帳へ報告することを求める習慣が見られる。これら全てが市民法にもとづくことは、極めて確かである。しかし、徴によって外部に表示された意思の活動は、理性的な意思の活動であると解されねばならない。

GROTIUS, *De jure belli ac pacis*, lib. 2., cap. 8., §. 25.[27]

Ultimus acquirendi modus qui iuris gentium dicitur est per traditionem. Atqui supra diximus ad dominii translationem naturaliter traditionem non requiri; quod et ipsi Iurisconsulti in quibusdam casibus agnoscunt, ut in re donata usufructu retento, aut in eum collata qui possideat, aut commodatam servet; in iactis missilibus: imo etiam ante adeptam possessionem nonnullis casibus nunc quoque transit dominium, ut hereditatis, legatorum, rei donatae ecclesiis et piis locis, aut civitatibus, aut causa alimentorum, bonorum quorum universalis societas contracta est.

万民法にもとづくと言われる取得方法の最後は、引渡による取得方法である。そして、上で私たちが述べたように、所有権の移転にとって、その自然本性からすれば、引渡は要求されない。このことを、〔ローマの〕法学者たちですら、いくつかの事案においては承認している。例えば、贈与された物に用益権が留保されたとき、物を占有している人にあるいは使用貸借された物を持っている人にその物が譲られたとき、あるいはばらまきにおいてである。それどころか、いくつかの事案においては、「占有」(possessio) を獲得する前にすら即座に所有権が移転する。例えば、相続財産の所有権、遺贈された物の所有権、教会や神聖な場所あるいは市民共同体に贈与された物の所有権、扶養の目的で贈与された物の所有権、あるいは全体組合が締結されたときでである。

ところで、引渡が必要ないとは、何を意味するのか。ボワソナードや日本法と同じで、占有の移転は必要ないという意味であろうか。この点、グロチウスは、引渡が何であるかを定義していない。反対に、引渡がない4つの具体例を列挙している[28]。それゆえに、グロチウスの引渡の定義を知るためには、引渡でないものを差し引いて逆算するしかない。4つの事案とは、①贈与者が目的物の用益権を自己に留保した場合、②物が既存の自主占有者に譲渡された場合、③使用貸借された物が使用借人に譲渡された場合[29]、④ばらまきの場合である。MOLHUYSEN版の補註によれば、これらは全てローマ法から取られている[30]。以下、順に検討する。

■贈与者が目的物の用益権を自己に留保したときは引渡がない　1番目のケースは、贈与者が目的物の「用益権」(ususfructus)を自己に留保した場合である。AがBに自分の物を贈与すると同時に、何らかの用益権を設定して、贈与後もこの物を使用収益し続けるときを念頭に置いている。MOLHUYSEN版の補註は、この箇所をC 8.53.28と比較する[31]。

C 8.53.28 (Imperatores Honorius, Theodosius, a. 417.)

Quisquis rem aliquam donando vel in dotem dando vel vendendo usum fructum eius retinuerit, etiamsi stipulatus non fuerit, eam continuo tradidisse credatur, ne quid amplius requiratur, quo magis videatur facta traditio, sed omnimodo idem	ある物を贈与ないし嫁資として与えるにあたってあるいは売るにあたって、その用益権を留保した人は誰であれ、たとえ問答契約が行われなかったとしても、この物を即座に引渡したと信じられる。その結果、引渡が行われたとさらに考えられるた

sit in his causis usum fructum retinere, quod tradere.	めの何かがこれ以上要求されることはなく、むしろ全くもってこれらの事案においては用益権を留保することと引渡すこととは同じである。

この法文は、物の譲渡人が目的物の用益権を自己に留保した事案を扱っている。用益権を自己に留保するとは、譲渡人が譲渡後も用益権者として目的物の使用収益を継続することを言う[32]。用益権は、物権遺贈ないし法廷譲渡によって、あるいは本法文のような留保によって設定されうる[33]。ホノリウス帝とテオドシウス帝は、物が贈与されたとき、嫁資として与えられたときおよび売却されたときを挙げる。皇帝たちが問題にしているのは、譲渡人が用益権を留保して使用収益を続ける場合、引渡が為されたことになるか否かである。皇帝たちは、引渡は為されていると答えた。なぜなら、「用益権を留保することと引渡すこととは同じ」（idem sit usum fructum retinere, quod tradere）だからである。それゆえに、皇帝たちの意図は、引渡があったかのように擬制することであった。

このような皇帝たちの判断は、グロチウスの解釈と異なっている。なぜなら、この場合にグロチウスは、引渡が無かったと述べているからである。このことは、皇帝たちとグロチウスとの用語法の違いを示している。すなわち、グロチウスによれば、物が譲渡人から譲受人へ空間的に移動しなかったときは、引渡は行われていないのである。これとは反対に、皇帝たちは、たとえ物が譲渡人から譲受人へ空間的に移動せず、譲渡人のもとに留まっているとしても、擬制的な引渡が存在すると考えた。したがって、グロチウスよりもローマ法の方が、引渡の観念化を押し進めていると言えよう。

■譲受人が譲渡の前に既に物を自主占有していたときは引渡がない　2番目のケースは、目的物が、その物の自主占有者（非所有者）に譲渡された場合である。MOLHUYSEN版の補註は、D 41.1.21.1 をここに当てている[34]。

D 41.1.21.1（Pomponius 11 ad sab.）

Si rem meam possideas et eam velim tuam esse, fiet tua, quamvis possessio apud me non fuerit.	もし君が私の物を占有しており、そしてその物が君の物となるように私が欲するならば、占有が私のもとに無かったにもかかわらず、それは君の物となる。

この法文は簡潔であるが、解釈は単純ではない。まず、物の最初の所有者は誰であるか。「私」（ego）が「君」（tu）に物を譲渡しているのだから、物の最初の所有者は私である。次に、この法文における自主占有者は誰か。ローマ法の用語によれば、possessio は原則的に自主占有を指す[35]。それゆえに、この法文における自主占有者は、私ではなく君であると考えられる。君は、何らかの理由で、私の物をそうと知らずに自主占有している[36]。この法文は、例えば、私が君に自分の物を使用貸ししており、これを後で君に売ったという事案ではない。なぜなら、使用借人は、自主占有者ではないからである。私は既に何らかの理由で占有を喪失しており、君が自主占有しているので、そのまま君に譲渡したというのが真相である。譲渡の原因が贈与であったのかそれとも他の原因であったのかは、明らかでない。

この法文において、譲受人は、最初から自主占有している。それゆえに、引渡のみならず、占有の移転すら行われていない。自主占有は、最初から譲受人にあった。ポンポーニウスが、この事案において、引渡があったと擬制したのか、それとも引渡は無かったと考えたのかは不明である。少なくとも、グロチウスは、後者であると解している。この法文は、先の C 8.53.28 とは異なり、引渡の観念化の一例なのか定かでない。

■物の単なる所持人に譲渡されたときは引渡がない　3番目のケースは、単なる所持人に、その物が譲渡された場合である。MOLHUYSEN版は、この箇所に Inst Iust 2.1.44 を当てている[37]。

Inst Iust 2.1.44

Interdum etiam sine traditione nuda voluntas sufficit domini ad rem transferendam, veluti si rem, quam tibi aliquis commodavit aut locavit aut apud te deposuit, vendiderit tibi aut donaverit. quamvis enim ex ea causa tibi eam non tradiderit, eo tamen ipso, quod patitur tuam esse, statim adquiritur tibi proprietas perinde ac si eo nomine tradita fuisset.

時として、引渡がなくとも、所有者の意思のみが物を移転させるのに十分なことがある。例えば、ある人が、あなたに使用貸借ないし賃貸借あるいは寄託した物を、あなたに売ったかあるいは贈与したときである。というのは、彼がこの原因にもとづいてあなたにこの物を引渡さずとも、しかしあなたの物になることを彼が容認したということだけで、即座に所有権が、あたかもそれを理由として引渡が行われたかのように、あなたによって取得されるからである。

この法文においては、6つのパターンが同時に扱われている[38]。第一に、所有者AはBに自分の物を使用貸ししており、Bが物を所持している状態でAはこれをBに売ったかあるいは贈与した。第二に、所有者AはBに自分の物を賃貸ししており、Bが物を所持している状態でAはこれをBに売ったかあるいは贈与した。第三に、所有者AはBに自分の物を寄託しており、Bが物を所持している状態でAはこれをBに売ったかあるいは贈与した。

この箇所において、ユスティニアヌス帝は、引渡なしに意思のみによって所有権が移転する場合があると言っている。その例として、使用借りしている人、賃借りしている人あるいは寄託されている人に、その物が売却されたかあるいは贈与された場合を挙げる。それゆえに、この箇所の「引渡がなくとも」(sine traditione) とは、占有の移転なしにという意味ではなく、目的物が譲渡人から譲受人へ空間的に移動しないという意味である。

この箇所だけ見れば、所有権の移転から引渡要件を省いたものであると見ることもできよう。しかし、次の点は注意されねばならない。ユスティニアヌス帝は、その後の一節で、「あたかもそれを理由として引渡が行われたかのように」(ac si eo nomine tradita fuisset) と述べる。つまり、C 8.53.28と同じように、引渡の擬制を行っている。これに対して、グロチウスはこの事案を、引渡が無かった場合と解する。したがって、ここでも、ローマ法は引渡の観念化を行っているが、グロチウスは行っていないことが分かる。

■不特定多数の人間に譲渡されたときは引渡がない　4番目のケースは、物が不特定多数の人に譲渡された場合である。MOLHUYSEN版は、D 41.1.9.7がこれに関係していると言う[39]。

D 41.1.9.7 (Gaius 2 rer. cott.)

Hoc amplius interdum et in incertam personam collocata voluntas domini transfert rei proprietatem: ut ecce qui missilia iactat in vulgus, ignorat enim, quid eorum quisque excepturus sit, et tamen quia vult quod quisque exceperit eius esse, statim eum dominum efficit.

さらに時として、不特定の人に向けられた所有者の意思も、物の所有権を移転させる。ほら、大衆に向かってばらまきをした人が、そうである。というのも、彼は、彼らのうちの誰が何を持ち去るであろうかを知らないのだが、しかしなお、彼は誰かが自分の物として持ち去ることを欲しているので、即座に彼を所有者とするからである。

ガイウスは、この法文において、次のような事案を考えている。Aは、人々に物をあげるために、道で自分の持ち物をばらまいた。Bが、そのうちのひとつを持って帰った。Bは、その物の所有権を取得したであろうか。ガイウスは、所有者AはB個人を意識してこの物をばらまいたのではないことを問題とする。すなわち、譲渡意思は特定の相手方に向けられていなければならないのか、それとも、不特定多数に対する所有権の移転というものも認められるのか。ガイウスは、後者であると答える。ガイウスがこの事案において引渡をどのように捉えたかは、判然としない。筆者としては、ガイウスが引渡は無かったと述べていない以上、ばらまくという行為の中に引渡を見ていた可能性を否定できないように思われる。

グロチウスは、この事案について、引渡は無かったと判断する。これまでの分析によれば、グロチウスが言うところの引渡とは、所有者が自己の物を譲受人へ空間的に移動させることであった。しかし、D 41.1.9.7 においては、そのような空間的な移動があるにもかかわらず、グロチウスは、引渡はなかったと解している。ここから、グロチウスは引渡において、所有者が特定の譲受人を意識していることを要求したことが分かる。

■引渡とは物を特定の譲受人へ空間的に移動させることである　以上で、グロチウスにおける「引渡」(traditio) の用語法が明らかになった。引渡とは、所有者が特定の譲受人を意識しながら、自己の物をその人へ空間的に移動させることである。ここでは、①目的物は、所有者の手元から譲受人の手元へと現に移動しなければならず、かつ、②所有者は特定の譲受人へ移動させることを自覚していなければならない。それゆえに、いかなる観念化も行われていない。

したがって、グロチウスの「所有権の移転にとって、その自然本性からすれば引渡は要求されない」(ad dominii translationem naturaliter traditionem non requiri) という一節は、次のことのみを意味する。所有権の移転にとって、その自然本性からすれば、所有者が特定の譲受人を意識しながら自己の物を空間的に移動させる必要はない、と。これは、ローマ普通法学における様々な引渡の擬制に反対したことを暗示している[40]。グロチウスは、そのような多くの例外を認めるくらいならば、引渡は必要ないという原則論に転換した方が、より体系的な説明が可能であると考えたのではないであろうか。

第2節　売買と所有権移転との関係

このように、グロチウスは、所有者の「与える意思」(voluntas dandi)の表示と譲受人の「受け取る意思」(voluntas acceptandi)の表示によって所有権が移転すると説いた。では、この所有権移転の一般規則は、「売買」(emptio venditio)において、どのように機能するのであろうか。

まずは、売買がどのように理解されているかを見よう。

1　売買の定義

(1)　行為の分類

ボワソナード草案に対する富井[105]の批判のひとつに、ボワソナードが義務負担行為と「所有権」(propriété)移転行為とを区別しておらず、特定物売買が所有権移転行為そのものとして定義されていることが挙げられた。事実、ボワソナードは、特定物売買において、売主は所有権の移転義務を負うことなく、即座に所有権を買主に移転するものと定めた。また、ボワソナードが「契約」(contrat)を債権に関する「合意」(convention)と定義したにもかかわらず、所有権の移転義務を負わない特定物売買が契約に数え入れられていることも、批判の対象となった。このことは、売買における所有権の移転の仕組みが、所有権概念だけでなく、契約概念にも依存していることを意味する。そこで、グロチウスが「契約」(contractus)というものをどのように捉えていたのか、そして、契約と売買との関係をどのように見ていたのかを概観しなければならない。

■人間の行為には恩恵的な行為と交換的な行為がある　グロチウスの契約論は、人間の行為の分類に沿って展開する。彼は、人間の行為を、次のように分類する[41]。

GROTIUS, *De iure belli ac pacis*, lib. 2., cap. 12., §. 2.[42]

Simplices alii benefici, alii permutatorii. Benefici aut meri, aut cum mutua quadam obligatione. Benefici meri, aut in praesens absolvuntur, aut in futurum prominent. In praesens absolvitur factum utile, de quo nihil loqui necesse est, quando utilitatem quidem parit, sed nullum iuris effectum: item donatio, qua dominium transfertur, qua de re egimus supra cum de dominii acquisitionibus ageretur. In futurum prominent promissiones tum dandi, tum faciendi, de quibus iamiam egimus. Benefici actus cum obligatione mutua sunt, qui aut de re disponunt sine alienatione, aut de facto ita ut aliquis effectus supersit. Talis est circa rem usus concessio, qui commodatio dicitur: in factis praestatio operae sumtuosae, aut obligatoriae, quae dicitur mandatum, cuius species est depositum, praestatio scilicet operae in re custodienda. His autem actibus

単純な行為のうち、あるものは恩恵的な行為であり、あるものは交換的な行為である。恩恵的な行為のうち、あるものは純粋に恩恵的な行為であり、あるものは何らかの双方的な義務を伴う。純粋に恩恵的な行為のうち、あるものは即座に完了され、あるものは将来に向かう。言葉を必要としない有用な行為が即座に完了されるのは、なるほどそれが利益をもたらすけれども権利の発生をもたらさないときである。所有権を移転させる無償の譲渡も、同じである。この無償の譲渡については、所有権の取得を扱う際に論じた。将来に向かうのは「約務」(promissio)であり、「与える約務」(promissio dandi)と「為す約務」(promissio faciendi)がある。これらについても、私たちは既に論じた。双方的な義務を伴う恩恵的な行為には、譲渡せずに物を処分する行為と、何らかの結果が残るように何かを為す行為がある。[前者に] 当たるのは、物の使用を許可することである。これ

similes sunt actuum promissiones, nisi quod, ut diximus, hae in futurum prominent: quod et de actibus iam explicandis intellectum volumus.

は、使用貸借と言われる。[後者の]何かを為すことに当たるのは、引受けられた労務ないし義務付けられた労務を提供することである。これらは、委任と呼ばれる。寄託すなわち物を保管するにあたって労務を提供することも、委任の一種である。ところで、これらの行為とこれらの行為を約務することとは似ているが、次の点で異なる。それは、私たちが述べたように、約務することは将来に向かっているということである。そして、このことを、今から説明されるべき行為に関しても、念頭に置いてもらいたい。

グロチウスの説明の対象になる行為は、他人にとって有益な行為である。他人にとって有益な行為には、「恩恵的行為」(actus beneficus) と「交換的行為」(actus permutatorius) がある。残念ながら、グロチウスは、両者を詳細に定義していない。しかし、それぞれの類型にどのような行為が含まれているかを見る限り、対価関係を有する行為が交換的行為であるように思われる[43]。但し、このことから、日本法における有償契約と無償契約の分類であると即断してはならない。なぜなら、グロチウスは、「消費貸借」(mutuum) を交換的な行為に分類しているからである[44]。それゆえに、グロチウスが着目しているのは、有償性・無償性でもなければ、双務性・片務性でもなく、両当事者のあいだで物がやりとりされているか否かである[45]。消費貸借が交換的であるとは、貸主が代替物をまず給付し、借主が同種同量同質の物を給付するという、相互的な給付関係を指している。

これに対して、恩恵的であるということの意味は、やや判然としない[46]。片務性つまり一方当事者のみに義務が存在することではないように思われる[47]。なぜなら、相互的な義務と結び付いた恩恵的行為というものも存在するからである。例えば、使用貸借や委任は、そのような行為である[48]。やはり、交換的行為の場合と同様に、実際の給付関係が基準になっていると考えられる。すなわち、一方のみが給付し、他方がなにも給付しない場合が、恩恵的行為に属する。ここで言う給付とは、債権債務関係のことではなく、物や労務が相互的にやりとりされることである。

ところで、純粋に恩恵的な行為は、即座に完了する行為と将来へ向けられた行為とに下位区分される。即座に完了する行為とは、相手方に利益をもたらすが権利を発生させない場合を言う。つまり、即時履行されるような無償の行為である。したがって、即時履行としての「無償の譲渡」（donatio）もこれに含まれる。

他方で、将来に向けられた行為は、「約務」（promissio）と呼ばれる。この約務には、「与える約務」（promissio dandi）と「為す約務」（promissio faciendi）がある[49]。

■売買についても約務を行うことは可能である　グロチウスの約務概念は、恩恵的行為に関する節でのみ言及されている。すると、売買の約務というものは存在しないのであろうか。そうではない。なぜなら、グロチウスは、恩恵的行為に関する節の最後で、「このことを、今から説明されるべき行為に関しても念頭に置いてもらいたい」（quod et de actibus iam explicandis intellectum volumus）と注意書きしているからである。つまり、「行為」（actus）と「行為に関する約務」（promissio acti）との区別が恩恵的行為の文脈でしか論じられていないのは、この区別が恩恵的行為にしか適用されないからではなく、繰り返しを避けるために過ぎない。事実、グロチウスは、売主が所有権の移転義務を負担した場合も、これを「売買」（emptio venditio）と呼んでいる[50]。

（2） 売買契約の定義

■契約は、純粋に恩恵的な行為を除く全ての行為である

GROTIUS, *De iure belli ac pacis*, lib. 2., cap. 12., §. 7.[51]

Omnes autem actus aliis utiles, extra mere beneficos, contractuum nomine appellantur.

ところで、他の人々に有用な行為のうち、純粋に恩恵的な行為を除く全ての行為が、「契約」(contractus) と名付けられる。

グロチウスは、「契約」(contractus) を、純粋に恩恵的な行為を除く全ての行為であると定義する。すると、これまでの整理から、契約には、①双方的な義務と結び付いた恩恵的行為（使用貸借、委任、寄託)、②双方的な義務と結び付いた行為に関する約務、③交換的行為（交換、両替、売買、賃貸借、消費貸借)、④交換的行為に関する約務の4つが含まれる。「無償の譲渡」(donatio) は、純粋に恩恵的な行為であるから、契約ではない。

このような定義については、次のことに注意しなければならない。グロチウスは、行為と行為に関する約務を区別しており、それゆえに履行と義務負担とを区別している。「所有権を移転する」ことは、「所有権移転の約束をする」こととは異なる。ところが、この区別にもかかわらず、グロチウスは、両者に「契約」(contractus) という同一の名称を付した。それゆえに、売る「契約」(contractus) を結んだという表現は、「所有権を移転した」と読むことも、「所有権移転の約束をした」と読むこともできる。グロチウスの論述において「契約」(contractus) という単語が登場した場合は、常にこの二重性を意識しなければならない。

■売買とは、売主が物を与えて買主が金銭を与える行為である　グロチウスにおいて何が「契約」(contractus) と呼ばれるかが明らかになったので、最後に売買の位置付けを簡単に確認しておく。

GROTIUS, *De jure belli ac pacis*, lib. 2., cap. 12., §. 3., n. 4.[52]

Dicemus proinde dari ut detur, statim quidem rem pro re, ut in ea quae specialiter dicitur permutatio, antiquissimum haud dubie commercii genus: aut pecuniam pro pecunia, quod collybum Graeci vocant, mercatores hodie cambium: aut rem pro pecunia, ut in emptione ac venditione: aut usum rei pro re: aut usum rei pro usu rei: aut usum rei pro pecunia, quod postremum locatio conductio dicitur. Usus autem nomine hic intelligimus tum nudum usum, tum eum qui cum fructu coniunctus est, sive is sit temporarius, sive personalis, sive hereditarius, sive alio quovis modo circumscriptus, ut apud Hebraeos is qui durabat ad annum Iubilaeum. Datur vero, ut interposito tempore tantundem, et genere idem detur, in mutuo, quod locum habet in his, quae pondere, numero, mensura constant, tam rebus aliis quam pecunia.

こういうわけで、私たちが、与えられるために与えられると呼ぶものには、なるほど、物のために物が与えられるとき、すなわち交換という特別な名前があり、疑いなく最も古くからある取引の類を指すときと、金銭のために金銭が与えられるとき、すなわちギリシャ人たちが collybum と呼び、今日の商人たちが cambium と名付けるところの両替と、金銭のために物が与えられるとき、すなわち「売買」(emptio venditio) と、物のために物の使用が与えられるときと、金銭のために物の使用が与えられるときがある。最後のものは賃貸借と呼ばれる。ところで、ここで私たちが使用という言葉で知解しているのは、単なる使用だけでなく、果実と結び付く使用も含まれる。後者には、一時的な果実も、人的な果実も、相続に関わる果実も、あるいはヘブライ人たちの下で祭年まで続いたような、そのほか何らかの形で派生する果実も、全て含まれる。ところで、ある期間だけ、そして同じ種類の物が与えられるように、と与えられるのは、消費貸借においてである。これは、重さを量ること、数え上げること、量を測ることができる物について適用され、また金銭以外の物でもよい。

グロチウスによれば、「売買」(emptio venditio) とは、交換的行為の一種であり、売主が買主に物を与えて、買主が売主に金銭を与えることである[53]。ここにグロチウスの契約概念を当てはめると、売買契約には、①売主が買主に物を与えて、買主が売主に金銭を支払う場合（双方既履行)、②売主が買主に物を与える約務をして、買主も売主に金銭を支払う約務をする場合（双方未履行)、③売主が買主に物を与えて、買主は売主に金銭を支払う約務をする場合（支払猶予)、④売主が買主に物を与える約務をして、買主は売主に金銭を支払う場合（代金先払い）の4種類があることになる。

2　売買と所有権移転との関係

（1）　売買における所有権移転

■売買によって即座に所有権が移転するわけではない　グロチウスの売買契約が、双方既履行から双方未履行の場合までを含む包括的な概念であることが明らかになったので、次に、売買と所有権移転との関係について見なければならない。この点、ボワソナードとの比較では、特定物売買が所有権の即時移転を常に含んでいるか否か、すなわち、売主は所有権移転の義務を負担できるか否かが問題となる。ボワソナードによれば、特定物売買には「譲渡の合意」(convention de donner) が常に内在しており、売主が停止条件以外の方法で所有権を留保することはできなかった。

ところで、この問題については、グロチウスの契約概念の分析から、既に一定の示唆が与えられている。すなわち、グロチウスが「行為」(actus) とその「約務」（promissio）を区別した以上、売買においても、売主が所有権移転を即座に行う場合と、それについて約務を結ぶ場合とがある。それゆえに、特定物の売買においても、売る約務をする瞬間（＝義務負担の時点）と所有権移転の瞬間（＝履行の時点）とが一致する必要はないと考えられる。

そして、このような推論は、以下の箇所によって根拠づけられる。

GROTIUS, *De iure belli ac pacis*, lib. 2., cap. 12., §. 15., n. 1.[54]

De venditione et emptione notandum etiam sine traditione, ipso contractus momento, transferri dominium posse, atque id esse simplicissimum. ita Senecae venditio *alienatio est, et rei suae iurisque sui in alium translatio:* nam et ita fit in permutatione. Quod si actum sit ne statim dominium transeat, obligabitur venditor ad dandum dominium, atque interim res erit commodo et periculo venditoris: quare quod venditio et emtio constat praestando, ut habere liceat et evictionem, item quod res periculo est emtoris, et ut fructus ad eum pertineant, antequam dominium transeat, commenta sunt iuris civilis, quod nec ubique observatur: imo plerisque legum conditoribus placuisse, ut ad traditionem usque res commodo et

売買については、次のことが注意されるべきである。引渡がなくとも、まさに契約の瞬間に所有権が移転することがありうる。そして、これが最も単純である。この意味で、セネカが言う売りとは、「『他人の物にすること』（alienatio）であり、自分の物と自分の権利を他人に移転することである」。なぜなら、交換においてもそうだからである。ところで、もし所有権を即座に移転しないように行ったならば、売主は所有権を与えるように義務付けられるべきである。そして、それまでは、物はその利益および危険とともに売主のものであろう。それゆえに、平穏な占有を与えて追奪から免れさせること、同じく、所有権が移転する前は物の危険が買主にあること、またその結果、果実も買主に帰属すること、これらのことを履行するのが売

periculo venditoris sit, notavit Theophrastus in loco qui apud Stobaeum est, ubi et multa alia instituta reperias de solennitate venditionis, de arrhabone, de poenitentia, multum differentia a iure Romano; sicut et apud Rhodios perfici solitam venditionem et contractus quosdam alios relatione in acta, notavit in Rhodiaca Dion Prusaeensis.

買であるという［見解］は、ローマ市民法によって考案されたものである。このことは、あらゆる場所で遵守されているわけではない。もちろん、法律の制定者の多くには、引渡が行われるまでは利益と危険は売主のものであることが、気に入られていた。テオフラストゥスがそのように指摘したと、ストバエオスが伝えている。その箇所で、君は、売却の要式行為、手付、悔い返しに関する多くの、ローマ法とは異なる制度を見出すだろう。同様に、ロードス人たちの下では普通の売りおよびその他のいくつかの契約は証書に記載されることによって完成したと、ディオン・クリュソストモスが指摘している。

この箇所において、グロチウスは、売主が所有権を即座に移転する売買と、所有権の移転義務を負担する売買とを区別している。したがって、ボワソナードとは異なり、特定物の売主が即座に所有権を移転しなければならないと考えているわけではない。ボワソナードが言う「売買」（vente）と、グロチウスが言う「売買」（emptio venditio）とは異なるのである。

ところで、この文章には、注意しなければならないことが２点ある。ひとつは、「引渡がなくとも」（etiam sine traditione）という箇所であり、もうひとつは、「まさに契約の瞬間に」（ipso contractus momento）という箇所である。以下、順番に解釈する。

■売買においても引渡なしに所有権が移転することはありうる　まず、「引渡がなくとも」(etiam sine traditione) と言われている。グロチウスが言う引渡とは、所有者が特定の譲受人を意識しながら、その人に自己の物を空間的に移動させることであった。

したがって、「引渡がなくとも」(etiam sine traditione) の意味は、売買における所有権の移転は、目的物が売主のもとから買主のもとへ空間的に移動することを要しないということである。所有権の移転一般において空間的な移動は必要ないのであるから、売買においても必要ないとするのは、確かに整合的であろう。

■売買という契約の瞬間に所有権が移転することはありうる　次に、「まさに契約の瞬間に」(ipso contractus momento) と言われている。一見すると、これは、現行の日本民法と同じルールを採用しているように読める。すなわち、売主と買主が、目的物と代金について合意した瞬間、所有権は売主に移転すると読める。事実、プーフェンドルフは、この箇所を、そのように理解した[55]。

しかし、グロチウスの「契約」(contractus) 概念によれば、売買契約には、既履行の場合と未履行の場合の両方が含まれていた。したがって、「まさに契約の瞬間に」という文言は、「まさに売主が所有権移転の意思表示をして買主がこれを承諾した瞬間に」という履行のケースと、「まさに売主が所有権移転の約務をして買主がこれを承諾した瞬間に」という締結のケースの両方に解釈することが、さしあたり可能である。仮に後者の解釈がここで妥当するならば、グロチウスは、義務負担それ自体による所有権の移転を念頭に置いていたことになろう。

ところが、この後者の解釈は成立しない。なぜなら、グロチウスは別の箇所で、単なる義務負担によっては所有権は移転しないと、はっきり述べているからである[56]。この箇所については、次の節で詳しく見る。ここではさしあたり、『戦争と平和の法』第2巻第12章第15節第1項が、プーフェンドルフの構想した義務負担による所有権移転とは異なることを確認しておく。グロチウスは、「まさに契約の瞬間に」という文言で、売主が即時履行した場合を想定していた。この解釈は、「これが最も単純である」(id esse simplicissimum) という一節と整合的である。なぜなら、義務負担をせずに即座に「与える意思」(voluntas dandi) を表示することは、一旦「与える約務」(promissio dandi) を結んでから履行するよりも、単純だからである。

(2) 引渡と所有権移転との関係

■引渡は所有権移転の意思表示の徴となる

では、所有権の移転時期は、どのようにでも自由に変更することができるのであろうか。もし売主と買主が所有権移転の時期を自由に変更できるとすれば、法律関係が非常に曖昧になることは確かである。なぜなら、売主が所有権の移転義務を負担した場合、この義務を実際に履行したか否かが、外部には判然としないからである。

この点、ボワソナード草案においては、特定物売買の場合はそもそも「所有権」(propriété) の移転時期を変更することができず、不特定物売買の場合は「引渡」(tradition) のときに「譲渡の合意」(convention de donner) があるものとされた。つまり、ボワソナードにおいても、債権取得行為である「契約」(contrat) それ自体が所有権を移転するわけではないのだが、売買における譲渡の合意の時期が初めから法律によって指定されることにより、前述の曖昧さが回避されている。

では、グロチウスは、どのようにしてこの問題を解決したのだろうか。次の箇所が、彼の解決方法を示している。

GROTIUS, *De jure belli ac pacis*, lib. 2., cap. 6., §. 1., n. 2.[57]

Ut vero traditio etiam requiratur, ex lege est civili. quae quia a multis gentibus recepta est, ius gentium	ところで、市民法によれば、「引渡」(traditio) も要求される。この市民法は多くの諸民族に受け入れられた

improprie dicitur. Sic alicubi usurpatum videmus, ut professio apud populum, aut magistratum, et relatio in acta requiratur; quae omnia ex iure esse civili certissimum est. Actus autem voluntatis quae signo exprimitur, intelligi debet voluntatis rationalis.

ので、万民法と呼ばれているが、本当はそうではない。同じように、他の場所においては、公衆の面前であるいは法務官の面前で宣言を行うことや、記録帳へ報告することを求める習慣が見られる。これら全てが市民法にもとづくことは、極めて確かである。しかし、徴によって外部に表示された「意思」（voluntas）の活動は、理性的な意思の活動であると解されねばならない。

前半部分については既に見たので、解釈は省略する。重要なのは、最後の一節である。外部に表示された意思の現れは、理性的な意思の現れであると解されねばならない。この一節は、やや唐突な印象を受けるけれども、ここでテーマになっている所有権移転と引渡との関係から、グロチウスが述べようとしていることが明らかになる。

まず、「徴」（signum）とは、物の空間的な移動としての「引渡」（traditio）や公の「宣言」（professio）あるいは「記録帳への報告」（relatio in acta）であると解される。なぜなら、この箇所において問題になっているのは、所有権移転の意思であり、このような意思の徴になりうるのは、引渡などの外的な行為に他ならないからである。「徴によって外部に表示された意思の活動」（actus voluntatis quae signo exprimitur）とは、物の空間的な移動、公的な表明あるいは文章によって外部に表示された所有権移転の意思を意味する。

すると、このような徴によって外部に表示された意思は「合理的である」（rationalis）ことの意味が問題となる。筆者は、これを次のように理解したい。すなわち、徴によって外部に表示された意思が合理的であるとは、徴を伴う意思は、それが表示者の中で確定的なものであると「推論」（ratio）するのが正しいという意味である。つまり、徴を伴う所有権移転の意思の表示は、「売る」「買う」という曖昧な言葉による所有権の移転を、意思解釈のレベルで補完するものである。

筆者は、このような解釈の根拠として、2つの理由を挙げることができる。第一に、グロチウスは二重売りにおいて、引渡があった方の買主に、所有権を付与している。これについては、次の節で論じる。第二に、同じ近世自然法論の流れに属するトマジウスが、所有権の移転と引渡との関係について、私見と同じ理解をしている。これについても、該当の節で論じる。

第3節　特定物動産の二重売り

1　二重売りにおける優先順位

■二重売りでは先に所有権の移転を受けた買主が所有者となる　以上のように、グロチウスは、即時履行の場合であれ義務負担の場合であれ、物と代金を与え合うことを全て売買と呼んでいた。そして、義務負担だけでは所有権は買主へ移転しないので、この原則から、グロチウスにおける二重売りの解釈も明らかになる。すなわち、義務負担によって所有権が移転しない以上、所有権移転の一般規則である「与える意思」（voluntas dandi）の表示と「受け取る意思」（voluntas acceptandi）の表示が常に必要となり、これを先に行った買主が所有者となる。

グロチウスは、このことを次の箇所で明記している。

GROTIUS, *De jure belli ac pacis*, lib. 2., cap. 12., §. 15., n. 2. [58]

Illud quoque sciendum, si res bis sit vendita, ex duabus venditionibus	次のことも知っておかれるべきである。もし物が二度売られたならば、

eam valituram quae in se continuit praesentem dominii translationem, sive per traditionem, sive aliter. Per hanc enim facultas moralis in rem abiit a venditore: quod non fit per solam promissionem.	二つの売りのうちで有効になるのは、引渡によってであれそれ以外のやり方によってであれ、所有権の現在形の移転を含む方である。というのは、この移転によって、物に対するモラル的な権能〔＝他人の物にする権利〕が売主から失われるからである。このことは、約務のみによっては起こらない。

グロチウスは、所有者が2人の買主に同じ物を別々に売った場合を想定する。ところで、「物が2度売られた」（res bis sit vendita）と簡単に表現されているが、「売り」（venditio）には所有権移転を含む場合とその義務を負担する場合とがあるので、実際には4つのパターンが考えられる。

1. 所有者が、第一買主との売買において即座に所有権を移転して、その後、非所有者として、第二買主と売る約務を結んだ。
2. 所有者が、第一買主と売る約務を結んだ後で、第二買主との売買において即座に所有権を移転した。
3. 所有者が、第一買主および第二買主と売る約務を結んだ後で、第一買主に対して先に所有権を移転した。
4. 所有者が、第一買主および第二買主と売る約務を結んだ後で、第二買主に対して先に所有権を移転した。

それぞれについて、グロチウスは、どちらの売りが有効かを問う。そして、グロチウスは、これらの4つのパターンを統一的に解決する基準を採用した。すなわち、所有者となるのは、所有権を現在形で移転された買主である[59]。所有権移転の約束ではなく、実際に所有権移転の意思表示を受けてこれを承諾した方が、所有権を取得する。

このような解決策は、与える意思の表示と受け取る意思の表示とによって所有権が移転するという原則論から導かれた自然な解答である。しかし、前節で明らかになったように、この解答は自然であるにもかかわらず、そのままでは現実社会に適用できない。というのも、言葉による意思の表示は、曖昧だからである。例えば、私たちは物を買うときに、売主から「今この場で所有権をあなたに移転します」という意思の表示を受けないのが常であろう。

そこで、グロチウスの自然法論においては、意思は言葉だけでなく事実によっても表示されうるのであった。そして、その事実のひとつとして、物の空間的な移動としての「引渡」（traditio）が挙げられていた。『戦争と平和の法』第2巻第12章第15節第2項においても、このことが再確認されている。すなわち、二重売りが行われたときは、「引渡によってであれ、それ以外のやり方によってであれ」（sive per traditionem, sive aliter）、意思が表示されたと推論できるような事実を伴っている方が、当事者の意思解釈のレベルで有利に立つ[60]。そして、ここで言われている「それ以外のやり方」（sive aliter）とは、政務官の面前での宣言や登録などであると解される[61]。

したがって、もし2人の買主が所有権移転の証拠を他に用意しなかったならば、先に引渡を受けた買主が、与える意思および受け取る意思に関する証拠において有利になる。ここに、グロチウスのユニークな考えが見て取れる。グロチウスにとって、二重売りの問題は、実体的な所有権移転の問題というよりも、証拠の優劣であった。そして、このことから、グロチウスは、第一買主の優先を考えていたのではないことが分かる[62]。

2　非所有者から買った買主に対する保護の有無

以上で、グロチウスの自然法論における二重売りの扱いは明らかになった。グロチウスは、先に売主から所有権移転を受けた方が所有者になるという、簡明な結論を採用している。

ところで、先に所有権移転を受けなかった買主は、非所有者から買ったことになろう。では、非所有者から買った人には、何の保護も与えられないのであろうか。このような疑問が生じるのは、グロチウスの「引渡」（traditio）概念にある。グロチウスの言う引渡とは、特定の譲受人を意識しながら、物を空間的に移動させることであった。この定義が非常に狭いため、自主占有の移転は受けたが引渡は受けていない、という事態が考えられる。例えば、売主が第一買主に対して「用役権」（ususfructus）を留保し、第二買主に現実の引渡を行った場合である。このとき、グロチウスの二重売り論によれば、引渡を受けたのは第二買主であるから、第一買主は自主占有しているにもかかわらず、所有権を取得できない。

この点、ボワソナードは、非所有者から善意で買った人の保護のために、「即時時効」（prescription instantanée）という制度を設けていた。そこで、グロチウスにおいても、そのような保護が見られるか否かを確認する[63]。

■非所有者から物を買った人はこれを所有者に返還しなければならない　まず、グロチウスは、非所有者から買った人は所有権を取得できず、真の所有者に物を返還しなければならないと説く[64]。

GROTIUS, *De jure belli ac pacis*, lib. 2., cap. 10., §. 9., n. 1. [65]

Septimo, rem alienam bona fide emptam restituendam, nec posse erogatum pretium repeti. cui regulae haec addenda mihi videtur exceptio, nisi quatenus dominus rei suae possessionem recipere sine impendio aliquo probabiliter non potuit, ut puta si res apud piratas	7番目に、善意で買われた他人物は返還されねばならず、また支払われた代金の返還が［所有者に対して］請求されることもできない。この規則には、次のような抗弁が付け加えられるべきであると、私には思われる。但し、所有者が何らかの出費なしに自分の物の占有を返還受領する

fuerit. Tunc enim deduci poterit quantum dominus impensurus libenter fuerat. ipsa enim facti possessio, praesertim recuperatu difficilis, est aliquid aestimabile, et in hoc dominus post rem amissam censetur factus locupletior. [...]

ことがおそらくできなかったであろうときは、この限りでない、と。例えば、物が［善意で買われる前に］海賊の手元にあったときである。というのも、そのときは、所有者が［海賊から取戻すために］自発的に支払ったであろう額が控除されうるからである。というのも、事実上の占有それ自体が、とりわけ回復困難であるときは、評価可能であり、そしてこの返還において所有者は、物を失った後で不当利得をしたと評価されるからである。[...]

グロチウスによれば、非所有者から善意で買われた物は、真の所有者に返還されねばならない。つまり、非所有者から買った人は、所有権を取得していないと考えるのが妥当である。

また、非所有者から善意で買った人は、代金の償還を求めることはできない。ここでグロチウスは、誰に対して請求するのかを書いていないが、後半部分が所有者の償還義務であるから、所有者に対する請求であると解される。但し、真の所有者は、仮に善意の買主が現れなかったならばその物に支払ったであろう取戻しの費用を、償還しなければならない[66]。

■自然法上の取得時効の可能性は否定される　では、非所有者から買った人が、与える意思の表示と受け取る意思の表示とによる移転ではなく、特殊な法制度によって所有権を取得する可能性はないであろうか。この点、ボワソナードは「即時時効」(prescription instantanée) による保護を考えていたので、いわゆる取得時効による保護がグロチウスにおいても与えられていないかが問題となる。

この点、グロチウスがいわゆる時効制度を扱っているのは、『戦争と平和の法』第2巻第4章においてである。この章を概観する前に、グロチウスの用語法について若干整理をしておこう。グロチウスは、この章に「遺棄の推定およびそれに続く先占について。またこれと usucapio および praescriptio はどのように異なるか」（*De derelictione praesumta, et eam secuta occupatione: et quid ab usucapione et praescriptione differat*）という表題を付している。この表題は、それ自体で多くの情報を含んでいる。

まず、「遺棄の推定およびそれに続く先占について」（*De derelictione praesumta, et eam secuta occupatione*）という部分から、グロチウスは、いわゆる時効制度を、遺棄の推定およびその遺棄によって生じた無主物の先占から成ると考えていたことが分かる[67]。そして、遺棄の推定の部分がいわゆる消滅時効のようなものであり、その遺棄によって生じた無主物の先占の部分がいわゆる取得時効のようなものであることも分かる。

次に、「またこれと usucapio および praescriptio はどのように異なるか」（*et quid ab usucapione et praescriptione differat*）の部分から、グロチウスが想定している自然法上のいわゆる時効制度と、ローマ普通法上の praescriptio および usucapio とが異なることも明らかである[68]。なお、praescriptio と usucapio は、近世自然法論において非常に錯綜した用語法に従うものであり、以下、なるべく原語のまま論じることにする。どちらも、時効のようなものと理解していただきたい。

まずグロチウスは、ローマ普通法上の usucapio すなわち非所有者から善意で買って引渡を受けた人が一定期間後に原始的に所有権を取得する制度を、自然法から除外する[69]。

GROTIUS, *De jure belli ac pacis*, lib. 2., cap. 4., §. 1. [70]

Gravis hic difficultas oritur de usucapiendi iure. Namque id ius	ここでは、重大な難問が、usucapio する権利について生じる。そして、

cum lege civili sit introductum (tempus enim ex suapte natura vim nullam effectricem habet: nihil enim fit a tempore, quamquam nihil non fit in tempore) locum habere non potest, ut censet Vasquius, inter duos populos liberos aut reges, populumve liberum et regem: imo ne inter regem quidem et privatum ipsi non subditum, nec inter duos diversorum regum aut populorum subditos. quod verum videtur nisi quatenus res vel actus tenetur territorii legibus. Atqui id si admittimus, sequi videtur maximum incommodum, ut controversiae de regnis regnorumque finibus nullo unquam tempore extinguantur: quod non tantum ad perturbandos multorum animos et bella serenda pertinet, sed et communi gentium sensui repugnat.

この権利は市民法とともに導入されたので（というのは、時間はその自然本性からすれば、何かを生じさせる力を有さないからである。というのは、時間の中で生じないものは何もないにもかかわらず、時間から生じるものは何もないからである)、ヴァスクイウスが判断しているように、2つの自由な人民たちの間では、あるいは王たちの間では、あるいは自由な人民と王との間では、適用されることができない。もちろん、王とその王に従属していない私人との間でも適用されることはできず、また異なる王たちに従属する2人の人々の間でも、2つの異なる人民たちに従属する人々の間でも適用されることはできない。このことは真実であると考えられるが、物あるいは行為が領内の法律に拘束されるときは、この限りでない。それにもかかわらず、もし私たちが以上のことを認めるならば、次のようなとても大きな不都合が生じると考えられる。それは、領土に関する論争および領土の境界に関する論争が、いつまでも終わらないということである。このことは、多くの人々の魂を混乱させ、戦争を誘発するだけでなく、万民の共通の感覚に反してさえいる。

グロチウスによれば、時間が経過することによって何らかの権利が発生することはない。それゆえに、時間の経過にもとづいて所有権を原始的に取得させるusucapioは、自然法ではなくローマ市民法に特有の制度である。

しかし、グロチウス自身が後半部分で指摘しているように、時間の経過による権利の取得を完全に否定すると、様々な法律問題について収拾がつかなくなってしまう。それのみならず、聖書においてすら、長期の「自主占有」（possessio）は、権利の取得をもたらすと言われている[71]。

時間の経過それ自体は法的効力を有さないという自然法の規則と、時間の経過による権利の取得がなければ社会生活に不都合が生じるという事実とは、どのように調和されるべきなのだろうか。グロチウスは、権利放棄の推定とそれに続く無主物先占という解決手段を選んだ[72]。所有者は、他人の自主占有を長期間容認した場合、その物を遺棄したと推定される。遺棄したと推定された物は、無主物になるので、その時点で自主占有を行っている者の所有物となる。これが、自然法における時効類似の制度であり、消滅と取得の両方を内在させている。以下、この遺棄の推定を詳しくみていく。

■言葉による所有権放棄は内心の意図に優先する　最初に解決されねばならないのは、なぜ所有権の放棄を推定することができるのか、という問題である。所有物を遺棄することは稀であり、慎重な根拠付けが求められる。グロチウスも、この根拠付けに、かなりの紙面を割いている。まずは、推定の基礎となる「徴」（signum）の区別から入る。

GROTIUS, *De jure belli ac pacis*, lib. 2., cap. 4., §. 3.[73]

Quid dicemus? Iuris effectus qui ab	私たちは何と言うべきであろうか。

animo pendent, non possunt tamen ad solum animi actum consequi, nisi is actus signis quibusdam indicatus sit. quia nudis animi actibus efficientiam iuris tribuere non fuerat congruum naturae humanae, quae nisi ex signis actus congnoscere non potest: qua de causa etiam interni actus meri legibus humanis non subiacent. Signa autem nulla de animi actibus certitudinem habent mathematicam, sed probabilem tantum: nam et verbis eloqui aliud possunt homines quam quod volunt et sentiunt, et factis simulare. Neque tamen patitur natura humanae societatis, ut actibus animi suficienter indicatis nulla sit efficacia. ideo quod sufficienter indicatum est, pro vero habetur adversus eum qui indicavit. Ac de verbis quidem expedita res.

権利の効果は心に依存しているが、しかし心の活動のみに従うことはできず、この活動は何らかの徴によって表示されなければならない。なぜなら、心の活動のみによって権利の効果を割り当てることは、人間の自然本性と一致しないからである。人間の自然本性は、[心の]活動の徴によらなければ、これを認識することができない。このような理由から、純粋に内的な活動も、人間の法には従わない。ところで、心の活動に関する徴は、数学のような確実性を持たず、蓋然的でしかない。なぜなら、言葉によって、人間たちは、彼らが欲したことおよび意図したこと以外のことを語ることがありえるからであり、また行為によっても同じことをする可能性があるからである。しかし、次のことも、人間社会の自然本性にそぐわない。それは、十分に表示された心の活動に何の効果もないということである。それゆえに、十分に表示されたことは、表示した人の意に反しても真であるとみなされる。かくして、言葉については、なるほど問題は解決された。

グロチウスは、出発点として、権利の発生消滅は原則的に内心の意図に従うと述べる。しかし、グロチウスが言うように、内心の意図のみで権利の発生消滅が起こることはありえない。なぜなら、人間は他人の内心を直接的に知ることができないからである。権利の発生消滅を欲する人は、自己の意図を他人に何らかの形で表示しなければならない。その最も明瞭な手段は、自分の意図を言葉で伝えることである。

では、内心の意図と言葉とが食い違っているときはどうであろうか。グロチウスは、言葉が十分にはっきりと表示されたときは、言葉の意味が内心の意図に優先すると説く。したがって、たとえ表意者が本当は所有権放棄の意図を有していなくとも、所有権の放棄を言葉ではっきりと伝えたならば、所有権は放棄されたとみなされる。この解釈は、所有権の放棄を推定するための準備段階として、重要な意義を持つ。というのも、言葉が内心よりも優先されることによって、真意から決定的な役割が奪われているからである。

■内心の意図は作為によって推定される　言葉による推定が明らかになったので、グロチウスは次に、言葉以外の作為へと話を移す[74]。

GROTIUS, *De jure belli ac pacis*, lib. 2., cap. 4., §. 4., n. 1. [75]

Factis intelligitur derelictum quod abiicitur, nisi ea sit rei circumstantia, ut temporis causa et requirendi animo abiectum censeri debeat. Sic chirographi redditione censetur remissum debitum. Recusari hereditas, inquit Paulus, non tantum verbis, sed etiam re potest, et quovis indicio voluntatis. Sic si is qui rei alicuius est dominus, sciens cum

行為によって、手放された物は遺棄されたと理解される。但し、物の事情からして、一時的な目的でかつ後で取戻すつもりで手放されたと評価されるべきときは、この限りでない。同様に、債務証書の返還は、債務の免除と評価される。パウルスは、次のように述べる。「相続財産は、言葉によってのみならず事実によっても放棄されることが可能であ

altero eam rem possidente, tanquam cum domino contrahat, ius suum remisisse merito habebitur: quod cur non et inter reges locum habeat, et populos liberos nihil causae est.

り、さらには意思のいかなる表示によっても放棄されることが可能である」。同様に、もしある物の所有者が、そうと知りながら、その物を占有している他人と、あたかもその他人が所有者であるかのように契約を結ぶならば、彼の権利は適切に失われたと考えられるべきである。このことが王たちの間や自由な人民たちの間で適用されない理由はない。

ここでは、言葉以外の作為による推定が説明されている。グロチウスによれば、物を手放すことは、所有権放棄の意思の表示である。但し、次の点には注意しなければならない。作為は言葉よりも曖昧であり、より多くの解釈を要求するので、放置の目的および所有者の内心が慎重に評価されなければならない。グロチウスは具体的な例を挙げていないけれども、例えば、ゴミ箱に物を放り込むことは、所有権放棄の推定に値するであろうが、座席に物を置いたまましばらくそこを離れることは、所有権の放棄とは解されないであろう。

■内心の意図は不作為によっても推定される　以上で、言葉による推定および作為による推定は根拠付けられた。けれども、グロチウスの時効論は、依然として正当化されていない。なぜなら、他人の自主占有を放置することは、言葉でもなければ作為でもなく、不作為だからである。そこで、グロチウスは、「不作為」(non factum) を「行為」(factum) 概念に含ませる[76]。但し、作為義務があるときに限られる。

もちろん、不作為は作為よりもさらに曖昧なので、所有権放棄の意図は、一層慎重に推定されねばならない。そこで、以下の２つの要件が求められる[77]。

GROTIUS, *De jure belli ac pacis*, lib. 2., cap. 4., §. 5., n. 3. [78]

Sed ut ad derelictionem praesumendam valeat silentium, duo requiruntur, ut silentium sit scientis, et ut sit libere volentis. nam non agere nescientis, caret effetu: et alia causa cum apparet, cessat coniectura voluntatis.

ところで、沈黙が遺棄の推定に値するためには、2つのことが要求される。すなわち、知っている人の沈黙であること、そして意思の自由を持つ人の沈黙であることが要求される。なぜなら、知らない人の不作為は、効果を欠くからである。また、[取戻しをかけない] 他の原因が明らかであるときも、意思の推定は控えられるからである。

不作為による所有権放棄の推定の第一要件は、沈黙している人が、他人の自主占有を知っていることである。第二要件は、沈黙している人が、自由な意思を有していることである。後者は、グロチウスにおいては、恐怖を伴わない意思活動と関連付けられる[79]。なお、この箇所の末尾から分かるように、放棄の推定を覆しうる他の根拠があるときは、当該推定は反証されうる。

■時間が所有者の悪意と意思の自由を推定させる　では、所有権放棄の推定の恩恵を受ける人、すなわち自主占有者は、これら2つの事実を証明しなければならないのだろうか。他人の知識や意思の自由を証明することは、極めて困難である。そこで、グロチウスは、この2つの要件を、さらに別の推定にかからしめる。

GROTIUS, *De jure belli ac pacis*, lib. 2., cap. 4., §. 6.[80]

Ut haec igitur duo adfuisse censeantur, valent et aliae coniecturae: sed temporis in utrumque magna vis est. Nam primum fieri vix potest, ut multo tempore res ad aliquem pertinens non aliqua via ad eius notitiam perveniat, cum multas eius occasiones subministret tempus. Inter praesentes tamen minus temporis spatium ad hanc coniecturam sufficit, quam inter absentes, etiam seposita lege civili. Sic et incussus semel metus durare quidem nonnihil creditur sed non perpetuo, cum tempus longum multas occasiones adversus metum sibi consulendi, per se, vel per alios suppeditet, etiam exeundo fines eius qui metuitur, saltem ut protestatio de iure fiat, aut, quod potius est, ad iudices aut arbitros provocetur.

したがって、これら2つのことが存在すると判断されるためには、その他の推定も有効ではあるが、しかし時間という推定がどちらにおいても大きな力を有する。なぜなら、そもそも、次のようなことはほとんど起こりえないからである。それは、長い時間が経ったにもかかわらず、ある物がある人に帰属していることがいかなる方法によってもその人〔＝所有者〕に気付かれないということである。なぜなら、時間が、多くの知る機会を与えてくれるからである。ところで、近くにいる人々の間でのこのような推定のための期間は、近くにいない人々の間のそれよりも短くて十分である。これは、人が市民法から離れてもそうである。同様にまた、一旦加えられた恐怖は、なるほどしばらくは持続すると信じられるが、しかし永久に持続するとは信じられない。なぜなら、長い時間は、恐怖に対策するための多くの機会を、自分を通じてであれ他人を通じてであれ提供するからである。恐怖を与えている人のそばを避けることによってすら、そうなる。

> 少なくとも、権利について抗議するという、あるいはこちらの方がより良いのだが、裁判官や仲裁人を呼び出すという対策は、提供される。

グロチウスによれば、所有者の悪意および意思の自由は、長い時間の経過によって推定される。なぜなら、長い時間の経過は、他人の自主占有を所有者に気付かせるからである。それゆえに、グロチウスの時効論は、二段階の推定から成り立つことになる。すなわち、長い時間の経過が、所有者の悪意と意思の自由を推定させ、そして、この2つの推定された事実が、さらに所有権放棄の意思を推定させる。

このような二段階の推定が成立するために必要な時間は、どの程度か。グロチウスは、「記憶を超える時間」(tempus memoriam excedens) が必要であると説く[81]。グロチウスは、同じ箇所において、必ずしも100年ではないが、100年もあれば十分であると述べている。グロチウスは、この箇所の中頃で、唐突に100年という具体的な数字を挙げる。これは直感的に言われているのではなく、ユスティニアヌス帝の勅法と関係している[82]。ユスティニアヌス帝は、教会や市民共同体に与えられた物は、それが相続財産であれ、あるいは売られたり贈与されたりした物であれ、100年が経過しない限りpraescriptioにかからないと述べる (C 1.2.23)[83]。したがって、グロチウスの、記憶を超える時間が100年とは限らないという主張は、このようなローマ法上のpraescriptio制度に対する反論であると考えられる。そして、ここから分かるように、グロチウスの関心は、公的な性格を有する権利に向けられており、同一国内の私人には向けられていない[84]。というのも、100年という歳月は、私人間の取引の安定を図るには、長過ぎるからである。

■万民法は時間によって直接的に所有権を移転させる　これまでは、自然法上の時効制度の説明であった。グロチウスによれば、時効とは、所有権放棄の推定に基礎付けられる制度である。これに対して、万民法は、一歩進んで、これを永続的な所有権移転の一種に組み入れた。

GROTIUS, *De jure belli ac pacis*, lib. 2., cap. 4., §. 9.[85]

Ac forte non improbabiliter dici potest non esse hanc rem in sola praesumtione positam, sed iure gentium voluntario inductam hanc legem, ut possessio memoriam excedens, non interrupta, nec provocatione ad arbitrum interpellata, omnino dominium transferret. Credibile est enim in id consensisse gentes, cum ad pacem communem id vel maxime interesset. [...]

そしておそらく、次のように述べても、是認しえないわけではない。この問題は、推定のみによって規律されるわけではなく、むしろ万民の意思法によって、記憶を超える自主占有は中断がなくかつ訴訟によって妨害されなかったならばいかなる場合でも所有権を移転させる、という法が導入されたのだ、と。というのは、万民がこのことに合意したと、信じられるからである。なぜなら、このことは、共通の平和にとって重要であり、最も重要であるとすら言えるからである。[...]

グロチウスは、自然法上の取得時効は所有権放棄の推定およびそれに続く先占にもとづくが、万民法上の取得時効は直接的な所有権移転の一種であると説いた。なぜなら、共通の平和のために、万民がこの取得方法に合意したと考えられるからである。

では、どちらが優先するのであろうか。グロチウスの他の箇所の説明を見る限り、訴訟上は、万民法が優先すると解される。なぜなら、グロチウスの自然法論における自然法とは、人間の意思とは無関係に存在し、理性によって演繹される規範であるが、万民法すなわち万民の意思法とは、この自然法を修正するために、万民によって導入される規範だからである[86]。

そして、以上のようなグロチウスの時効論が、非所有者から買った人の保護に繋がらないことは明らかである。なぜなら、記憶を超える時間の経過は、無権利者から買った人を保護するには、余りにも遅すぎるからである。この制度は、ボワソナードが構想した「即時時効」(prescirption instantanée) のような救済には結び付かない。

3 バルベイラックのグロチウス解釈

以上で、グロチウスにおける二重売りの処理は明らかになった。以下では、まとめに入る前に、フランスにおけるグロチウスの影響を簡単に見ておこう。グロチウスの影響は、ボワソナードの祖国であるフランスにも及んでいた。その中心的な役割を果たしたのが、グロチウスの著作に対するバルベイラックのフランス語訳と註釈であった[87]。バルベイラックは、二重売りに関するグロチウスの該当箇所を解釈して、その他のグロチウス註解者たちの誤りを指摘している。

■グロチウスにおける二重売りで重要なのは所有権移転の先後である バルベイラックは、グロチウスにおける二重売り論を解説したあとで、もうひとりの著名な近世自然法論者プーフェンドルフのグロチウス解釈を批判する。それが、次の箇所である[88]。

BARBEYRAC, *Le droit de la guerre et de la paix*, lib. 2., cap. 12., §. 15., (6) [89]

(6) Nôtre Auteur suppose ici deux Ventes, dans l'une desquelles le droit de propriété a été transféré dès le moment du Contract fait & conclu; qui est, selon lui, la maniére la plus simple & la plus naturelle de

(6) 私たちの著者グロチウスは、ここで2つの売買を前提にしている。そのうちのひとつにおいて、所有権は、契約が為されそして完成された瞬間に移転している。この売買は、彼から見れば、売り買いのとて

vendre & d'acheter: dans l'autre, on est convenu, que la Propriété demeureroit encore quelque tems au Vendeur. Ainsi il ne distingue pas celui qui est le premier ou le dernier en datte, & il ne parle point du cas où les deux Ventes ont été faites sur le même pié; comme le suppose PUFENDORF, *ubi supra, §. 5.* qui le critique à cet egard mal-à-propos; s'imaginant que toute la différence consiste en ce que l'une des Ventes a été accompagnée de la *délivrance:* & suivant ici, sans le nommer, ZIEGLER, qui avoit voulu faire tomber GROTIUS en contradiction avec lui-même. Mais nôtre Auteur dit, *par la délivrance,* OU AUTREMENT. De sorte que, selon lui, il peut se faire qu'il n'y aît point de delivrance; & elle ne sauroit même avoir lieu ici, lors que l'autre Acheteur a aquis sans elle la Propriété dès le moment du marché conclu, parce que, la Délivrance emportant un transport présent de Propriété, il y auroit de part & d'autre un transport de Propriété, qui feroit que les choses

も単純でとても自然なやり方である。もうひとつの売買において、所有権は、あるときまで売主に留まることが合意されている。このように、グロチウスは、どちらの売買が先でどちらの売買が後かを区別しておらず、また２つの売買が同時に行われた場合についても全く言及していない。このことをプーフェンドルフも前提にしている（前掲書第５節）。プーフェンドルフは、この点について、グロチウスに見当違いな批判を加えている。プーフェンドルフは、［彼とグロチウスとの］最も大きな違いは、［グロチウスにおいては］２つの売買のいずれかが引渡を伴っていることにあると考えている。そして、プーフェンドルフはここで、名前を挙げていないけれども、グロチウスは自己矛盾に陥っていると主張したチーグラーに従っている。しかし、私たちの著者グロチウスは、「引渡あるいはその他のやり方で」と述べている。したがって、グロチウスによれば、引渡が全くないこともありえる。また、一方の買主が取引が結ばれた瞬間に引渡なしに所有権を取得したときは、そ

seroient egales jusques là. [...]

こで［他方の買主に］引渡すことがそもそもできないであろう。なぜなら、引渡は所有権を現在形で移転することをもたらすので、仮に事情がこれほどまで対等であることが起こりうるならば、所有権が両方の当事者に移転するということになってしまうからである。[...]

ここで、バルベイラックは2つのことを指摘している。第一に、グロチウスは、二重売りにおいて、売りの先後関係を気にしていないということである。グロチウスは、売りの先後ではなく、「与える意思」（voluntas dandi）の表示と「受け取る意思」（voluntas acceptandi）の表示の先後によって所有権の帰属を決定したのであった。

第二に、プーフェンドルフはグロチウスが第一買主と第二買主の優劣を「引渡」（délivrance）によって決したと解しているが、バルベイラックによれば、この解釈は誤りである。バルベイラックは、プーフェンドルフの誤解の原因を、「引渡あるいはその他のやり方によって」という箇所を「引渡によって」と短縮していることに求めている。つまり、プーフェンドルフは、この一節から「その他のやり方によって」という箇所を落として、グロチウスは引渡がどちらかの買主に必ず為されていると理解した。

ところで、筆者の考えによれば、プーフェンドルフがグロチウスを誤解したのは、そのような単純な読み間違いではなく（あるいは少なくとも読み間違いだけが原因ではなく）、両者の自然法体系の根幹にズレが生じていたからである。これについては、プーフェンドルフの箇所で述べる。

■バルベイラックはグロチウスの見解にも賛成しなかった　このように、バルベイラックは、グロチウスにおける二重売り論を正しく把握した。しかし、賛成することはなかった[90]。彼は、次の箇所で、グロチウスの見解を批判している。

BARBEYRAC, *Le droit de la guerre et de la paix*, lib. 2., cap. 12., §. 15., (6) [91]

[...] Je n'approuve pas neanmoins le raisonnement de nôtre Auteur sur le fond même de la question. Car, quoi qu'un transport présent de Propriété soit par lui-même plus considerable, qu'une simple Promesse de transférer la Propriété; cependant la Promesse, selon les principes etablis dans le Chapitre précedent, doit avoir de sa nature assez de forte pour empêcher que le Promettant ne puisse validement rien faire le sachant & le voulant, qui le mette hors d'etat de la tenir. Ainsi des là qu'un homme a promis de transferer à quelcun la propriété d'une chose, il s'est ôte par la le pouvoir de transferer actuellement cette propriété à tout autre, jusqu'au terme limite, ou illimite, dont il est convenu ou expressement, ou tacitement. La verite est, que, selon le Droit Naturel tout seul, tant qu'il n'y a point de Delivrance, le prémies

[...] しかしながら、私は、この問題の基礎に関する私たちの著者グロチウスの理由付けに同意しない。というのは、たとえ現在形の所有権の移転それ自体が、所有権移転の約務より重要であるとしても、しかし約務は、前章で定められた原理によれば、次のような自然本性を持たねばならないからである。それは、約務した人が自分を履行できない状態に置くようなことを知りながら欲して有効に為しえないようにさせる力である。このようにして、ある人がある物の所有権を誰かある人に移転すると約務したときは、明示あるいは黙示の合意にもとづく確定期限あるいは不確定期限まで、この所有権を現に譲渡する権能を、この約務によって失う。実際には、まさに自然法のみに鑑みるならば、引渡がない間は、売買がどのような段階まで為されたのであれ、[売買の] 日付において先の人が、よりよい権利を持っている。しかし、売られた物が

en datte a le meilleur droit, sur quel pié que la Vente ait été faite: mais, lors que la chose venduë a été actuellement délivrée, celui à qui elle a été delivree n'est point tenu de la rendre, soit qu'il soit le primier ou le dernier en datte, pourvù qu'il n'ait rien sû de la Vente faite à l'autre. [...]	現に引渡されたときは、その物を引渡された人には、彼が期日において先であれ後であれ、それを返還する義務が全くない。但し、彼が、別の人に為された売買を知らなかったときに限られる。[...]

グロチウスは、たとえ所有権移転の「約務」（promissio）があったとしても、所有者には所有権移転のモラル的権能すなわち処分権が残っていると考えた。したがって、売主は、第一買主とは別の人に所有権を先に移転することが可能である。つまり、「与える約務」（promissio dandi）よりも「与える意思」（voluntas dandi）の方が優先する。

これとは反対に、バルベイラックは、「所有権」（propriété）移転それ自体よりもその「約務」（promesse）を重視する。この約務によって、売主は、第二買主に対して所有権移転を行うモラル的権能すなわち処分権を制限される。このような処分権の制限は、義務負担行為が物権に影響を及ぼすことを意味する。かくして、バルベイラックによれば、二重売りにおいては、原則的に第一買主が優先することになる。

バルベイラックのこのような批判は、グロチウスの理解の不完全な部分を補っている。それは、第一買主と第二買主のどちらにも所有権移転が為されていないうちに両者から訴訟が提起された場合、どちらの原告が勝つのかが明らかでないということである。つまり、二重売りにおいては、確かに所有権の帰趨がひとつの論点になるけれども、しかし、それだけに留まらず、義務負担行為にもとづく債権的請求もまた論点になりうる。バルベイラックがこの３番目の事例を加えたことは、正しい。

ところが、バルベイラックによれば、処分権の制限は、「引渡」(délivrance)がない間に限られる。引渡がない間、第一買主は、約務の効果によって第二買主に優先する。しかし、売主が善意の第二買主に物を引渡したときは、第二買主はその物を返還する義務を負わない。なぜであろうか。バルベイラックは、ここでその理由を説明していない。この点で、バルベイラックの解釈にも、問題があることが分かる。

さらに、グロチウスは、第二買主が引渡あるいはその他の徴による所有権移転を受けたときに、この買主が善意であるか否かを問題にしていなかった。これとは反対に、バルベイラックは、第二買主は善意でなければならないと主張する。すると、バルベイラックの学説は、第一買主と第二買主のいずれも引渡を受けていないときは第一買主が優先し、第二買主が先に引渡を受けたときは、彼が善意であるときに限って保護されるという結論に至る。このような結論は、グロチウスよりもむしろボワソナードの二重売り論にずっと近づいている。

しかし、バルベイラックとボワソナードとの間には、決定的に異なる点がひとつある。ボワソナードによれば、第一買主が、特定物売買の瞬間に所有権を取得している。但し、善意の第二買主が先に物の現実の占有を獲得した場合は、即時時効によって所有権取得の推定を受ける。これに対して、バルベイラックは、第一買主が売買の瞬間に所有権を取得するわけではなく、単に売買の約務の効力によって優先権を得るだけであると主張している。つまり、バルベイラックは、売買と所有権の移転とは異なるというグロチウスの基本部分を維持しているのであり、ボワソナードの学説と同一視できるわけではない。

第4節　本章の小括

グロチウスは、所有者の「与える意思」(voluntas dandi)の表示と譲受人の「受け取る意思」(voluntas acceptandi)の表示とによって、所有権が承継的に移転すると考えた。純粋な義務負担行為、すなわち「約務」(promissio) は、この2つの意思を満たさない。所有権移転の約務をしただけでは、所有権は移転しないのである。この点においてグロチウスは、ボワソナードから離れている。

ここから、グロチウスにおける二重売りは、次のように説明される。所有者が2人の買主と別々に売買を行った場合、所有権を取得するのは、これら2つの意思を実際に表示された買主である。但し、このような意思の表示が言葉によって明示されることは稀であるから、グロチウスは、空間的な物の移動としての「引渡」(traditio) やその他の行為の中に、この表示を見て取った。すなわち、2人のうち引渡を受けた方が、意思の表示の証拠において有利である。売る約務があったというだけでは、意思の存在は推定されない。

このような義務負担と履行の区別は、契約論にとって、ひとつの発見である。ところが、グロチウスは、「契約」(contractus) という言葉で、当事者が純粋に義務負担を行った場合と、一部であれ全部であれ履行も含まれている場合との両方を意味させた。このため、義務負担と履行の区別という明確な線引きが曖昧になり、プーフェンドルフなどの後世の学者に誤解を生じさせた。グロチウスは、履行と義務負担の分離には気付いていたにもかかわらず、それぞれに別の用語を当てなかった。この点において、グロチウスの契約論は不完全なものである。純粋な義務負担行為のみを契約と呼び、それを契約の履行から区別することは、後世の法学者に委ねられた課題であった。

また、グロチウスの二重売り論には、取引の安全の観点から、問題が生じている。というのも、グロチウスは物の空間的な移動のみを「引渡」(traditio) と呼んでいるので、自主占有の移転は受けたが引渡を受けていないという事態が考えられるからである。このような場合、自主占有のみを開始した買主は、引渡を受けた買主に劣後する。それにもかかわらず、グロチウスは、自主占有が取得時効に繋がる道を制限した。これは明らかに、取引の安全を害している。この取引の安全をどのように回復するかも、後世の学者が解決すべき課題となった。

注

1 勝田=山内（編）［86, pp. 119-123］（山内進）
2 STOLLEIS（ed.）［38, p. 62］（HOFMANN）
3 STOLLEIS（ed.）［38, p. 60］（HOFMANN）；シュトライス（編）、佐々木=柳原（訳）［68, p. 91］
4 STOLLEIS（ed.）［38, p. 61］（HOFMANN）
5 STOLLEIS（ed.）［38, p. 68］（HOFMANN）；シュトライス（編）、佐々木=柳原（訳）［68, p. 100］
6 KOSCHAKER［24, pp. 250-251］
7 吉野［75, pp. 3-4］
8 グロチウス以前の所有権概念については、松尾［87, pp. 111-113］を参照。
9 近世自然法論の所有権概念については、吉野［72］［73］［74］［76］を参照。
10 GROTIUS［15, pp. 200-201］
11 グロチウスにおけるドミニウム dominium がプロプリエタース proprietas と同義であるか否かは、非常に難しい問題である。グロチウスは、一方ではドミニウムとプロプリエタースが同義であるような書き方をしているが、他方では異なるような書き方もしている。前掲の『戦争と平和の法』第2巻第6章第1節では、「プロプリエタースの定義とは、他人の物にする権利が私たちのもとにあるということである」（proprietatis definitio est, ubi penes nos est ius alienandi）とラテン語訳されている。それゆえに、プロプリエタース＝譲渡する権利はドミニウムの一部である、という構図が成り立つように思われる。しかし、グロチウスは、別の箇所で、「これによって、次のことがより適切に理解される。私たちは、法学者たちがドミニウムと呼ぶプロプリエタースの起源を知らねばならない」（Quo rectius hoc intelligatur, noscendum est proprietatis, quod dominium iurisconsulti vocant, exordium）と述べている。GROTIUS［15, p. 140］lib. 2., cap. 2., §. 2.
12 SPIEGEL［37, col. 618］
13 SPIEGEL［37, col. 618］
14 PRATEJUS［31, p. 450b］
15 グロチウスは、様々な著作において様々な形で dominium を表現している。松尾［88, pp. 113, 119-120］。グロチウスは、dominium 概念を推論可能な形で一義的に定式化する段階に至っていない。

16　ここでは、近世自然法論におけるドミニウム概念史の研究に向けた準備として、次のことのみを指摘しておきたい。確かにグロチウスはドミニウムという用語を一義的には定義していないのだが、しかし *De jure belli ac pacis* および他の著作から、それを推測することは可能である。例えば、ドミニウムから生じる義務として、他人の物を占有する人は、これを返還しなければならない。GROTIUS［15, pp. 246-247］lib. 2., cap. 10., §. 1., n. 2.。これは、所有物取戻 rei vindicatio の権利であろう。彼は、『オランダ法学入門』において、この取戻す権利をオランダ語で eigendom と呼んでいる。GROTIUS［16, pp. 78-79］lib. 2., cap. 3.,§. 1.「所有権とは、ある物に帰属する［権利］であり、それによって、一旦占有を失った人が、同じ占有を裁判によって取戻すことができる」(Eigendom is de toebehoorte tot een zaeck waer door iemand, schoon het bezit niet hebbende, 't zelvevermag rechtelick te bekomen.); GROTIUS［16, pp. 82-83］lib. 2., cap. 3., §. 4.「したがって、私たちは次のように言おう。eigendom は、失われた占有を再び獲得する権利から成り立つ」(Daerom zeggen wy, dat den eigendom bestaet in dat rechtom weder te bekomen het verloren bezit.)。この取戻し権については、松尾［87, pp. 113-114］を参照。また、グロチウスは、緊急の必要性 necessitas があるときは、非所有者が他人の物を使用することができると説く。GROTIUS［15, p. 145］lib. 2.,cap. 2., §. 6., n. 2. を参照。この説明は、緊急の必要性がないときは、非所有者は他人の物を使用することができないことを示唆する。これは、後のプーフェンドルフやヴォルフに見られるような、他人を自分の物から排除する権利であろう。したがって、ドミニウムには、譲渡する権利以外にも、様々な権利が内在していることが分かる。しかし、今回のテーマにおいては、譲渡する権利を確認するだけで十分である。

17　GROTIUS［15, pp. 200-201］

18　GROTIUS［15, p. 201］

19　GROTIUS［16, pp. 92-95］lib. 2., cap. 5., §. 2.

20　これらは、ローマ法の用語のうち、「合意」と訳される可能性がある代表的なものである。例えば、春木［85, pp. 233-234］における訳語の選択を見よ。

21　GROTIUS［15, p. 252］

22　この promissio（約務）という概念は、おそらくカノン法に由来している。カノン法学者たちは、『マタイの福音書』（第5章第34-37節）から、次のような結論を導き出した。「誰であれ、何人かの援助として教会の利益のために何かを調達して、そしてそのために何か利益を報酬として約務 promittere した人は誰であれ、約務されたことの弁済を遂げねばならない。このことは、人々の同意によって確実なものとされるために、同じ教会区の会議に報告されねばならない。なぜなら、(使徒パウロが述べているように) 賃金で雇われた人は自分の賃金を貰うのに相応しいからである」(C. 12., qu. 2., c. 66.)。MAYER-MALY [27, pp. 123-124]; FRIEDBERG [12, col. 708]; SCHILLING [36, p. 350]; GRATIANUS [14, col. 1345-1346]

23 promissio を含意する pactum は、他の箇所にも出てくる。GROTIUS [15, pp. 253-254] lib. 2., cap. 11., §. 1., n. 2-4.; GROTIUS [15, p. 255] lib. 2., cap. 11., §. 4., n. 2-3.; GROTIUS [15, p. 256] lib. 2., cap. 11., §. 6., n. 1.

24 GROTIUS [15, p. 269] lib. 2., cap. 12., §. 15., n. 2.

25 このような慎重さは、ローマ法の実務に通じていたトマジウスには受け継がれたが、自然法をより自由に捉えたプーフェンドルフおよびヴォルフには受け継がれなかった。このことについては、第4章以下を参照。

26 GROTIUS [15, pp. 200-201]

27 GROTIUS [15, pp. 236-237]

28 GROTIUS [15, p. 237] lib. 2., cap. 8., §. 25.

29 注意しなければならないのは、ローマ法における使用借人は、法的な保護を受ける占有者ではなく、物の単なる所持人だということである。クリンゲンベルク(著)=瀧澤(訳) [52, p. 181] を参照。したがって、②と③は異なる事案である。

30 GROTIUS [15, pp. 236-237]。グロチウスが述べるローマ法とは何であるかを先に確定しておく必要があろう。グロチウス自身は、普通法学者たちの註釈よりもユスティニアヌス帝が編纂を命じた *Corpus juris civilis* の方が有用である、と述べている。GROTIUS [15, p. 18] pro. 53. を参照。しかし、dominium の定義の箇所で見たように、グロチウスはローマ普通法学から、明らかにその概念を借用している。

31 GROTIUS [15, p. 237] lib. 2., cap. 8., §. 25.

32 用益権者は、ローマ法においては占有者ではなく所持人に過ぎない。クリンゲンベルク(著)=瀧澤(訳) [53, p. 93]。但し、用益権者は、占有保護の特示命令を模倣した特示命令によって保護を受けるので、準占有者 quasi possessor と呼ばれる。

33 KASER [22, p. 120]。なお、ここで問答契約と言われているのは、用益権に関する担保問答契約 cautio usufructuaria であると解される。用益権を設定するにあたって、用益権者は、この担保問答契約の締結を法務官によって強制されることがある。しかし、これは、用益権の成立要件ではない。KASER［22, pp. 119-120］

34　GROTIUS［15, p. 237］lib. 2., cap. 8., §. 25.

35　クリンゲンベルク(著)＝瀧澤(訳)［52, p. 8］

36　*Glossa*［1, p. 250］ad D 41.1.21。この解釈は、直前の法文（D 41.1.21 pr）において、私の奴隷がそうと知らずに他の人に仕えていることと整合的である。

37　GROTIUS［15, p. 237］lib. 2., cap. 8., §. 25.

38　ここで確認しなければならないのは、各契約類型における占有の有無である。①使用貸借 commodatum の場合、使用借人はいかなる占有保護も受けない。クリンゲンベルク(著)＝瀧澤(訳)［52, p. 181］。使用借人は、占有者ではなく単なる所持人に過ぎないからである。②寄託 depositum も同様であり、受託者は単なる所持人である。クリンゲンベルク(著)＝瀧澤(訳)［52, p. 174］。したがって、いかなる法的保護も受けない。③賃借人 conductor においてすらそうであり、物の単なる所持者である。クリンゲンベルク(著)＝瀧澤(訳)［52, p. 244］。したがって、この法文では、所有者が自己の物の単なる所持人に物を売ったかあるいは贈与したという、ひとつのまとまりのある類型が扱われている。有名契約（消費貸借、寄託、使用貸借、質、信託、問答契約、文書契約、売買、賃約、委任、組合）の中で、これら3つ以外に物の単なる所持人になる類型はない。質については占有保護の訴権が与えられる。クリンゲンベルク(著)＝瀧澤(訳)［52, p. 185］

39　GROTIUS［15, p. 237］lib. 2., cap. 8., §. 25.

40　ポティエもまた、簡易の引渡については、ローマ普通法学のようなフィクションを設けるべきではないと主張したようである。鎌田［70, p. 86］

41　その分類をまとめれば、次のような表にすることができる。

- 恩恵的行為
  - 純粋な恩恵的行為
    - 即座に完了する行為（e.g. 無償の譲渡）
    - 将来に向かう行為＝約務（与える約務と為す約務）
  - 双方的義務と結び付いた恩恵的行為
    - 双方的義務と結び付いた即座に完了する恩恵的行為
      - 物を譲渡せずに処分する行為（e.g. 使用貸借）
      - 労務を提供する行為（e.g. 寄託）

▪ 双方的義務と結び付いた恩恵的行為の約務

• 交換的行為

–即座に完了する交換的行為（e.g. 交換、売買、賃約）

–交換的行為の約務

42 GROTIUS［15, pp. 262-263］

43 対価関係は完全なものでなければならない。すなわち、一方が相手方よりも多く給付を受け取ってはならない。GROTIUS［15, p. 267］lib. 2., cap. 12., §. 12., §. 1. を参照。この要件は、グロチウスが、給付の間に不均衡を有する行為は、贈与すなわち恩恵的行為の一種と混合されると説くことから、明らかである。GROTIUS［15, p. 264］lib. 2., cap. 12., §. 5.

44 GROTIUS［15, p. 264］lib. 2., cap. 12., §. 3., n. 4.

45 GROTIUS［15, p. 263］lib. 2., cap. 12., §. 3., n. 2.

46 近時では、この恩恵性という概念が、再び注目を集めている。岡本［69, pp. 33-34］

47 それどころか、トマジウスによれば、完全に片務的であるような行為など、自然法上はひとつも存在しない。全ての行為は、たとえその行為自体においては対価が存在しないとしても、名誉の獲得、恩を売ること、将来相手方からよくしてもらうことなどを期待して行われる。恩恵的な行為を受けた人には、恩を与えた人に対して一定の配慮を行う、自然法上の義務すら生じる。これを、gratitudo（報恩）の義務という。THOMASIUS［41, p. 134］lib. 2., cap. 6., §. 49.

48 これらが双方的な義務と結び付いていると言われるのは、おそらく、一定の償還義務が生じるからである。PUFENDORF［33, p. 463］lib. 5., cap. 2., §. 5.

49 新井［89］は、両者を次のように説明する。「Promissio が権利移転という効果を有するとしても、promissio dandi と promissio faciendi とではその説明が異なる。Promissio dandi では所有権に固有の権利が移転され、promissio faciendi では移転の対象は自己の行為に関する権利ないし力という意味での promissio をなす者の libertas の一部分である」。新井［89, p. 215］

50 emptio venditio について promissio が行われる場合、promissio venditionis et emptionis（売買の約務）という 1 個の promissio のみが想定されるのか、それとも promissio venditionis（売る約務・dominium を移転する約務）と promissio emptionis（買う約務・代金を支払う約務）とに分けて考えるのかは、グロチウスの史料からは明らかでない。しかし、筆者は、後者だったのではないかと推測する。というのも、例えば買主が即座に代金を支払って、売主が promissio を行った場合は、emptio venditio 全体の promissio があったわけではなく、promissio venditionis だけがあったと理解されるからである。プーフェンドルフやヴォルフの用語法も、dominium の移転に関する義務負担行為が問題になっているときは、単に promissio venditionis と表現している。PUFENDORF［33, p. 486］lib. 5., cap. 5., §. 5.; WOLFF［50, p. 329］par. 2., cap. 12., §. 594.

51　GROTIUS［15, p. 265］

52　GROTIUS［15, p. 264］

53　グロチウスは、交換的な行為には、当事者を分けるものと一体化させるものがあると言う。一体化させる行為とは、例えば組合である。GROTIUS［15, p. 264］lib. 2., cap. 12., §. 4.。他方で、当事者を分ける行為は、3つのパターンに分類される。すなわち、①「あなたが与えるように私は与える」(do ut des)、②「あなたが為すように私は為す」(facio ut facias)、③「あなたが与えるように私は為す」(facio ut des) である。そして、売買は、売主が物を与えて買主が金銭を与える行為であるから、「あなたが与えるように私は与える」(do ut des) というグループに属する。したがって、emptio venditio は、売主から見れば「あなたが金銭を与えるように私は物を与える」という行為であり、買主から見れば「あなたが物を与えるように私は金銭を与える」という行為である。グロチウスは、このような分類のヒントをローマ法（D 19.5.5）から得たと述べている。GROTIUS［15, p. 263］lib. 2., cap. 12., §. 3., n. 1.。消費貸借 mutuum が交換的な行為に含まれていることから、グロチウスの分類は債権債務関係に依存していないことが分かる。グロチウスは、各種の行為を、実際の財貨の移動に鑑みて分類しているのであり、債権者と債務者がどのような権利義務関係に置かれるのかを基準にしていない。このことからも、グロチウスの contractus 論が、いわゆる契約類型論、つまり債権債務関係の類型論ではないことが分かる。このような類型論は、既にトマス・アクィナスの利息論において見られる。拙稿［84, pp. 58-59］

54　GROTIUS［15, p. 269］

55　PUFENDORF［33, p. 486］。WIEACKER［45］も同じ見解に立つ。すなわち、「[...] グロチウスは、一実定的な普通法にはっきりと反対して一自然法上の譲渡には合意だけで十分であるとしており、そしてそれゆえに［譲渡を］拘束する義務と譲渡の実行とを分離する動機を持たなかった」([...] Grotius — im erklärten Gegensatz zum positiven ius commune — für die Übereignung nach natürlichem Recht den Konsens genügen läßt und daher keinen Anlaß hat, bindende obligatio ad dandum und Übereignungsvollzug zu trennen.) と説明している。WIEACKER

[45, p. 12]。しかし、『戦争と平和の法』第2巻第12章第15節第1項から明らかであるように、グロチウスは、少なくとも emptio venditio については、alienatio（譲渡・dominium の移転行為）と promissio dandi（与える約務・dominium を移転する約務）を区別している。津野［99, p. 14］も参照。

56 GROTIUS［15, p. 269］lib. 2., cap. 12., §. 15., n. 2.

57 GROTIUS［15, pp. 200-201］

58 GROTIUS［15, p. 269］

59 「現在形で」（praesens）とは、現在形の言葉遣いで意思が表示されることである。例えば、「私は今、与える」（do）である。グロチウス自身は述べていないが、これと対比されるのが、未来形の言葉遣いで意思が表示される場合である。例えば、「私は、与えるであろう」（dabo）という言い回しが考えられる。そして、未来形で表現された意思は、約束 promissio となる。このような対比が存在すると言えるのは、現在形で言い表された意思と未来形で言い表された意思との差異は、既にホッブズが、このような時制の区別とともに発見しているからである。HOBBES［20, p. 101］cap. 2., §. 6.「法権利を放棄することあるいは譲渡することに関する意思のしるしが、もし他でもない言葉であったならば、その言葉は現在についてのものであるかあるいは過去についてのものであることを要する。なぜなら、もしそれが未来についての言葉であるならば、何も譲渡させないからである。というのは、例えば、未来について次のように、すなわち、明日、私は与えようと述べた人は、明らかに、自分はまだ与えていないということを示唆しており、それゆえに、今日一日は法権利が変動せず、そして、その間に行為によってこれを与えない限り、法権利は次の日もそのままだからである。というのは、私の物は、私が与えた後でない限り、私の物のままだからである。しかし、もし私が現在について述べるならば、例えば、私は与えるあるいは私は今与えたという形で述べるならば、これらの言葉によって次のことが示唆されている。それは、私は明日所有する法権利をも与えたのであり、それを今日譲渡したということである」（Voluntatis autem in iure vel relinquendo, vel transferendo, si signa nulla alia exstiterint praeter verba, verba ea *de praesenti* vel *praeterito* esse oportet; nam si *de futuro* sint nihil transferunt. Qui enim, exempli causa, de futuro sic dicit, *cras dabo*, aperte significat se non dedisse; toto itaque hodie ius immotum est, manetque etiam crastino die, nisi interea actu dederit; quod enim meum est, meum manet, nisi post dederim. Quod si de praesenti loquar, puta hoc modo, *do*, vel *dedi, habendum cras*, illis verbis significatur, me *dedisse*, & *ius* habendi *cras*,

transtulisse *hodie*.)

60　Wieacker［44］によれば、それ以外のやり方という文言には、債務契約としての売買の合意も含まれており、それゆえに第一買主が常に優先する。Wieacker［44, p. 297］。しかし、仮にグロチウスがそのように考えていたならば、例えば「先の売りが有効である」（priorem venditionem esse valituram）と簡潔に記述すればよかったはずである。なぜグロチウスがわざわざ迂遠な言い回しを用いたのか、その理由は存在しないように思われる。松尾［88, p. 134］も同旨。

61　松尾［88, p. 134］

62　松尾［88, p. 135］

63　以下の叙述は、グロチウスの時効論とも関係している。そして、プーフェンドルフ、トマジウスおよびヴォルフについても、同じく時効論を概観することになる。これは、吉野論文［75］も指摘しているように、ボワソナードにおけるいわゆる「推定的時効」の起源を知る上でも必要な作業である。吉野［75, p. 290］

64　Michaels［28, p. 131］

65　Grotius［15, pp. 249-250］

66　グロチウスはここで、海賊の事例を出している。けれども、その具体的な内容は明らかではない。筆者の解釈によれば、次のように理解される。海賊がある人Xから物を強奪して、これを善意の買主Yに120で売却した。このとき、Xは、100を出して海賊から物を取戻す意思があった。このとき、Yは、Xに対して、物を返還する代わりに100の償還を請求することができる。なぜなら、仮にXがYから償還なしに物を取戻すならば、彼は100で取戻そうとした物を無償で取戻すことになってしまうからである。

67　吉野［75, p. 257］

68　吉野［75］は、筆者とは別の解釈を取っている。吉野［75］によれば、この箇所は「ウスカピオとプラェスクリプチオのちがい」と読まれるべきである。吉野［75, p. 257］

69　吉野［75, p. 257］

70　Grotius［15, pp. 166-167］

71　Grotius［15, p. 167］lib. 2., cap. 4., §. 2.

72　他人の物を取得する権利が法によって付与されるという説明と、所有者はdominiumを放棄したと推定されるという説明との間には、大きな違いがある。前者においては、なぜ他人の物を取得する権利が発生するのかが説明されねばならない。そして、グロチウスは、そのような権利の発生には根拠がないと主張している（『戦争と平和の法』第2巻第4章第1節）。他方で、後者においては、なぜ権利放棄の推定が働きうるのかが説明されねばならない。グロチウスが選んだのは、このような推定根拠を解明する道であった。吉野［75, p. 262］は反対。

73 GROTIUS［15, p. 167］

74 吉野［75, p. 258］

75 GROTIUS［15, pp. 167-168］

76 GROTIUS［15, p. 168］lib. 2., cap. 4., §. 5., n. 1.；吉野［75, p. 258］

77 吉野［75, p. 259］

78 GROTIUS［15, p. 169］

79 GROTIUS［15, p. 266］lib. 2., cap. 12., §. 10.

80 GROTIUS［15, p. 169］

81 吉野［75, p. 259］；GROTIUS［15, p. 169］lib. 2., cap. 4., §. 7.

82 100年の時効については、KAISER［21］が詳細な研究を行っている。

83 C 1.2.23.2「そして、なるほど時間という恐怖によってこのような訴権が攻撃されてはならないというのが、私の考えである。しかし、私はこれを無限に拡張すると見られないようにしよう。私は、人間たちの人生の中で最も長い時間を選んで、そして他でもないこの訴権を限界付けることを認めよう。つまり、百年が一回りしたときを除く。というのは、そのときにのみ、このような訴権は消え去ることを、私たちは許すからである」（Et nobis quidem cordi erat nullis temporum metis huiusmodi actionem circumcludi. sed ne videamur in infinitum hanc extendere, longissimum vitae hominum tempus eligimus et non aliter eam actionem finiri concedimus, nisi centum annorum curricula excesserint: tunc enim tantummodo huiuscemodi exactionem evanescere sinimus.）

84 吉野［75, p. 262］

85 GROTIUS［15, p. 169］

86 つまり、万民法によって訴えの付与が否定されたときは、自然法は、単なる道徳的規範に過ぎなくなる。例えば、交換的なcontractusにおいて、自然法上は給付の均衡が要請されるけれども、万民法上はその給付の均衡を実現させるための訴えが与えられないことがある。GROTIUS［15, p. 267］lib. 2., cap. 12., §. 12., n. 1.; GROTIUS［15, p. 274］lib. 2., cap. 12., §. 26.

87 法制史におけるバルベイラックの重要性については、大川［97］が既に詳しい解説を施しているので、本書では割愛する。大川［97, pp. 170-178］を参照。大川［97］によれば、バルベイラックの著作は「十八世紀フランスの法曹に頻繁に援用されて」おり、「原著者グロチウス、プーフェンドルフからは独立した一つの『権威』（auctoritas）として考えられていたかの観を呈している」。大川［97, p. 184］

88　なお、訳出にあたっては、バルベイラックの英語版［17］も参照した。

89　Barbeyrac［18, p. 429］

90　大川［97］によれば、バルベイラックは、グロチウスやプーフェンドルフの著作を単に翻訳しただけでなく、註において批判修正を加えることもあった。大川［97, pp. 175-176］。大川［96］［97］では、強迫論、錯誤論、利息論についてこの点が検証されており、本書は、これに二重売り論を付け加えるものである。大川［96, p. 249］［97, pp. 178-183］

91　Grotius［18, p. 429］

第4章 プーフェンドルフ

はじめに

グロチウスの次に位置するのは、ザミュエル・フォン・プーフェンドルフ（Samuel von PUFENDORF, 1632-1694年）である。グロチウスが法実務家あるいは政治家として人生を出発したのに対して、プーフェンドルフが最初に学んだものは神学であった[1]。当初は家庭教師として糊口を凌いでいたが、彼の業績を認めたプファルツ選帝侯カール・ルートヴィヒからハイデルベルク大学の講座を任され、その後、スウェーデン国王カール11世によってルンド大学へ招聘された[2]。彼を一躍有名にしたのは、当時の帝国国制に関する書物であった[3]。また、1676年を境に、彼の主題は歴史学および宗教論へと舞台を移して行った[4]。しかし、だからと言って、プーフェンドルフが、自然法に関して影響力を持たなかったわけではない。事実はむしろ、その逆であった。ハマーシュタイン［38］は、プーフェンドルフを、独自性と独創性に欠けているが[5]、自然法に確固とした体系を与えた人物と評価している[6]。筆者は、この独自性・独創性の欠如という点について、本書の研究成果から疑問を感じるのであるが、次のことは確かである。それは、少なくとも所有権移転論について言えば、ハマーシュタイン［38］が評価したように、プーフェンドルフはグロチウスよりも高い体系性を与えたということである。本書において、このことが明らかにされるであろう。

第1節　承継的な所有権移転の一般規則

1　所有権の定義

■広義の「所有権」(dominium) とは物の排他的な帰属関係である　グロチウスは、「所有権」(dominium) の中に「他人の物にする権利」(ius alienandi) すなわち「譲渡権」(proprietas) が内在すると説いた。これは、所有権の定義を与えたことにはならない。なぜなら、所有権に譲渡権が含まれているという記述は、所有権の効果を十分に説明するものではないからである。例えば、使用権や収益権が抜けている。

これに対して、プーフェンドルフは、dominium というラテン語を次のように定義する。

PUFENDORF, *De jure naturae et gentium*, lib. 4., cap. 4., §. 2. [7]

[...] Est porro proprietas seu dominium ius, quo alicuius rei velut substantia ita ad aliquem pertinet, ut eodem modo in solidum non pertineat ad alium hominem.

[...] さらに、proprietas すなわち dominium は権利であり、この権利によって、ある物の実体が、全体として同じ仕方では別の人には帰属しないという風に、ある人に帰属する。

Sunt enim dominium et proprietas nobis unum et idem. Etsi aliqui proprietatem ius ab usufructu seiunctum et separatum dicant; dominium vero, si ei ususfructus coniunctus sit; quod discrimen ta-

というのも、dominium および proprietas は、私にはひとつの同じものだからである。たとえある人々が、proprietas とは用益権から区別されて分離された権利であり、他方で dominium とは用益権と結び付い

men non perpetuo observatur. [...]	たものであると述べているとしても、しかしこの基準は、いつまでも墨守されるものではない。[...]

プーフェンドルフは、dominiumを、ある物の実体をある人に排他的に帰属させる権利と定義する。つまり、所有権とは、ある物に対する法的な帰属関係のうち、排他性を持つものを言う。

そして、プーフェンドルフによれば、このように定義されたdominiumというラテン語は、proprietasというラテン語と同義である。この同一視は、グロチウスの理解に反している。というのも、グロチウスによれば、proprietasはdominiumの一部であって、全部ではないからである。

ところで、グロチウスの所有権概念は、ローマ普通法学におけるdominiumとproprietasとの区別に由来していた。すると、プーフェンドルフは、グロチウスのdominium-proprietas理解に反対しているのみならず、それを通じてローマ普通法学にも反対していることになる。おそらく、プーフェンドルフがこの一節で「いつまでも墨守されるものではない」(non perpetuo observatur) と述べているのは、ローマ普通法の権威を否定する趣旨であろう。

■「本来の所有権」(dominium directum) の定義　さて、dominiumすなわちproprietasは、いわゆる今日的な意味での所有権を意味しているのであろうか。一見すると、このdominiumの抽象的な定義は、いわゆる近代的所有権の定義と一致しているように思われる。しかし、実際にはそうではない。次の箇所が、そのことを示している。

PUFENDORF, *De jure naturae et gentium*, lib. 4., cap. 4., §. 2.[8]

Caeterum ea est vis dominii, ut de rebus, quae tanquam propriae ad	さらに、次のこともdominiumの力である。それは、自分の物として私

nos pertinent, pro arbitrio nostro disponere, et ab earundem usu quosvis alios arcere possimus; nisi per pacta ius singulare a nobis sibi quaesiverint; utque adeo dum nostrae sunt, eodem modo alterius in solidum esse nequeant. *Eodem modo* inquam; nam et nihil impedit, et usitatissimum est, eandem rem pro diversis habendi modis ad diversos spectare. Sic in eundem fundum civitas dominium habet eminens, dominus fundi directum, emphyteuta utile. Additur quoque *in solidum*. Nam et plures eandem rem eodem habendi modo tenere possunt, non tamen in solidum, sed pro rata quisque parte.

たちに帰属している物を私たちの任意に処分して、そしてその物の使用から他の人々を排除することができる権利である。但し、その他の人々が、約束によって個別の権利を私たちから獲得したときは、この限りでない。そしてそれゆえに、その物が私たちの物である限り、全体として同じ仕方で他人の物になることはできない。同じ仕方で、と私が言うのは、同じ物が、持つということの多様性に応じて様々な人々に帰属することは、妨げられておらず、またとても頻繁に行われているからである。例えば、同じ土地に共同体は「優越的な所有権」(dominium eminens) を有しており、土地の［私的］所有者は「本来の所有権」(dominium directum) を有しており、抵当権者は「準所有権」(dominium utile) を有している。全体として、という言葉も付け加えられる。なぜなら、多くの人々が同じ物を同じ持ち方で保持することは可能であるが、しかし彼らが全体を同じ持ち方で保持することは不可能であり、誰であれ一定の割合を保持しなければならないからである。

プーフェンドルフはここで、ある物がある人に「同じ仕方で」(eodem modo) 帰属しないとはどのような意味かを説明している。物を「持つ」(habere) 方法は多様であるけれども、ある物があるひとつの方法で帰属しているときに、それと同じ方法で他人がその物を持つことのできない状態を、「同じ仕方で」帰属しないと呼ぶ。そして、この多様な持ち方の中には、所有者が所有物を持つことだけでなく、共同体が私的所有よりも優越する権利で持つことも、抵当権者が抵当物を持つことも含まれている。したがって、プーフェンドルフの抽象的定義は、いわゆる所有権と一致していない。むしろ、プーフェンドルフの dominium 概念は、その定義の通り、物の排他的な帰属関係全般であり、任意に「処分」(disponere) して排他的に「使用」(uti) する権利である。したがって、今回のテーマにおいては、プーフェンドルフが「本来の所有権」(dominium directum) と呼ぶものを念頭に置かねばならない。

本来の所有権とは、ローマ普通法学から取られた用語である。

ANTONIUS, *Vocabularium Iuris Utriusque*, ad dominium directum [9]

Dominium directum secundum Azonem in Sum. de iure emphyt. circa fi. dicitur habere ille qui possidet ciuiliter tanquam dominus, et illud dicitur dominium directum, quia solus dominus directus habet ciuilem possessionem: vt not. in. l. iii. §. ex contrario. ff. de acquiren. posses. Vel ideo dicitur habere dominium directum: quia sine omni alia obligatione liberam potestatem habet rei, qualiter non est in illo qui

本来の所有権を持っていると言われるのは、アゾーの *Summa* ad 4.66, n. 13. に従えば、所有者として市民法上の占有を行う人である。そして、これが本来の所有権と言われるのは、本来の所有者だけが市民法上の占有を行うからである。これは、D 41.2.3.5 においてよく知られている通りである。すなわち、この所有権が本来的であると言われるのは、彼がその他の義務を何ら負わずに、物に対する自由な権限を有している

habet dominium vtile vel mixtum.

からである。準所有権や混合所有権を持っている人においては、そうではない。

アントニウスの辞書によれば、「本来の所有権」(dominium directum) とは、市民法上の所有者が物を自主占有する場合であり、その物に対する自由な権限を意味する。

以下では、特に断りがない限り、dominium と言えば「本来の所有権」(dominium directum) を念頭に置いているものとする。

■所有権には他人の物にする権利が含まれる　グロチウスは、「他人の物にする権利」(ius alienandi) を proprietas というラテン語で表現し、「所有権」(dominium) から区別していた。プーフェンドルフは、proprietas と dominium を同義語として理解しているので、グロチウスの用語法はここに当てはまらない。そこで、プーフェンドルフのもとにおける「他人の物にする権利」(ius alienandi) の位置付けが問題になる。

PUFENDORF, *De jure naturae et gentium*, lib. 4., cap. 9., §. 1.[10]

Videndum deinceps erit de *modis adquirendi derivativis,* quibus dominium iam constitutum ab uno in alterum transit. Quos antequam peculiariter enarremus, quaedam super translatione dominii in genere praemittere conveniens fuerit. Ut igitur quis rem suam possit alienrare, seu in alterum transferre, id ipsum ex dominii pleni natura

次に、承継取得の方法について見るべきであろう。この方法によって、既に定まっている所有権が、一方から相手方に移転する。私たちは、あらかじめ特にこれらの方法を論じておいたのであり、そのうちのいくつかについては、所有権の移転総論において前置きしておくのが適切であった。したがって、ある人が自分の物を他人の物にすることができる

resultat. Cum enim hoc domino det facultatem de re pro arbitrio disponendi, utique vel praecipua eius facultatis pars videtur, si ita placeat eam in alterum posse transferre; ut hac ratione vel magis idoneam sibi rem liceat comparare, vel saltem occasio sit beneficio alterum sibi obligandi.

こと、すなわち相手方に譲渡できること、このことは、完全な所有権の自然本性から帰結する。というのも、所有権は所有者に、物を任意に「処分」(disponere) する権能を与えているので、相手方に譲渡することによってもっと自分に相応しい物を手に入れることができるようにするために、あるいは少なくとも恩恵的に他人を自分に義務付ける機会を得るために、気に入った形でその物を他人に譲渡することができるならば、それは確かに、所有者の権能の際立った部分であると考えられるからである。

プーフェンドルフも、「他人の物にする権利」(ius alienandi) を「所有権」(dominium) に含ませている。しかし、グロチウスとは異なって、proprietas とは言い換えていない。そもそも、プーフェンドルフは dominium=proprietas という定式化を採用したのであるから、dominium の権利の一部を proprietas という語で言い表すことはできなかった。全体が部分を指してしまうことになるからである。彼はその代わりに、「処分」(disponere) という言葉を採用した。この処分という概念のなかに、譲渡することが含まれている。したがって、グロチウスとプーフェンドルフは、dominium と proprietas の用語法については意見を違えているけれども、所有権に譲渡権が含まれるということについては、意見が一致している。

2　承継的な所有権移転の一般規則

■所有権は所有者と譲受人の合意を必要とする　プーフェンドルフの所有権概念を見たので、その移転論へ移ろう。ボワソナードは、所有者と譲受人との「譲渡の合意」（convention de donner）によって所有権の移転が起こると述べており、グロチウスは、所有者の「与える意思」（voluntas dandi）の表示と譲受人の「受け取る意思」（voluntas acceptandi）の表示とによって所有権移転が起こると述べた。

では、プーフェンドルフの所有権移転論は、どのようなものであろうか。彼は、所有権の移転のためには、所有者と譲受人の「合意」（consensus）が必要であると説く。

PUFENDORF, *De jure naturae et gentium*, lib. 4., cap. 9., §. 2.[11]

Caeterum uti in translatione iurium atque rerum duae interveniunt personae; quae transfert, et in quam ista transferuntur: ita in illis adquirendi modis, qui ex vi dominii promanant, duarum voluntatum velut concursus requiritur, dantis nimirum et accipientis. [...]

さらに、権利と物の移転においては2人の人すなわち譲渡する人と譲渡される人とがいるように、所有権の力から生じる取得の方法においては、2つの「意思」（voluntas）によるいわゆる「合意」（consensus）が要求される。すなわち、与える人と受け取る人の合意である。[...]

ここで注目されるのは、グロチウスが避けていた「合意」（consensus）というラテン語を、プーフェンドルフが用いていることである。グロチウスは、与える意思と受け取る意思という2つの要件を挙げたが、これを「合意」（consensus）とは呼ばなかった。ここに、プーフェンドルフがグロチウスの理論を一歩進めた点を見て取ることができる。

ところで、グロチウスは、与える意思と受け取る意思があるだけでは足らず、それを外部に表示しなければならないと説いた。プーフェンドルフも、この要件を導入する。

PUFENDORF, *De jure naturae et gentium*, lib. 4., cap. 9., §. 3.[12]

Porro cum alienationes utroque volente debeant fieri, et vero societati humanae sit incongruum, solis actibus internis tribuere vim producendi iura, quae adversus alios homines effectum sunt habitura: ideo requiritur in utroque tam dante, quam accipiente, ut consensum suum idoneis signis declarat, quo caeteris de ea liquido constare queat. Qualia signa sunt nutus, gestus, vox, scriptum. Quibus alicubi accedit professio apud magistratum, relatio in acta, et similia.

さらに、譲渡は、これを欲する両当事者によって行われねばならず、しかも、単なる内的な行為に、他人に対する効果を持つであろう法権利を生じさせる力を付与することは、人間の社会に相応しくないので、それゆえに、与える側にも受け取る側にも、自分の合意を適切な徴によって表示することが求められる。これによって、他の人々も、この件〔＝譲渡〕についてはっきりと知ることができる。このような徴としては、相槌、身振り、言葉、書面が挙げられる。ある場所では、さらに政務官の面前での宣言や記録帳への記入やそれに類するものも加わる。

ここでは、「合意」（consensus）の表示が所有権移転の要件とされており、その表示は、言葉だけでなく、相槌、身振り、書面などでもよいとされている。注意しなければならないのは、「引渡」（traditio）が挙げられていないということである。なるほど、引渡は、「身振り」や「それに類するもの」に含まれていると解釈することができるかもしれない。しかし、この解釈は、他の箇所と整合的でない。なぜなら、プーフェンドルフは、この表示の問題とは別に引渡を扱っており[13]、さらに売買における引渡を合意の表示とは明らかに見ていない箇所があるからである[14]。後者については後の節で扱うことにし、以下では前者について論じることとする。

プーフェンドルフは、自説から入ることはせずに、既存の3つの見解を先に紹介する。以下、順に見ていく。

（1） 1番目の見解

■所有権は「約束」（pactum）のみによって移転する　1番目は、次のような見解である。

PUFENDORF, *De jure naturae et gentium*, lib. 4., ca.p 9., §. 5.[15]

Verum illud potissimum heic solet disceptari; an non iure naturali ad translationem dominii requiratur traditio? Nam id iam ab aliis notatum, non recte traditionem referri inter modos adquirendi dominii, cum sit actus in transferendo dominio interveniens. Grotius l. 2. c. 8. §. 25. et alibi arbitratur, etiam solis pactis iure naturali dominium posse transferri: traditionem autem duntaxat requiri iure civili positivo, quod quia a multis gentibus receptum est, improprie ius gentium vocatur. [...]

ところで、ここではとりわけ次のことが論じられる慣わしになっている。自然法上、所有権の移転に引渡は要求されるか、と。なぜなら、今やある人々によって、次のように指摘されたからである。引渡を所有権の取得方法に数え入れることは正しくない、なぜなら引渡は所有権を移転するときに介在する事実行為だからである、と。グロチウスは、『戦争と平和の法』第2巻第8章第25節およびその他の箇所で、次のように判断している。自然法上は、「約束」（pactum）のみによっても所有権は移転されうるのであり、他方で引渡は、実定的な市民法によって要求されているだけなのだが、この市

民法は多くの民族によって採用されたので、非本来的な意味で万民法と呼ばれている、と。[...]

プーフェンドルフは、所有権の移転に「引渡」(traditio) が必要かと問う。そして、最初にグロチウスの見解を紹介する。それゆえに、1番目の見解は、近世自然法論の中でもグロチウスに代表される見解ということになろう。

けれども、これは、プーフェンドルフのグロチウス解釈であることに注意しなければならない。なるほど、グロチウスは、所有者の与える意思の表示と受け取る意思の表示とによって所有権が移転すると説いた。これは、引渡を要件としない所有権の移転である。しかし、これをプーフェンドルフは、「約束」(pactum) のみによる所有権の移転と言い換えている。pactum というラテン語は、グロチウスが用いていないだけでなく、むしろ慎重に避けたものである。なぜなら、グロチウスの自然法論において、pactum は義務負担行為を意味するのだが、義務負担行為による所有権の移転は、彼自身の手で明確に否定されているからである。

そこで、プーフェンドルフがグロチウスの所有権移転論を pactum による移転論と理解したのは、適切か否かが問題となる。以下、この論点を念頭に置きながら、プーフェンドルフの pactum 概念を見て行く。

そもそも、ここで言われている pactum とは何であろうか。プーフェンドルフは、次の箇所でこれを定義している。

PUFENDORF, *De jure naturae et gentium*, lib. 3., cap. 5., §. 1. [16]

Dispiciendum iam ulterius est, qua ratione obligationes, quae homini non sunt congenitae, deinceps eidem suo aliquo actu proveniant.

今からさらに、次のことが研究されるべきである。人間にとって生来的ではなく、自己の何らかの行為によって後から人間に生じる義務と

Quo ipso et in aliis enascitur ius aliquod, quo antea ipsi deficiebantur. Ita enim isthaec duo se mutuo consequuntur, ut quando in uno oritur obligatio, in alio ius eidem respondens enascatur; cum intelligi non possit, me obligari ad quid praestandum, nisi existat, qui illud exigere aut saltem a me rite acceptare queat. 〈Etsi non semper vice versa, ubi ius est in uno, in altero statim est obligatio, v. g. in imperantibus est ius ad exigendam poenam, sed non est obligatio in reo. [...]〉

は、どのようなものか。そして、まさにこの行為によって、それ以前には無かった何らかの権利が、他の人々に生じる。というのは、一方に義務が生じるときは相手方にそれに対応する権利が生じるように、権利と義務が２つ並んで生じるからである。なぜなら、あることを私だけに正当に請求するかあるいは私から正当に受領することができる人がいないにもかかわらず、私がそれを給付するように義務付けられることは、考えられないからである。〈しかしながら、反対は常にそうではない。すなわち、権利が誰かに属するときは、他人に即座に義務がある、ということにはならない。例えば、支配者には罰を実行する権利があるけれども、しかし被告人に義務はない。[...]〉。

Provenire igitur obligationes adventitias constat ex actu μονοπλεύρῳ, vel διπλεύρῳ, quorum ille promissio gratuita, hic pactum est.

したがって、次のことが分かる。人工的な義務が生じるのは、一方の行為によってであるか、あるいは双方の行為によってである。これらのうち、前者は「無償の約務」（promissio guratuita）であり、後者は「約束」（pactum）である。

PUFENDORF, *De officio hominis et civis*, lib. 1., cap. 9., §. 5.[17]	
Fidem damus vel *per actum solitarium* seu μονοπλευρον, vel *per actum reciprocum* seu διπλευρον. Quandoque enim unus se duntaxat ad quid praestandum obstringit; quandoque autem duo pluresve mutuo se ad quid praestandum obligant. Prior actus vocatur *promissum gratuitum*, posterior *pactum*.	私たちは信義を一方の行為を通じてすなわち一方のみから与えるか、あるいはお互いの行為を通じてすなわち双方から与える。例えば、一方のみが何かを給付するように拘束されるときと、2人あるいはそれ以上の人々がお互いに何かを給付するように義務付け合うときがある。前者の行為は「無償の約務」（promissum gratuitum）と呼ばれ、後者の行為は「約束」（pactum）と呼ばれる。

プーフェンドルフの定義によれば、pactumとは、2人以上の人間が何かを与えるように義務付け合うことを意味する[18]。ここで注意が必要なのは、「お互いに義務付け合う」（mutuo se obligant）という表現である。この表現は、一見すると、一方のみが義務付けられる取引、例えば「使用貸借」（commodatum）はpactumではない、という帰結をもたらすようにみえる。しかし、後述するように、一方のみが義務付けられる取引も、pactumの一種であると解されている。したがって、「お互いに」（mutuo se）という表現は、双務性を意味しない。本稿では、このような理由から、プーフェンドルフのpactumを単に「約束」と訳す。

そして、このようなpactumの定義から、次のことが分かる。プーフェンドルフは、約束のみによる所有権移転が1番目の見解であると述べた。そして、その代表者として、グロチウスの名前を挙げた。しかし、グロチウスは、pactumという概念を使って所有権移転を説明していない。それどころか、グロチウスは、義務付けることとその履行とを区別して、単なる約束では所有権は移転しないと説いていた。約束とは、義務を負担することであり、それを履行することではないからである。それゆえに、グロチウスの見解を約束による所有権移転と呼ぶのは、適切でないことになる。

では、なぜプーフェンドルフは、グロチウスの所有権移転論を誤って解釈したのであろうか。筆者の考えによれば、この誤解は、グロチウスの contractus 概念とプーフェンドルフのそれとの違いに由来している。これについては、後の節で論じる。

（2） 2番目の見解

■所有権移転には引渡が必要である　所有権は約束のみによっては移転せず、引渡が必要だというのが、2番目の見解である。

PUFENDORF, *De jure naturae et gentium*, lib. 4., cap. 9., §. 5.[19]

[…] Contra interpretes iuris Romani tradunt; solis pactis dominia rerum non transferri, etiamsi id in eo negotio expresse geratur, sed utique traditionem requiri. Eius rei hanc rationem putant, quod dominia a naturali possessione coeperint, adeoque etiam in illis transferendis requiratur talis actus, per quem statim naturalis possessio rei possit adprehendi. […]

[…] 反対に、ローマ法の解釈者たちは、次のように論じる。約束のみによって物の所有権が移転することはなく、たとえこのことがその取引において明示的に提案されたとしてもそうであり、いかなる場合においても引渡が要求される、と。彼らは、そのことの理由を、次のように考える。所有権は自然な占有から始まり、またそれゆえにこれを移転するにあたっても、即座に物の自然な占有を獲得させる行為が要求されるからである、と。[…]

ここで、プーフェンドルフは、「ローマ法」（ius Romanum）とは言わずに、「ローマ法の解釈者たち」（interpretes iuris Romani）と述べている。この解釈者たちが誰なのかは、明記されていない。しかし、プーフェンドルフは別の箇所で、人文主義法学の大家ジャック・クジャース（Jacques CUJAS, 1520-1590年）の名前を挙げている[20]。ここでは、クジャースの dominium 移転論を概観し、引渡を所有権移転の要件としていることを確認しておこう。

C 2.3.20（Imperatores Diocletianus, Maximianus, a. 293.）

Traditionibus et usucapionibus dominia rerum, non nudis pactis transferuntur.

引渡と usucapio によって物の所有権は移転され、裸の pactum によっては移転されない。

CUJACIUS ad C 2.3.20 [21]

[...] *Traditionibus*, inquit, *et usucapionibus dominia rerum, non nudis pactis transferuntur.* traditionibus scilicet iure naturali, usucapionibus iure civili: traditionibus si res tradita sit a domino ex iusta causa acquirendi dominii: nam si qui tradit non est dominus, non potest dominium quod non habet transferre, et nulla traditio cui non adest iusta causa, dominium transferre potest. Ita traditionibus dominia transferuntur si tradat dominus ex iusta causa acquirendi dominii: [...]

[...]「引渡と usucapio によって物の所有権は移転され、裸の pactum によっては移転されない」と言われる。すなわち、引渡によってというのは、自然法によってということであり、usucapio によってというのは、市民法によってということである。「引渡によって」とは、物が所有者によって、所有権を取得させる正当原因にもとづいて引渡されたときを言う。なぜなら、引渡を行う人が所有者でないならば、彼が持っていない所有権を移転することはできないからである。また、正当原因を伴わないいかなる引渡も、所有権を移転させることはできないからであ

> る。それゆえに、所有権が引渡によって移転するのは、所有者が所有権を取得する正当原因にもとづいて引渡すときを言う。[...]

クジャースは、所有権移転の要件には3つあると述べる。すなわち、①譲渡人が所有者であること、②目的物を引渡すこと、そして、③その引渡が正当原因にもとづいていることである。ここで引渡が挙げられていることから、プーフェンドルフが2番目に紹介したのは、ローマ普通法学の解釈であることが分かる[22]。

■プーフェンドルフは自主占有の移転一般を引渡と呼んでいる　しかし、これでもなお、プーフェンドルフの説明には、ひとつの疑問が残る。プーフェンドルフによれば、ローマ法は、所有権の移転において常に引渡を要求する。ところが、上で見たように、グロチウスは、ローマ法上も一定の事案においては引渡が必要ないと解釈していた。したがって、グロチウスの説明とプーフェンドルフの説明との間には、一見すると矛盾があるように思われる。

では、このような矛盾が、実際に存在するのであろうか。これを判断するためには、グロチウスの引渡概念とプーフェンドルフのそれとを比較してみなければならない。

まず、グロチウスは、引渡を、特定の譲受人を意識しながらその人へ物を空間的に移動させることと定義した。この定義は、引渡の観念化を全く行っていない。すると、所有権移転に引渡は必要ないとグロチウスが述べるとき、それは、所有権の移転において物を空間的に移動させる必要はないという意味である。例えば、使用借人が目的物を買い直した場合も、引渡はないことになる。

これに対して、プーフェドルフは、次のように引渡を説明する。

PUFENDORF, *De jure naturae et gentium*, lib. .4., cap. 9., §. 9.[23]

Observandum praeterea, *traditionem* esse vel *veram,* vel *fictam,* quae vel longa manu vel brevi manu fieri dicitur, ad inutiles ambages vitandas. Et haec potissimum intercedit, quando alicui rei meae proprietatem donatione assigno, usufructu ad certum tempus retento. Vid. l. 28. C. *de donat.* Etsi in nonnullis eiusmodi donationibus hodie claves a donante alteri soleant tradi, quas hic statim in istius manus iterum resignat. Item, quando rem meam, quam alter iam possidet, ipsius propriam deinceps esse volo. l. 21. §. 1. D. de *A. R. D.* Aut quando rem commodatam, locatam, aut depositam postea tibi vendiderim, donaverim, aut dotis nomine dederim. l. 9. §. 5. D. d. t. Ficta quoque traditio inter tres personas intercedit per delegationem, puta si quis mihi dare velit, vel debeat, et ego id ipsum alteri dare iubeam. Id enim perinde est, ac si res mihi primum foret data, ac abs me postea tertio tradita. [...]

さらに、次のことも考察されるべきである。引渡には、「真の引渡」（traditio vera）と「擬制的な引渡」（traditio ficta）がある。擬制的な引渡は、「長手の引渡」（traditio longa manu）および「短手の引渡」（traditio brevi manu）によって起こると言われており、これは、無意味な回り道を避けるためである。また、擬制的な引渡は、とりわけ次のときにも起こる。それは、ある人に私の物の所有権を贈与によって与えて、一定の期間、私が用益権を留保したときである。C 8.53.28 を見よ。たとえこのような贈与においては大抵、今日では鍵が贈与者から相手方に引渡される慣わしになっており、この鍵を相手方はここでは即座に贈与者の手に戻すとしても、そうである。他人が既に私の物を占有しており、それがそのままその人の物になるように私が欲するときも、同じである（D 41.1.21）。あるいは、使用貸借された物、賃貸借された物あるいは寄託された物をその後で私が君に売ったとき、贈与したときあるいは嫁資の名目で与えたときも、そうである（D 41.1.9.5）。擬制的な引渡は、指図によって三当事者間でも起こる。例えば、ある人が私に与えることを欲するか、あるいは与える義務を負っており、そして私がこれを第三者に与えるように命じるときである。というのは、それによって、あたかも最初に私に与え、そして私によってその後で第三者に引渡されたかのようになるからである。[...]

プーフェンドルフによれば、「引渡」（traditio）という言葉は、物が所有者から譲受人へ空間的に移動することだけでなく、その他の様々な事態にも名付けられる。したがって、グロチウスとプーフェンドルフの引渡理解は、根本的に異なっているのである。以下、プーフェンドルフの引渡概念が、基本的にローマ普通法学に依拠していることを確認しておこう。

■真の引渡とは、動産が手から手へ移動することあるいは不動産に立ち入ることである　まず、プーフェンドルフは「引渡」（traditio）を、「真の引渡」（traditio vera）と「擬制的な引渡」（traditio ficta）に大別している。前者から見て行くことにしよう。もっとも、プーフェンドルフ自身は、これを詳細に説明していない。そこで、プーフェンドルフの少し後の世代になるが、traditio を極めて体系的に整理したザミュエル・シュトリュク（Samuel STRYK, 1640–1710 年）の *Specimen usus moderni Pandectarum*（1690 年）を参照する。

STYRK, *Specimen usus moderni Pandectarum*, ad D 41.1, §. 31.[24]

Quod si itaque recensita illa requisi-　　したがって、もしこれらの挙げられ

ta concurrant, et res mobiles de manu in manum dentur, in res immobiles autem quis inducatur, tunc vera vocatur traditio, quippe quae per actum naturalem cuilibet rei convenientem perficitur. [...]

た要件を伴い、そして動産が手から手へ与えられるならば、他方で不動産に誰かが入るならば、そのときは、真の引渡と呼ばれる。なぜなら、この真の引渡は、物を誰かに帰する自然な行為によって完成されるからである。[...]

「真の引渡」（traditio vera）とは、動産が譲渡人の手から譲受人の手へ空間的に移動すること、あるいは、譲受人が不動産へ立ち入ることを意味する[25]。前者は、グロチウスが使っている引渡の用法に近い。

■擬制的な引渡には様々な場合がある　次に、プーフェンドルフは、「擬制的な引渡」（traditio ficta）を[26]、「長手の引渡」（traditio longa manu）、「短手の引渡」（traditio brevi manu）およびその他の雑多な類型に分類している。

ここでも、シュトリュクの説明が参考になる。

STRYK, *Specimen usus moderni Pandectarum*, ad D 41.1, §. 32.[27]

Verae traditioni ficta opponitur, quando nec de manu in manum datio in mobilibus, nec inductio in immobilibus intervenit, utrumque tamen intervenisse fingitur. Fictio haec iterum diversi est generis. Aliquando enim traditio *longa manu*, aliquando *brevi*, aliquando denique *interveniente symbolo* perfici solet!

真の引渡に対置されるのは、擬制的な引渡である。これは、動産の場合は手から手へ与えられることなく、また不動産の場合は立ち入ることなく、しかしどちらもあったと擬制されるときを言う。このような擬制は、さらに様々な類に分けられる。というのは、例えばあるときは長手の引渡が為され、あるときは短手の

[...]

引渡が為され、最後に象徴的な引渡が為される慣わしになっているからである！［...］

シュトリュクは、擬制的な引渡には3種類あると述べる。すなわち、①長手の引渡、②短手の引渡、③象徴的な引渡である。しかし、彼は、短手の引渡の箇所で占有改定をさらに区別するので、擬制的な引渡は、実際には4種類である。以下、シュトリュクの論述の順番に沿って見ていく。

■長手の引渡

STRYK, *Specimen usus moderni Pandectarum*, ad D 41.1, §. 32. [28]

[...] Longa manu res traditur, quando illa oculis demonstratur, ubi nihil interest, utrum res tradenda in propinquo an vero in loco aliquantisper remoto constituta sit, nec non utrum de mobili an immobili re transferenda agatur. Eleganter Celsus *in* l. 18. §. 2. *ff. de adquir. vel amitt. posse. si venditorem,* inquit, *quod emerim, deponere in mea domo iusserim: possidere me certum est: quamquam id nemo tum attigerit. Aut si vicinum mihi fundum mercato venditor in mea turre demonstret vacuamque se possessionem tradere dicat: non minus possi-*

物の長手の引渡が行われるのは、その物が視覚的に示されたときである。その引渡されるべき物がすぐそばにあったのか、それともとても遠いところにあったのかは、関係ない。また、動産の移転について行われたのかそれとも不動産の移転について行われたのかも、関係ない。ケルススは、見事に次のように述べている（D 41.2.18.2)。「もし私が、私が買った物を売主が私の家に置くように命じたならば、私がそれを自主占有していることは確かである。たとえ誰もそのときこれに触れなくとも、そうである。あるいは、もし隣りの土地を計量しているときに、売

dere coepi, quam si pedem finibus intulissem. Praecipue etiam huc pertinet *l. 79. ff. de solut.* ubi Javolenus ita: *pecuniam, quam mihi debes, aut aliam rem, si in conspectu meo ponere te iubeam: efficitur, ut et tu statim libereris, et mea esse incipiat. Nam tum quod a nullo corporaliter eius rei possessio detineretur, acquisita mihi et quodammodo manu longa tradita existimanda est,* add. *l. 1. §. 21. ff. de acquir. vel amitt. poss.*

主が私の塔からそれを示して、そして自分は安全な自主占有を引渡すと述べたならば、同じように私は自主占有を開始する。たとえ私が境界線に足を踏み入れなくとも、そうである」。明らかに、D 46.3.79 もこれと関係している。そこでは、ヤウォレーヌスが次のように述べる。「君が私に対して負っている金銭を、あるいは他の物を、もし君が私の視界に入るところへ置くように私が命じたならば、君は即座に解放されて、その物は私の物になる、という効果が生じる。なぜなら、その物の自主占有が誰からも体素によって持たれていない以上、その自主占有は私に獲得されて、そしてあたかも「長い手によって」（longa manu）引渡されたかのように評価されるべきだからである。D 41.2.1.21 以下も付け加えておく」。

「長手の引渡」（traditio longa manu）とは、物が手渡されるのではなく、譲受人の視界のうちに置かれるときを言う。グロチウスはこのような引渡を挙げていなかったが、プーフェンドルフはこれも引渡の一種であると言う。

■短手の引渡

STRYK, *Specimen usus moderni Pandectarum*, ad D 41.1, §. 33.[29]

Per *brevem manum* traditio fit, quando mutuae traditiones, quae ad dominium transferendum stricto iure necessariae erant, intervenisse finguntur, circuitus vitandi causa, et iuxta notum dicterium: quod fieri potest per pauca, non debet fieri per plura, v. *l. 43. § 1. ff. de iur. dot.* Pertinet huc exemplum ex §. 43. *j. de r. d.* ubi res, *quae ex titulo ad transferendum dominium inhabili antea apud te existebat, tibi nunc ex titulo habili relinquitur,* ita, ut tu mihi illam non restituas, nec ego postea eandem tibi de novo tradam, veluti, si rem, quam tibi aliquis commodaverit, aut locaverit, aut apud te deposuerit, postea aut vendiderit, aut donaverit, aut dotis nomine dederit, eo ipso enim, quod alter patitur tuam esse, statim tibi acquiritur proprietas, perinde ac si eo nomine tibi tradita fuisset. [...]

「短い手を通じて」（per brevem manum）引渡が起こるのは、厳正法によれば所有権移転のために必要とされる再度の引渡が、迂遠さを避けるために、あったと擬制されるときである。そして、これは、次のような有名な金言とも結び付いている。すなわち、より少ない事柄で為しうることをより多くの事柄で為してはならない。D 23.3.43.1 を見よ。これには、Inst Iust 2.1.43〔44〕の例が属する。そこでは、所有権を移転するには適さない権原にもとづいてそれまでは君のところにあった物が、今は適した権原にもとづいて君の手元にある。すると、次のようになる。君は私にこの物を返還すべきではなく、また私もその後でその物を君に再び引渡すべきでもない。例えば、もし君に使用貸借ないし賃貸借されているか、あるいは君のところに寄託されている物を、その後で〔所有者が〕売るか、贈与するか、あるいは嫁資を理由として与えたときである。というのは、君の物になっていることを相手方が受忍したというまさにそのことによって、即座に君に所有権が取得され、そしてこのため、あたかもそれを理由として君に引渡されたかのようになるからである。[...]

「短手の引渡」(traditio brevi manu）とは、物が最初から譲受人の手元にあるときを言う。但し、物が譲受人のもとにあった理由が重要であり、所有権の取得を目的としない権原、例えば使用貸借、賃貸借、寄託などでなければならない。シュトリュクは、このような場合に再受領する手間をかけるべきではないと説く[30]。

ところで、プーフェンドルフは、他にも「擬制的な引渡」(traditio ficta)があると言う。例えば、贈与者が用役権を留保してひき続き物を使用収益するときも、引渡がある。これはどのように理解すればよいのであろうか。おそらく、これは、シュトリュクが「占有改定」(constitutum possessorium)と呼ぶものに当たる。

STRYK, *Specimen usus moderni Pandectarum*, ad D 41.1, §. 33.[31]

[...] Interdum e contrario res, *quae ex titulo dominii ante apud te existebat, tibi nunc relinquitur titulo ad transferendum domninium inhabili*, v. g. Si venditor, aut donator, rem venditam, aut donatam, a venditore et donatore conduxerit, v. *l. 77. ff. de i. v. l. 18. pr. ff. de acquir. possess.* Vocatur hoc a dd. *constitu-*

[...] 時として、その反対に、所有権の権原にもとづいて君のところにあった物が、今は所有権を移転させるのに適さない権原にもとづいて残されていることがある。例えば、売主や贈与者が、売られた物をあるいは贈与された物を買主や受贈者から賃借りするときである。D 6.1.77 と D 41.2.18 pr を見よ。これは、博士

tum possessorium, cuius usus praecipuus etiam in materia mutui et constitutae propterea hypothecae deprehenditur, quoniam illud, in casu, si debitor in mora est, civilem et naturalem possessionem bonorum debitoris in creditorem transfert, *Mevius p. 5. decis. 352.*

たちによって、占有改定と呼ばれる。占有改定の顕著な有用さは、消費貸借とそのために設定された抵当という素材においても見出される。なぜなら、もし債務者が遅滞に陥ったならば、債務者の財産の市民的な占有と自然な占有が、債権者に移転するからである（メヴィウスの第5部第352決定）。

シュトリュクによれば、「占有改定」（constitutum possessorium）とは、所有権にもとづいて物を持っていた人が、自主占有の取得に適さない権原にもとづいて所持を継続することを言う。ここでも、新しい所持者には、何らかの権原があることが要求されている。

■象徴的な引渡　さらにもうひとつ、譲渡人が鍵を相手方に渡すことも、擬制的な引渡である。シュトリュクは、これを「象徴的な引渡」（traditio symbolica）に数え入れている。

STRYK, *Specimen usus moderni Pandectarum*, ad D 41.1, §. 34.[32]

Interdum quoque traditio per symbola expeditur, v. g. per traditionem clavium, *l. 74. ff. de contrah. empt.*

時には、象徴を通じて引渡が起こることもある。例えば、鍵の引渡を通じて（D 18.1.74）。

鍵の引渡とは具体的にどのような場合を言うのか。シュトリュクが挙げている D 18.1.74 を簡単に見ておこう。

D 18.1.74（Papinianus 1 def.）

Clavibus traditis ita mercium in horreis conditarum possessio tradita videtur, si claves apud horrea traditae sint: quo facto confestim emptor dominium et possessionem adipiscitur, etsi non aperuerit horrea: quod si venditoris merces non fuerunt, usucapio confestim inchoabitur.	鍵が引渡されることによって、とは、倉庫の鍵が引渡されたときに、倉庫に収められていた商品の自主占有が引渡されたと見られるときを言う。この行為によって、確定的に買主は、所有権と自主占有を得る。たとえ彼が倉庫に立ち入らなかったとしても、そうである。しかし、もし商品が売主の物でなかったならば、使用取得が確定的に始まる。

ここでは、次のような事案が扱われている。倉庫の中の商品を買った人が、売主から倉庫の鍵を引渡された。しかし、買主自身は、まだ倉庫の中に立ち入っていない。ここで、パピニアーヌスは、2つの場合分けをする。ひとつは、売主が商品の所有権を持っていた場合、もうひとつは、売主が商品の所有権を持っていなかった場合である。

パピニアーヌスによれば、前者の場合は、買主が商品の自主占有および所有権を取得し、後者の場合は、鍵が引渡された時点で「使用取得」（usucapio）が始まる。ここでは、鍵の引渡が、商品の引渡を代替している。つまり、象徴的な引渡とは、目的物それ自体の代わりに、何かその象徴となる物を引渡すことである。

以上のように、プーフェンドルフの引渡概念は、グロチウスが物の空間的移動という自然な考え方を採用したのに対して、ローマ普通法学に従った技巧的なものであることが分かる。つまり、引渡はローマ普通法において常に要件であるというプーフェンドルフの主張は、「真の引渡」（traditio vera）かあるいは「擬制的な引渡」（traditio ficta）が必要であるということを意味している。これはシュトリュクも否定していない[33]。したがって、プーフェンドルフは、ローマ普通法学の所有権移転を正しく把握している。

他方で、グロチウスは、特定の譲受人を意識しながらその人に物を空間的に移動させることを引渡と呼んでいる。彼は、ローマ普通法において引渡が常に必要とされているわけではないと述べたが、これは、擬制的な引渡を否定しているわけではない。それゆえに、プーフェンドルフと矛盾しているわけでもない。グロチウスの主張は、ローマ法において真の引渡は必ずしも必要ないというものであり、ローマ法における引渡は真の引渡に限られないと説くプーフェンドルフの理解と整合的である。

■プーフェンドルフは自主占有を possessio と呼ぶ　以上の説明から明らかなように、プーフェンドルフにおける引渡は物の空間的な移動ではなく「占有」(possessio) の移転一般を意味するので、引渡が必要か否かという問題は、自主占有の移転は必要か否かという問題に帰着する。そこで、以下では、プーフェンドルフの占有論を概観する。

まず、プーフェンドルフは、次の箇所で占有を定義している。

PUFENDORF, *De jure naturae et gentium*, lib. 4., cap. 9., §. 7.[34]

Per possessionem ergo intelligimus non quamvis rei detentionem, qualem v. g. custos, administrator, commodatarius, aut usufructuarius circa rem alienam habet; sed talem, quae coniuncta est cum adfectione, et animo sibi habendi. [...]

そこで、私は、占有という言葉で、物の所持を、例えば保管者、管理人、使用借人あるいは用益権者が他人の物を持っている場合を念頭に置くのではなく、自己のために持つという感情および心素と結び付いた占有を念頭に置く。[...]

プーフェンドルフによれば、「占有」(possessio) は、自己のために持つという「感情」(affectio) および「心」(animus) によって基礎付けられる。したがって、自主占有に限定される。

■自主占有には自然な占有と市民的な占有がある　この「自主占有」(possessio) は、プーフェンドルフによれば、その「様態」(modus) と「形式」(forma) に応じて、2類4種に区別される。様態とは、どのように占有しているか、であり、形式とは、どのような根拠で占有しているか、である。

PUFENDORF, *De jure naturae et gentium*, lib. 4., cap. 9., §. 7.[35]

[...] Eam dividunt in *naturalem* et *civilem*; quae divisio iterum accipitur vel de modo possidendi seu detinendi, vel de ipsa forma possessionis. [...]

[...] 人々は、この占有を、自然な占有と市民的な占有とに区別している。この区別は、さらに、自主占有ないし所持の様態に鑑みて理解されることもあれば、自主占有の形式そのものに鑑みて理解されることもある。[...]

プーフェンドルフによれば、自主占有は、「自然な占有」(possessio naturalis) と、「市民的な占有」(possessio civilis) とに区別される。そして、それぞれについて、さらに2通りの下位区分がある。ひとつは、自主占有の「様態」(modus) に鑑みて区分するときであり、もうひとつは、その「形式」(forma) に鑑みて区分するときである。

まず、様態（どのように占有しているか）に鑑みた区分を見る。

PUFENDORF, *De jure naturae et gentium*, lib. 4., cap. 9., §. 7.[36]

[...] Priori modo naturalis possessio dicitur, quando non animo solum, sed et corpore velut, ipsoque actu insistimus rei a nobis semel adprehensae. Civilis autem possessio hoc

[...] 前者の仕方に鑑みて自然な占有と言われるのは、私たちが、心素によってのみならずいわば体素によっても、そして現実に、私たちによって一旦把握された物に関わりを

sensu animo duntaxat retinetur, quando quis eadem corpore iam excidit. Scilicet quia lex civilis compendia illa, quae possessionem sequuntur, certis in casibus etiam illis adhuc indulget, qui corporali possessione, aut detentione rei suae exciderunt. [...]

持っているときである。他方で、この意味で市民的な占有と言われるのは、心素だけで持たれており、ある人がこれを体から既に離してしまっているときである。すなわち、市民法は、自主占有に繋がる抜け道を、一定の諸事例において認めており、そして、体素による自主占有すなわち自己の物の所持を失っている人々にまで認めている。[...]

「様態」(modus) に鑑みたときの「自然な占有」(possessio naturalis) とは、人が、心素と体素によって、現実に物と関わっているときである。つまり、人が、ある物を自分の物として現に所持しているときである。どのように自主占有しているかという問いに対して、「私はこの物を自分の物として現に所持している」と答えることは、確かに最も「自然な」(naturalis) 回答であろう。

他方で、様態に鑑みたときの「市民的な占有」(possessio civilis) とは、自主占有する意思はあるのだが、物を実際には所持していないときである。例えば、他人に貸しているとき、あるいは、寄託しているときが考えられよう。

次に、形式（どのような根拠で占有しているか）に鑑みた自主占有の分類を見よう。

PUFENDORF, *De jure naturae et gentium*, lib. 4., cap. 9., §. 7.[37]

[...] Posteriori modo naturalis possessio est, ubi animus quidem et affectus rem sibi habendi adest,

[...] 後者の仕方で自然な占有となるのは、なるほど物を自己のために持つ心素および感情はあるのだが、

citra tamen iustam persuasionem dominii, ex legitimo titulo conceptam. Civilis autem possessio et affectum et probabilem affectus causam obtinet; quae ipsa regulariter intelligitur, ubi in legibus civilibus aliquis possessioni favor tribuitur. Vid. Polybius l. 12. c. 7. [...]

しかし所有権の、合法的な権原から生じた正当な根拠付けはない場合である。他方で、市民的な占有は、[自主占有の] 感情とこの感情の根拠となる原因を伴っている。市民法において何らかの占有に優先が与えられているときは、原則的にまさにこの原因が念頭に置かれている。ポリュビウスの第12巻第7章を見よ。[...]

「形式」(forma) に鑑みたときの「自然な占有」(possessio naturalis) とは、自主占有の意思はあるけれども、その自主占有を正当化する根拠がないときである。プーフェンドルフは具体例を挙げていないが、例えば盗人が挙げられよう。なぜなら、なるほど盗人は自主占有しているのだが、しかし自分は所有者であると適法に言うことができないからである。

他方で、形式に鑑みたときの「市民的な占有」(possessio civilis) とは、自主占有の意思があり、かつ、その自主占有が正当化されるときである。例えば、所有者の自主占有は、その代表的なものであろう。

したがって、自主占有の「様態」(modus) とは、自主占有者が空間的・接触的に物を占有しているか否かであり、自主占有の「形式」(forma) とは、自主占有者が自己の占有を正当化できるか否かである[38]。

■プーフェンドルフの分類はローマ普通法学からヒントを得ている　プーフェンドルフは、なぜこのような2通りの分類を列挙したのであろうか。彼は明らかに、これらの分類のヒントを、ローマ普通法学から得ている。以下、このことを確認する。

まず、様態に鑑みた分類が、ローマ普通法学におけるアゾー説と一致することを確認しよう。アゾー（Azo, ??? −1220/1230年頃）は、自然な占有と市民的な占有とを区別するにあたって、次のように考えた[39]。

Azo ad C 7.32, n. 15.[40]

† Et nota quod sive aliquis sit in re: sive non sit in re rem tantum videat nihilominus dicitur possidere naturaliter: nam et naturalem acquirit propter visum: ut ff. eod. l. quod meo. §. si venditorem: ergo multomagis retinet. Civiliter autem dicitur possidere quis cum nec est in re nec res est in conspectu: et ita secundum hoc non videtur quod eodem tempore possideat quis civiliter et naturaliter: quod et Albericus dicebat et civilem possessionem improprie poni dicebat quia non est vera possessio: sed ficta vel interpretativa vel dic unaturalem esse possessionem in partibus in quibus insisto: vel video. P. autem dicebat: non ideo amitti naturalem: quia res non est in conspectu sed certe secundum haec non esset civilis sine naturali item plures haberent naturalem secundum hoc: quia ingressus fundum habet naturalem secundum

†次のこともよく知られている。物の中にいる人であれ物の中にいない人であれ、その物を見ている限り、全く同様に自然な占有をしていると言われる。なぜなら、視覚によっても自然な占有を獲得するからである（D 41.2.18.2）。したがって、所持していることはなおさら言うまでもない。他方で、市民的に占有していると言われるのは、物の中になくまた物が視認されていないにもかかわらず占有している人である。そして、このような理由で、ある人が市民的な占有をしてかつ同時に自然な占有をしているとは考えられない。アルベリクスもそのように言っており、そして彼が言うには、市民的な占有は非本来的な意味で占有と呼ばれる。なぜなら、それは真の占有ではなく、擬制的な占有であるか解釈上の占有であり、自然な占有とは、私がいるか見ているところの部分にあると言わねばならない。しかし、マルティヌスは、次のように述べた。

eum: et dominus niholominus: sic ergo plures quod tamen ipse negavit Aldericus alias dicens naturaliter duos in solidum possidere non pose: sed civiliter.

自然な占有は、そのようなことでは失われない、と。なぜなら、物は視界から消えているが、しかし少なくともそのようなことで自然な占有を伴わない市民的な占有が生じることはないはずだから。そして、多くの人々が、次のような理由でこれを自然な占有と解した。なぜなら、マルティヌスによれば土地に侵入した人は自然な占有を持っており、所有者はなおさらである、と。かくして、これが多数説なのだが、しかしまさにアルデリクスはこれを否定している。彼は、次のように言う。2人の人間が全体を自然に占有するということはありえず、それは市民的な占有である、と。

アゾーは、次のような事案を念頭に置いている。土地Fの所有者Aは、その土地から出て、それが見えなくなるところまで出かけた。そして、Aが留守の間に、BがFに入って来た。AとBのそれぞれの占有は、どのようになっているか。

アゾーによれば、土地FがAの視界から消えた時点で、Aは「市民的な占有」(possessio civilis)のみを有するようになる。なぜなら、アゾーが言う市民的な占有とは、ある人が「心素」(animus)のみによって物を自主占有している場合だからである[41]。心素のみとは、占有者が「物の中におらず」(non esse in re)、かつ「その物を見ていない」(rem non videre)ときを指す。

他方で、この土地に侵入したBは、「自然な占有」(possessio naturalis)のみを獲得する。なぜなら、アゾーが言う自然な占有とは、ある人が物の中にいるかあるいはその物を見ているときだからである。アルベリクスも[42]、そのように述べているとされる。

ところで、とアゾーは言う。マルティヌスによれば、所有者が物を視界から外しただけでは、自然な占有は失われない。そして、多くの人々がマルティヌスの見解に賛成した。彼らが言うには、侵入者に自然な占有が認められるならば、所有者にはなおさら認められるべきだからである。けれども、アゾーは、アルデリクスを引き合いに出して[43]、複数人が同一物の全体を同時に「自然な占有」(possessio naturalis)によって占有することはできないと主張する[44]。

すると、以上のようなアゾー=アルベリクス=アルデリクス説によれば、心素と体素の両方によって行われるものが「自然な占有」(possessio naturalis)であり、心素のみによって行われるものが「市民的な占有」(possessio civilis)である。

そして、この分類は、プーフェンドルフにおける「様態」(modus)に鑑みた自然な占有と市民的な占有との区別と一致している。なぜなら、プーフェンドルフにおいても、土地から離れた自主占有者は市民的な占有のみを維持し、土地の中にいる自主占有者は自然な占有のみを獲得するからである。したがって、様態に鑑みた区別とは、ローマ普通法学の中でも、アゾーの見解について述べたものである。一点、曖昧な点があるとすれば、アゾーは「視界」(conspectus)を接触に含めているが、プーフェンドルフはこれについて何も語っていないことであろう。

次に、形式に鑑みた分類が、バシアヌスの見解と一致することを確認しよう[45]。バシアヌスの見解については、アックルシウスの伝承からしか手がかりを掴むことができない[46]。それは、次の箇所である[47]。

Glossa ad D 41.2.3.5から再現されるヨアン・バシアヌスの占有論[48]

[...] Sed Ioannes dixit creditorem omnino possidere, et non debitorem: ut supra. l. prima §. per servum corporaliter. Item mulierem nullo modo, nisi quod ad vitandam satisdationem. ut debitor: ut et supra qui satisdare cogantur. l. sciendum. §. creditor. et quo ad commodum: quo etiam respectu dicitur domina: ut. C. de iure dotium. l. in rebus. Item feudatarium et emphyteutam. [...] dixit Ioannes nullam civilem habere, sed naturalem tantum. et dominus tam civilem quam naturalem retinet, etiam si ad nundinas eas. quod patet: quia datur ei interdictum unde vi, si reversi non admittantur: ut infra de vi et vi ar. l. 1. §. hoc interdictum. et l. 3. §. unde vi. civilem autem solus dominus habet: cum duo etiam civiliter in solidum non possideant secundum eum. [...] dic ergo secundum Ioannem duos in solidum non possidere civiliter et naturaliter: neqeu naturaliter tantum: neque civiliter tantum: neque ambo iuste: neque ambo iniuste:

[...] しかし、ヨアンネス・バシアヌスは、次のように述べた。[市民的に] 占有しているのは全くもって質権者であり、[質権を設定した] 債務者ではない、と（D 41.2.1.15）。同じく、妻もいかなる方法によっても [市民的には] 占有していない。但し、債務者として [訴訟上の] 担保の提供を避ける方法は除く（D 2.8.15.3）。そして、使用貸借についても、また家母に鑑みてもそう言われる（C 5.12.30 pr）。封臣および抵当権者もそうである。[...] バシアヌスが言うには、彼らは市民的な占有を有しておらず、自然な占有だけを持つ。そして、所有者は、自然な占有と市民的な占有を同時に持つ。たとえ君が市場へ行くとしても、そうである。このことは、次のことから明らかである。すなわち、もし戻って来た人々が追い出されるならば、所有者には不動産占有回復の特示命令が与えられるからである（43.16.1.3; D 43.16.3.; D 43.16.3.13）。しかも、所有者のみが市民的な占有を行う。なぜなら、バシアヌスに従えば、2人の人間が目的物全体を市民

neque unus iuste, alter iniuste. ut hic, et infra de preca. l. duo. in prin. sed unus civiliter: alter naturaliter: sicut fructuarius et proprietarius. Item dominus et casallus. Item dominus et emphyteuta. Item vadens ad nundinas et ingrediens. [...] Sed quis si ille, qui habet naturalem tantum, ut vasallus et similes alii, det in feudum vel in emphyteusi: an habeat postea civilem? Respondeo secundum Ioannem naturalem transferre.

的に占有することはできないからである。[...] したがって、バシアヌスに倣って次のように言いなさい。2人の人間が一緒に、自然な占有と市民的な占有を同時に行うことはなく、また彼らが一緒に自然な占有のみを行うこともなく、また、市民的な占有のみを行うこともなく、また、同時に法権利にもとづいていたり同時に法権利にもとづかなかったりすることもなく、一方が法権利にもとづいて他方が法権利にもとづかないこともない。以上は、この法文およびD 43.26.19 prの通りである。むしろ、一人が市民的な占有を行い、他方が自然な占有を行う。用益権者と所有権者のように。また、主人と封臣のように。また、所有者と抵当権者のように。また、仕事に行っている人と侵入者のように。[...] では、もし市民的な占有のみを持っている人が封土を与えたり抵当に入れたりするならば、彼はその後で市民的な占有を持つのだろうか。私はバシアヌスに従って、自然な占有が移転すると答える。

バシアヌスは、ここで、「市民的な占有」(possessio civilis) が認められるのは、所有権を持っている人だけであると述べる[49]。それ以外の自主占有者は、「自然な占有」(possessio naturalis) しか有していない。また、この自然な占有と市民的な占有が競合することもないので、これらを同時に持っている人という者もいない[50]。なぜなら、所有権を持ちながら持っていない、ということはできないからである。

そして、バシアヌスが所有権の有無すなわち自主占有の正当化根拠の有無を分類の基準にしているので、これはプーフェンドルフの「形式」(forma) に鑑みた自主占有の分類と一致している。というのも、形式に鑑みた場合、自然な占有とは、自己の自主占有を正当化できないとき、すなわち所有権を持っていないにもかかわらず自主占有をしているときであり、他方で、市民的な占有とは、自己の自主占有を正当化できるとき、すなわち所有権を持っているときだからである。

したがって、所有権移転に関する2番目の見解、つまり、所有権移転には引渡が必要であるという見解は、引渡の定義から自主占有の分類まで、全てローマ普通法学に従っている。

(3) 3番目の見解

■所有権の移転に引渡は必要ないが、その行使のためには必要である　3番目の見解は、1番目の見解と2番目の見解との折衷説である。プーフェンドルフは、次のように紹介する。

PUFENDORF, *De jure naturae et gentium*, lib. 4., cap. 9., §. 5.[51]

[...] Alii mediam viam heic ingrediuntur, et uti negant, iure naturali necessariam esse traditionem; ita eandem rationi congruere asserunt: quippe cum dominium in re exerceri nequeat, nisi eam mihi corpora-

[...] ある人々は、ここで中間の道を歩いている。そして、一方で自然法上は引渡が必要であることを否定するが、他方でこの引渡は次のような理と結び付いていると主張する。すなわち、所有権は、物において、

liter velut adplicuerim; id quod non nisi per traditionem, et adprehensionem fiat.

私が体素によっていわば私のそばへ置いているとき、すなわち他でもない引渡によって私が把握したときでなければ、行使不可能である、と。

この見解によれば、自然法上、所有権の移転に引渡は必要ない。しかし、所有権行使のためには要求される。というのも、私は、私が占有していない物について所有権を行使することができないからである。

プーフェンドルフは、この見解の主張者を名指ししていない。けれども、グロチウスに代表される（とプーフェンドルフが誤解しているところの）1番目の見解と、ローマ普通法学に代表される2番目の見解との折衷的な学説であるから、グロチウス以後に発案されたものと考えることできる。そこで、筆者は、グロチウスの著名な註釈者たちの文献を確認した。すると、プーフェンドルフと同時期に活躍していたヨーハン・アダム・オシアンダー（Johann Adam OSIANDER, 1622-1697年）が、この見解を主張していたことが明らかになった。オシアンダーが最初の提唱者であったか否かは詳らかでないが、本稿では、彼の主張を簡単に見ておく。

OSIANDER, *Observationes maximam partem theologicae*, ad lib. 2., cap. 6., §. 1.[52]

[…] De jure itaque naturali loquendo potius ita statuendum est, ut non necessaria sit traditio ad alienationem, interim tamen habet sese traditio (1) per modum requisiti utilis, et quandoque necessarii, quia per traditionem occurritur incertitudini dominiorum, quae multarum litium est seminarium. (2)

[…] したがって、自然法についてはむしろ、他人の物にするために引渡は必要とされないと定められるべきである。しかしそれにもかかわらず、引渡は、（1）有用な要件の方式であり、そして時としては必要不可欠な要件の方式である。なぜなら、引渡によって、紛争の種になる所有権の不確実性が除去されるからであ

habet se per modum conditionis convenissimae ad usum dominii et necessariae, quia sicut ut possim re aliqua uti naturaliter, requiritur in me vis utendi, et praeterea in re conveniens applicatio, sic etiam ut possim re aliqua moraliter uti tanquam Dominus illius, requiritur ex parte mea aliquod jus per contractum aliquem vel similem modum, et praeterea ex parte rei debita applicatio, quae fit per traditionem vel apprehensionem. [...]

る。⑵ 引渡は、所有権の行使にとって最も相応しい条件の方式であり、また必要不可欠な条件の方式でもある。なぜなら、私がある物を自然に使用するためには、私の側には使用する力が要求され、さらに物の側にはそれに相応しい適用が要求されるように、私がある物をその物の所有者としてモラル的に使用するためには、私の側からは契約あるいはそれに類するものを通じた何らかの権利が要求され、さらに物の側からは然るべき適用が要求されるからである。この適用は、引渡あるいは把握から生じる。[...]

オシアンダーによれば、引渡は自然法上、所有権の移転のためには必要でないが、紛争を回避するために、あるいは物を自然にもしくはモラル的に使用するためには必要であるとされる。なるほど、ある物の所有権を取得しても、その自主占有を獲得しなければ、使用することはできない。この点において、オシアンダーの解説は納得のいくものである。

さて、プーフェンドルフは、これらの見解のいずれに与するのであろうか。結論を先に言えば、彼は、3番目の折衷説に近い見解を採った。以下、このことを確認する。

■所有権は、自主占有から切り離されるときと結び付くときがある　まず、プーフェンドルフは、所有権と自主占有を分離することから始める。

PUFENDORF, *De jure naturae et gentium*, lib. 4., cap. 9., §. 6.[53]

Nobis videtur rem liquido posse expediri, si observetur dominium posse considerari, vel prout notat qualitatem mere moralem, secundum quam res ad aliquem pertinere, ipsiusque dispositioni subiecta esse debere intelligitur: vel prout etiam adiunctum habet aliquid facultatis physicae, ut quae circa eandem nobis placuerint, statim in effectum possimus deducere. Vel quod eodem recidit, dominium quandoque consideratur, prout praescindit a possessione: aliquando velut cum eadem coniunctum intelligitur; quae est ultimum quasi complementum proprietatis, et qua posita plene isthaec effectus suos directos exserit. Quo loco non inconveniens erit, super possessione in genere aliqua heic adducere.

私には、この問題は次のように正確に説明されうると思われる。所有権は、一方で、ある物を誰かに帰属させる純粋にモラル的な性質を意味しており、そしてその人の処分に従属すべきであると考えられることもできる。他方で、所有権は、何らかの物理的な権能と結び付いており、その結果、この権能について私の気に入ったことを即座に実現することができると理解されることもできる。つまり、言い換えるならば、所有権は、あるときは占有から切り離されたものとして考察されるが、あるときは占有と結び付いたものとして理解される。この占有は、所有権の最終的な完成形のようなものであり、そしてこの占有が確立されることによって所有権のあの直接的な効果が十分に発揮されるのである。この箇所で、占有一般について付記して置くのも悪くないであろう。

プーフェンドルフによれば、所有権は、自主占有から切り離されて考察される場合と、それに結び付けて考察される場合とがある。前者の場合、所有権は、自主占有と無関係に移転する。後者の場合、自主占有の移転も必要である。自主占有と切り離された所有権は、物の法的な帰属関係を示すものに過ぎない。この観念化された所有権は、所有者の処分に従う。これに対して、自主占有と結び付いた所有権は、その物が現に使用収益可能であることを意味する。

■占有から分離された所有権は約束のみによって移転する　所有権を占有から分離したあとで、プーフェンドルフは次のように推論する。

PUFENDORF, *De jure naturae et gentium*, lib. 4., cap. 9., §. 8.[54]

Hisce positis adparet, omnino per sola pacta transire posse dominium, prout id consideratur nude tanquam qualitas moralis, et prout abstrahit a possessione: verum prout illud etiam aliquid physicae facultatis intelligitur continere, per quam statim actu exerceri queat, praeter pacta etiam traditionem requiri. Id quod non ex iure positivo, sed ex ipsa naturali ratione fluit. [...]

以上で定められたことから、次のことが明らかになる。所有権は、もしそれが単なるモラル的な性質として扱われ、かつ占有から分離されるならば、全くもって約束のみで移転することができる。反対に、もし所有権が、何らかの物理的な権能をも含むと解され、その権能を通じて所有権が即座に現に行使されることができるならば、約束の他に引渡も要求される。このことは、実定法からではなく自然な理から帰結する。[...]

プーフェンドルフは、「約束」（pactum）のみによって所有権が移転しうると説く。但し、そこで言われる所有権は、事実的支配とは無関係な、法的帰属関係を示すものに過ぎない。このような法的帰属関係は、約束のみによって変動する。これに対して、事実的支配としての所有権は、自主占有を必要とする。したがって、「引渡」（traditio）を受けなければならない。

なお、ここでは現実の使用収益が問題になっているので、プーフェンドルフが言う引渡とは、譲受人が使用収益できる形の引渡でなければならない。

どの種類の引渡が必要かは述べていないが、「真の引渡」(traditio vera) と「短手の引渡」(traditio brevi manu) は、譲受人の手元に物があるので、条件を十分に満たしている。反対に、「長手の引渡」(traditio longa manu) や「占有改定」(constitutum possessorium) については、若干の疑問が残る。

■引渡が行われる前の所有権移転が不完全なわけではない　このように、プーフェンドルフは、自主占有を伴わない所有権と自主占有を伴う所有権とを区別して、前者は約束のみによって移転すると説いた。では、引渡が行われるまでは、前所有者に、何らかの権利が残るのであろうか。言い換えれば、自主占有の移転を伴わない所有権移転は、不完全な移転なのであろうか。

プーフェンドルフは、このような不完全性を否定している。

PUFENDORF, *De jure naturae et gentium*, lib. 4., cap. 9., §. 8.[55]

[...] Neque tamen propterea admitti necessum est, alienanti ante traditionem dominium aliquod imperfectum superesse: nisi dominium valde ἀκύρως velis vocare meram facultatem physicam super re aliqua de facto disponendi citra facultatem moralem. Nam post pactum completum, seu post ius pacto in alterum translatum, res statim ad alterum pertinere, et alterius gratia esse incipit; et alienans nullum circa eandem actum legitime potest exercere, nisi qui faciat ad possessionem

[...] しかし、だからと言って、君が余りにも極端に、何らかの物に関する事実上の処分を行うモラル的な権能を伴わない純粋に物理的な権能を所有権と呼ばない限り、引渡が終わる前は譲渡人に何らかの不完全な所有権が残っていることが認められるわけではない。なぜなら、約束が完成した後では、すなわち約束によって権利が相手方に移転された後では、物は即座に相手方に帰属し始めており、そして相手方のために存在し始めているからである。そして、譲渡人は、その物についていか

alteri tradendam. [...]	なる行為も合法的に行うことができない。但し、相手方へ占有を引渡すために行うことは除く。[...]

所有権は完全に移転するか移転しないかの二者択一であり、不完全な所有権移転が起こることはない。それゆえに、自主占有を伴う所有権と伴わない所有権との区別は、2種類の所有権があるということではないし、また、所有権には2つの部分があって別々に移転するということでもない。

■モラル的な性質とは人間の精神が物に付す性質である　ところで、以上の説明については、すぐに次のような疑問が思い浮かぶ。プーフェンドルフの説は、法的帰属関係としての「所有権」（dominium）について見れば、それが「約束」（pactum）のみによって変動すると述べているので、1番目の説と変わらないのではないか、と。また、次のような疑問も思い浮かぶ。自主占有と切り離された所有権の移転は、自主占有の移転を必要としない、という主張は、自主占有と無関係な所有権は自主占有と無関係であるという、単なるトートロジーではないか、と。実際、トマジウスは、このような区別には意味がないと考えた[56]。

しかし、プーフェンドルフは、そのような浅慮から所有権移転論を構築したわけではない。彼の所有権移転論においては、「モラル的存在」（entia moralia）という概念が、重要な役割を果たしている。プーフェンドルフの自然法論におけるモラル的存在と所有制度との関係については、桜井論文［82］が詳しい紹介を行っている。桜井論文［82］によれば、プーフェンドルフにおける私的所有とは、「人間と物との自然的関係ではなく、人間相互間の『合意』により初めてその規範的効果を発揮する人為的『制度』にほかならない」[57]。その論拠として、次の箇所を挙げられている。

PUFENDORF, *De jure naturae et gentium*, lib. 4., cap. 4., §. 1.[58]

[...] De quo antequam agamus praemittendum est; proprietatem et communionem esse qualitates morales, quae ipsas res non physice et intrinsece afficiant, sed effectum duntaxat moralem producant in ordine ad alios homines: easque qualitates, uti reliquae eius generis, incunabula sua ad impositionem referre. Unde inepte quaeritur; utrum proprietas rerum sit a natura, an vero ex instituto? Nam manifestum est, eandem provenire ab impositione hominum; ac sive accedat rebus proprietas, sive detrahatur, physicam earundem substantiam nihil mutationis sentire.

[...] これについて私たちが論じる前に、次のことが前置きされるべきである。所有も共有する権利も、モラル的な性質である。これらの性質は、物それ自体に物理的な影響を及ぼしたり内的な影響を及ぼしたりせず、他の人間たちとの関係において、モラル的な効果のみを生じさせる。そして、これらの性質は、この種の他の性質と同様に、その起源からして「割当」(impositio) に数え入れられる。それゆえに、物を私有する権利は自然によるものかそれとも制度によるものかと問うことは、無意味である。なぜなら、私有する権利が人間たちの割当から生じていることは明らかだからである。また、物に所有する権利が加わるのであれ物からそれが離れるのであれ、物の物理的な実体が変化を蒙ることはないからである。

プーフェンドルフによれば、「所有権」(proprietas = dominium) とは、「モラル的な性質」(qualitas moralis) の一種である。モラル的な性質は、目的物に物理的な影響を一切及ぼすことなく、他の人間との関係を規律する。そして、このモラル的な性質は、「割当」(impositio) と関係している。

まず、モラル的な存在とは何であるかを確認する。

PUFENDORF, *De jure naturae et gentium*, lib. 1., cap. 1., §. 3.[59]

Exinde commodissime videmur entia moralia posse definire, quod sint modi quidam, rebus aut motibus physicis superadditi ab entibus intelligentibus, ad dirigendam potissimum et temperandam libertatem actuum hominis voluntariorum, et ad ordinem aliquem ac decorem vitae humanae conciliandum.

ここからとてもうまく、モラル的な存在を定義することができると考えられる。すなわち、モラル的な存在とは、ある「様態」(modus) のことであり、知的な存在によって、物理的な物にあるいは運動に付け加えられたものである。これは、規律するためであり、とりわけ人間の意思活動の自由を調整するため、そして人間の生活に何らかの秩序および礼節を与えるためである。

Modos dicimus. Nam concinnius nobis videtur ens latissime dividere in substantiam et modum, quam in substantiam et accidens. Modus porro uti substantiae contradistinguitur; ita eo ipso satis patet, entia moralia non per se subsistere, sed in substantiis, earumque motibus fundari, ipsasque certa duntaxat ratione afficere. [...]

私たちは、様態であると言う。なぜなら、私には、広義の存在を実体と様態とに区別する方が、実体と偶有とに区別するよりも賢いと思われるからである。そして、様態は、実体から次のように区別される。すなわち、まさにこのことから十分に明らかであるように、モラル的な存在はそれ自体では実体としてあることがなく、実体および実体の運動の中に基礎付けられ、そして一定の推論によってのみ出現する。[...]

モラル的な存在とは、知性によって物や運動に付加された「様態」(modus) である。「様態」(modus) とは、「実体」(substantia) から区別される存在であり、理性によってしか認識されえないものである。性質もまた存在の一種であるから、モラル的な性質はモラル的な存在の一種であると解することができよう。

そして、このモラル的な存在を物や運動に付加する行為が、「割当」(impositio) である[60]。

PUFENDORF, *De jure naturae et gentium*, lib. 1., cap. 1., §. 4.[61]

Porro uti modus originarius producendi entia physica est creatio; ita modum, quo entia moralia producuntur, vix melius possis exprimere, quam per vocabulum *impositionis*. Scilicet quia illa non ex principiis intrinsecis substantiae rerum proveniunt, sed rebus iam existentibus et physice perfectis, eorundemque effectibus naturalibus sunt superaddita ex arbitrio entium intelligentium, adeoque unice per eorundem determinationem existentiam nanciscuntur. [...]

さらに、物理的な存在を作り出す原初的な方法が創造であるように、モラル的な存在を作り出す方法は、「割当」(impositio) という言葉以上にはおよそ上手く表現されえない。というのも、モラル的な存在は物の実体の内的な原理から生じるのではなく、既に実在しておりかつ物理的に完全な物およびその自然な効果に、知性的な存在の判断によって付け加えられたものであり、またそれゆえに知性的な存在者の境界付けのみによって実在するようになるからである。[...]

したがって、「割当」(impositio) とは、モラル的な存在を実体に付加する知性の働きであり、所有権も、割当によって物に付加された性質である[62]。

この割当の考え方が、プーフェンドルフの所有権移転論の根底にある。所有関係は、最初から人と物との間にあるわけではない。それどころか、モラル的性質である「所有権」(dominium) は、物理的実体に変更を加えないまま成立しうる。つまり、物が全く空間的に移動されなくとも、モラル的性質である所有権だけが発生したり消滅したりしうる。所有者と譲受人は、所有権移転にあたって物に触れる必要すらない。彼らは、何らかの実体を移転するのではなく、彼らの知性によって帰属関係を変更するだけである。

つまり、プーフェンドルフが所有権を自主占有から切り離すとき、彼は、所有権と自主占有は異なるという単純なことを述べているのではない。プーフェンドルフがここで主張しているのは、モラル的な存在である所有権がその実体と分離されるならば、当事者たちの知的活動のみでこれを変更することが可能であるという、哲学的洞察である。

第2節　売買と所有権移転との関係

1　売買の定義

まず、プーフェンドルフおいて「売買」（emptio venditio）とは何であるかを見る。この点、ボワソナードは「売買」（vente）を、債権取得行為としての「契約」（contrat）に分類した。そして、特定物売買においては、「所有権」（propriété）は契約の締結と同時に移転すると定めた。これは、債権取得行為が所有権移転の効果を持つという意味ではない。そうではなく、特定物売買においては、所有権移転に必要な「譲渡の合意」（convention de donner）が必ず内在しているという取引観である。他方で、グロチウスによれば、売買とは「あなたが与えるように私は与える」（do ut des）という交換的契約の一種であり、そこでは、売る「約務」（promissio）とその履行とが区別された。

プーフェンドルフは、これらの見解のいずれにも与せず、義務負担行為による所有権の移転という独創的アイデアを提出した。以下、このことを確認する。

■契約とは約束の一種である　まず、「売買」（emptio venditio）の定義を見る前に、プーフェンドルフにおける「契約」（contractus）概念を見ておこう。プーフェンドルフが契約を定義しているのは、次の箇所である。

PUFENDORF, *De jure naturae et gentium*, lib. 5., cap. 2., §. 1. [63]

Consequens est, ut videamus de contractibus, qui sine dominio rerum, earundemque pretio non intelliguntur. Ubi ab initio inquirendum in discrimen, quod esse putatur inter pacta simplicia, et contractus. [...]

続いて、私たちは「契約」（contractus）について見ていくことにしよう。この契約は、物の所有権およびその価格というものがなければ、理解されえない。ここでは、まず、「単純な約束」（simplex pactum）と契約との違いを研究すべきである。[...]

PUFENDORF, *De jure naturae et gentium*, lib. 5., cap. 2., §. 4. [64]

Nobis discrimen pactorum in specie, et contractuum ab obiecto potissimum petere placet; sic ut contractus vocentur, qui versantur circa res et actiones in commercium venientes, adeoque dominia et pretia rerum praesupponunt; quae circa alia ineuntur conventiones, communi pactorum nomine censeantur. [...]

私の気に入るのは、特殊な pactum と contractus との境界線をとりわけその対象に求めることである。すなわち、contractus と呼ばれるのは、取引に現れる物および行為に関わっており、またそれゆえに物の所有権および価格を前提とするものである。それ以外の事柄に関して合意することが、pactum という共通の名前で評価される。[...]

プーフェンドルフは、「契約」（contractus）と「単純な約束」（simplex pactum）との違いを、その対象の違いに求めている。すなわち、所有権あるいは価格と関係する義務負担行為が「契約」(contractus) であり、それ以外の義務負担行為が狭義における「約束」(pactum) である。そして、広義の約束とは、2人以上の人間の相互的な義務付けであるから、その下位類型である契約は[65]、2人以上の人間の相互的な義務付けのうち、対象が所有権あるいは価格に関するものに限られる。

そして、この定義から、「売買」(emptio venditio) は単純な約束ではなく、契約の一種であることが分かる。なぜなら、売買においては、所有権の移転と代金の支払が義務付けられるからである。

■売買は有償契約の一種である　プーフェンドルフは、契約の分類を多面的に行っている。その中で最も彼に気に入られているのは、「有償契約」(contractus onerosus) と「無償契約」(contractus beneficus) の区別である。プーフェンドルフは次の箇所で、この区別について説明している。

PUFENDORF, *De jure naturae et gentium*, lib. 5., cap. 2., §. 8. [66]

Nostro proposito cumprimis congruit distinctio contractuum in *beneficos,* et *onerosos*. Quorum illi alteri contrahentium parti gratis commodum quodpiam afferunt; uti est commodatum, mandatum, depositum. Hi autem utramque partem ad aequale onus adstringunt. Heic enim eo fine praestatur, aut datur aliquid, ut tantundem recipiatur. [...]

私たちの主張は、とりわけ、無償契約および有償契約という区別と調和する。これらのうち前者は、契約の当事者の一方に、何か利益をもたらす。使用貸借、委任および寄託が、そうである。他方で、後者は、両当事者を同等の負担へと拘束する。というのも、そこでは、何かが履行されるかあるいは与えられ、その結果、同等のものが受け取られるからである。[...]

PUFENDORF, *De jure naturae et gentium*, lib. 5., cap. 2., §. 9.[67]

Onerosi contractus ad quatuor haecce capita sat commode revocantur; *do ut des, facio ut facias, do ut facias, facio ut des*. Ubi vocabulum facio ita late sumitur, ut etiam comprehendat admissionem actus alieni. [...]

有償契約は、次のような4つの形態にうまく還元できる。すなわち、君が与えるように私は与える、君が為すように私は為す、君が為すように私は与える、君が与えるように私は為すである。私が為すという言葉を広義に解する場合は、他人の行為を管理することも含まれる。[...]

[...] Quando datur res pro pecunia, dicitur emtio venditio. [...]

[...] 金銭のために物が与えられるときは、売買と言われる。[...]

プーフェンドルフによれば、「無償契約」(contractus beneficus) とは、一方のみが給付するように義務付けられる場合を言い、「有償契約」(contractus onerosus) とは、双方が給付するように義務付けられる場合を言う。そして、後者の形態には、「君が与えるように私は与える」(do ut des)、「君が為すように私は為す」(facio ut facias)、「君が為すように私は与える」(do ut facias)、「君が与えるように私は為す」(facio ut des) の4通りがある。「売買」(emptio venditio) は、売主が目的物を与えて買主が金銭を与える契約であるから、「君が与えるように私は与える」という形態に属する。

2　売買と所有権移転との関係

■契約の瞬間に所有権が移転するとは、代金の支払について合意したときである　プーフェンドルフは、「約束」(pactum) のみによって所有権が移転すると述べた。約束とは、2人以上の人間が相互的に義務付け合うという意味であった。それゆえに、プーフェンドルフによれば、2人以上の人間が相互に義務付け合うことによって所有権が移転することになる。

ところで、「売買」(emptio venditio) も約束の一種である。なぜなら、売買においては、2人の人間が目的物と代金に関する約束によってお互いを義務付け合っているからである。したがって、売買契約のみによって所有権が移転することも可能なはずである。

そして、これを裏付けるのが、次の箇所である。

PUFENDORF, *Elementa jurisprudentiae universalis*, lib. 1., cap. 12., §. 56.[68]

[...] *Emtio venditio*, qua res pro aequalis pretii pecunia adquiritur aut commutatur. Circa quam notandum, plenum ius in rem transire in emtorem, obligationemque rem eandem tradendi in venditore incipere statim atque de pretio deque modo id solvendi fuit conventum, adeoque contractus plene est conclusus, sive arrha data sit, sive non. [...]

[...] 売買とは、物が、同じ価値の金銭によって取得ないし交換されることである。売買については次のことが注意される。代金およびその支払方法について合意され、そしてそれゆえに完全な契約が締結されるや否や、手付が与えられようとなかろうと、完全な「物権」(ius in rem) が買主へ移転して、そしてその物を引渡す義務が売主に発生する。[...]

売主と買主が代金およびその支払方法について合意すると同時に、「物権」(ius in rem) すなわち所有権は即座に買主へ移転する。売主は、所有権の移転義務ではなく引渡の義務のみを負う。言い換えれば、「売買」(emptio venditio) という「契約」(contractus) すなわち義務負担行為によって所有権が移転することになる。

プーフェンドルフのこの見解とグロチウスのそれとが異なることは、明らかである。というのも、グロチウスは、義務負担行為すなわち「約務」(promissio) によって所有権が移転することはないと考えていたからである。他方で、後世のボワソナードの売買観とも異なる。なぜなら、ボワソナードは、売買の合意によって所有権が移転すると述べたのではなく、「譲渡の合意」(convention de donner) によって所有権が移転すると述べたからである。売買の合意による所有権移転と譲渡の合意による所有権移転は、表現こそ似ているものの、同一ではない。というのも、売買の合意が約束なのに対して、譲渡の合意は所有権移転の履行だからである。

第3節　特定物動産の二重売り

1　二重売りにおいては常に第一買主が所有者となる

所有権移転に関するプーフェンドルフの学説をみたので、二重売りの問題へ話を進めよう。ここでもプーフェンドルフは、自説を開陳する前に、グロチウスとローマ法の解説から始めている。

(1)　プーフェンドルフのローマ法解釈

最初に説明されるのは、ローマ法における二重売りである。

PUFENDORF, *De jure naturae et gentium*, lib. 5., cap. 5., §. 5.[69]

[...] Quod si autem quis eandem rem duobus vendiderit, ubi eadem neutri adhuc erit tradita, sine dubio praevalebit emtor, qui prior contractum inivit. Nec minus, si priori iam res fuerit tradita. Ita tamen ut fraudulentus venditor posteriori praestet id, quod intereat, sibi vano contractu non fuisse illusum. Enimvero ubi traditio fuit facta illi,

さてしかし、もしある人が同じ物を2人の人に売るならば、その物がどちらにもまだ引渡されない間は、疑いなく、最初に契約に入った買主が優先すべきである。最初の買主が既に物の引渡を受けていたときも、同様である。とはいえ、騙した売主は、後から買った人に、この無意味な契約によって彼が騙されなかったときの利害を賠償することになる。

qui posterius contraxit, hunc quidem priori contrahenti praeferendum ex rationibus iuris civilis clarum est; quia rem ex iusto titulo a domino accepit. Ac priori isti contra hunc nulla competit actio, neque realis, quia nondum fuit dominus rei, neque personalis, quia nihil ipsi negotii cum isto intercessit. Sed nec venditori datur praetextus, ut rem ab eodem iterum revocet. Add l. 9. §. 4. D. *de publiciana in rem actione*. [...]

反対に、後から契約した人に引渡が行われたならば、なるほど、市民法の理によれば、後から契約した人が先に契約した人に優先すべきであることは、はっきりしている。なぜなら、彼は正当な権原にもとづいて所有者から物を受領したからである。そして、［後から契約した人に対する］訴えは、先に契約した人には認められない。物権法上の訴えが認められないのは、先に契約した人は物の所有者にならなかったからである。債権法上の訴えが認められないのは、先に契約した人は後から契約した人と何ら関係を結んでいないからである。他方で、売主にも、後から契約した人から再び物を取戻すための言い訳が与えられない。D 6.2.4.9を加えておく。[...]

プーフェンドルフは、ローマ法上の二重売りには、3つのパターンがあると述べる。

1. 売主は、第一買主にも第二買主にも、目的物を引渡していない。
2. 売主は、第一買主に引渡した。
3. 売主は、第二買主に引渡した。

プーフェンドルフのローマ法解釈によれば、1の場合には先に買った人が優先されるべきであり、2と3の場合には、引渡を受けた買主が優先されるべきである。なぜなら、ローマ法上は、引渡が所有権移転の要件になっているからである。

プーフェンドルフは、自己のローマ法解釈を正当化するために、D 6.2.4.9を挙げている。しかし、この法文は、前述の3つの事例と直接的には関係がない[70]。むしろ、プーフェンドルフのローマ法解釈を補強するのは、次の箇所である[71]。

C 3.32.15 pr（Imperatores Diocletianus, Maximianus）

Quotiens duobus in solidum praedium iure distrahitur, manifesti iuris est eum, cui priori traditum est, in detinendo dominio esse potiorem.	2人の人に土地全体が権利にもとづいて処分されたときは、先に引渡された人に権利があり、所有権を留めておくのに勝っていることははっきりしている。

プーフェンドルフがなぜC 3.32.15 prではなくD 6.2.4.9を挙げたのかは、不明である。しかし、彼のローマ法解釈、すなわち先に引渡を受けた買主が勝つという解釈は、正しい。

（2） プーフェンドルフのグロチウス解釈

2番目に紹介されるのは、グロチウスの見解（とされるもの）である。グロチウスにおける二重売り論は、先に所有権の移転を受けた買主が勝つという単純なものであった。とはいえ、「与える意思」（voluntas dandi）の表示と「受け取る意思」（voluntas acceptandi）の表示とが、常に明示的に行われるわけではない。そこで、引渡などの、明らかに所有権移転を窺わせる行為があったときは、それを所有権移転の証拠と見ることができた。

ところが、プーフェンドルフは、グロチウスの見解を次のように解している。

PUFENDORF, *De jure naturae et gentium*, lib. 5., cap. 5., §. 5.[72]

[...] Grotius quoque d. l. §. 15. eundem priori hanc ob rationem praeferendum iudicat, quia per praesentem dominii translationem, seu traditionem a venditore omnis facultas moralis in rem abeat; id autem non fieri per promissionem de vendendo. Ubi nescio, an is satis sibi constet. Etquidem *promissio de vendendo* venditio non est. Ipse tamen d. l. asseruerat, dominii translationem fieri posse ipso contractus momento, etiam citra traditionem. [...]

[...] グロチウスも、『戦争と平和の法』第2巻第12章第15節において、次のような理由で、[後から契約して先に引渡を受けた人が] 先に契約した人に優先すべきであると判断している。なぜなら、所有権の現在形の移転すなわち引渡によって、売主から、物に対するあらゆるモラル的な権能が失われており、そしてこのことは売る約務をすることによっては起こらないからである、と。ここでグロチウスが首尾一貫しているのかどうかを、私は知らない。なるほど、売ることに関する約務は、売ることではない。しかし、グロチウス自身が、前掲書で、次のように主張した。所有権の移転は、引渡がなくとも、契約の力によって起こりえる、と。[...]

プーフェンドルフの理解によれば、グロチウスは、「引渡」(traditio) を受けた買主の方が優先すると説いた。そして、プーフェンドルフは、グロチウスの問題点を次の箇所に見出した。グロチウスは、「契約」(contractus) の瞬間に所有権が移転しうると述べたのであるから、先に契約に入った人すなわち第一買主が所有者になっていなければならず、引渡の先後で解決するのはおかしい、と。

けれども、この解釈は誤りである。プーフェンドルフの誤読の一因は、バルベイラックが指摘した通り、『戦争と平和の法』第2巻第12章第15節第2項の「引渡によって、あるいはその他の方法で」（sive per traditionem, sive aliter）という箇所を、「引渡によって」（per traditionem）と短縮して解釈したことである。つまり、グロチウスは、引渡であれ何であれ、与える意思の表示と受け取る意思の表示とを行った買主が所有者になると説いたのだが、プーフェンドルフは、このようなことが引渡によってしか起こらないと誤解した。

しかし、筆者の見解によれば、プーフェンドルフは、バルベイラックが言うような単純な読み間違いのみによって、前述の解釈に到達したのではない。彼のグロチウスに対する誤解は、両者の自然法体系のもっと根源的なところに由来している。グロチウスは、contractus というラテン語によって、義務負担行為を含む場合と含まない場合の両方を意味させた。そこでは、義務負担行為が全く行われない売買（現実売買）も、義務負担行為が行われる売買も、同様に contractus である。これに対して、プーフェンドルフは、contractus という言葉によって、義務負担行為のみを意味させた。なぜなら、contractus は「約束」（pactum）の下位類型であり、約束とは相互の義務付けだからである。現実売買のようなものは、contractus ではない。双方が即時に履行して、義務を負担しないからである。

すると、ここには、契約概念を巡る重大な意見の相違があることになる。おそらく、プーフェンドルフは、グロチウスの「契約の瞬間に所有権の移転がありうる」（ipso contractus momento, transferri dominium posse）と述べた箇所を、自己の契約概念に引きつけて、「約束」（pactum）のみによって所有権が移転しうると誤解した。このため、なぜ引渡が移転の優劣に影響を与えるのか、プーフェンドルフにとっては不可解だったのである。

おそらく、プーフェンドルフは、バルベイラックが指摘しているように、グロチウスの読解について、カスパル・チーグラー（Caspar ZIEGLER, 1621-1690年）の註釈から影響を受けている。チーグラーは、グロチウスにおける二重売り論を、次のように理解した。

ZIEGLER, *In Hugonis Grotii de jure belli ac pacis*, ad IBP 2.12.15 [73]

Sive per traditionem, sive aliter) At si ipso contractus momento transfertur dominium, quae est hypothesis Grotii, quorsum hic faciet traditio? Sic enim potius ex mente Grotii ex duabus venditionibus semper et ubique prior erit valitura, quippe per quam dominium jam est translatum.	「引渡によってであれその他の方法によってであれ」。しかし、契約の瞬間に所有権は移転しており、これがグロチウスの前提なのであるから、ここで引渡にいったい何の意味があるというのか。実際、グロチウスの考えによれば、2つの売りのうち常にそしていつでも、先に行われた方が有効になるはずである。なぜなら、所有権は既に移転しているのだから。

チーグラーによれば、「契約」（contractus）の瞬間に所有権が買主へ移転するので、第二買主が勝つ要素はどこにもない。しかし、ここでチーグラーは、ひとつの誤解をしている。それは、契約の瞬間に「所有権は移転することがありうる」（transferri dominium posse）とグロチウスが述べた箇所を、「移転される」（transfertur dominium）と断言している点である。グロチウスは、全ての場合において契約の瞬間に所有権が移転すると主張したのではない。

けれども、チーグラーの誤読に引きずられたプーフェンドルフは、契約の瞬間に所有権が移転するということを、無理にでも基礎付けようとした。そのために、「約束」（pactum）による所有権の移転を構想したのではないか、と筆者は推測する。なぜなら、義務負担行為によっても所有権は移転すると考える以外に、第一買主を必ず勝たせる理論構成は存在しないからである。

（3） プーフェンドルフの自説

プーフェンドルフは、ローマ法解釈とグロチウス解釈を終えた上で、彼の自説を次のように披露している。

PUFENDORF, *De jure naturae et gentium*, lib. 5., cap. 5., §. 5.[74]

［...］Ergo tali venditione celebrata nihil facultatis moralis circa eam rem remanet penes venditorem, quam quod tantummodo tendit ad curandum, ut res in manus emtoris perveniat. Et consequenter, si quos praeterea actus circa eandem rem venditor exercuerit, nullo iure nitentur, adeoque fraudi esse ei non potuerunt, qui prius ius in ea re quaesitum habuit. Quibus positis, valde dubium est, an favor possessionis contra ius traditae priori emtori semper nocere queat.［...］

［...］したがって、このような売りが行われることによって、その物に関する権能は売主の下に何も残っていない。但し、その物が買主の手に渡るように配慮することを目的とする事柄は別である。そして、ここから次のことが論理的に帰結する。もし売主が同じ物についてさらに他のことを行うならば、彼は法権利によっておらず、またそれゆえに売主の行為は、この物について設定された権利を先に取得した人に対して害となりえない。これらの主張されたことから、［第一買主の］引渡を要求する権利に対する［第二買主の］自主占有の優先が常に第一買主を害するかは、かなり疑わしい。［...］

プーフェンドルフは、グロチウスの所有権移転論は「約束」（pactum）による移転論であると考え、その誤り（と彼が感じた点）を修正した。「契約」（contractus）という義務負担行為によって所有権が移転する以上、先に契約に入った第一買主が常に優先するのであり、その後に行われた引渡はこれに影響を与えない。

2　非所有者から買った第二買主に対する保護の有無

このように、プーフェンドルフは、売買という契約すなわち義務負担行為の瞬間に所有権が移転するという考えを取った。この考えは、第二買主を危険な地位に立たせることになる。というのも、売主が既に他人と売買契約を結んだか否かは、第二買主にとって知り得ない事情だからである。グロチウスのように、「引渡」（traditio）に意思表示の優先性を与えるという方法も、プーフェンドルフによっては拒絶されている。

では、プーフェンドルフにおいて、第二買主はどのような保護を受けられるのであろうか。結論を先に言えば、プーフェンドルフは、第二買主の保護についてはおよそ無関心であり、この点について何ら救済方法を用意していない。以下、このことを確認する。

■非所有者から買った人はそれを所有者に返還しなければならない　グロチウスは、非所有者から買った人が直接的に所有権を取得することを否定していた。プーフェンドルフも、次の箇所でこれに従う。

PUFENDORF, *De jure naturae et gentium*, lib. 4., cap. 13., §. 13.[75]

VII. Possessor b. f. etiam oneroso titulo partam rem alienam tenetur restituere, nec ipsum dominum id, quod erogatum est, reposcere potest, sed illum duntaxat, abs quo eam rem accepit. Alias enim in irritum caderet ius vindicandi, si pretium foret refundendum. [...]

7. 善意で自主占有している人は、他人物が有償の権原によって取得されたとしても、それを返還する責任を負う。そして、支払われたものを所有者自身に請求することはできず、その物を受領させた人に対してのみ請求することができる。というのは、さもなければ、仮に代金が償還されねばならないとすれば、所有

物取戻訴訟は無意味に帰するからである。[...]

Addenda tamen haec exceptio; nisi quatenus dominus rei suae possessionem recipere sine aliquo impendio probabiliter non potuit; puta, si res apud piratas aut latrones fuerit. Tunc enim deduci poterit, quantum dominus impensurus libenter fuerat. Ipsa enim facti possessio, praesertim recuperatu difficilis, est aliquid aestimabile, et in hoc dominus post rem amissam censetur factus locupletior. Unde frequens est, eos, qui aliquid amiserunt, inventori promittere μήνυτρον. [...]

しかし、次のような抗弁が付け加えられるべきである。所有者が自己の物の自主占有を何らの出費もなしに取戻すことができた可能性が低いときは、この限りでない、と。例えば、物が海賊や盗賊のところにあったときである。というのも、そのときは、所有者が自発的に出費したであろう額が控除されうるからである。というのは、事実上の自主占有それ自体も評価可能であり、そしてこの点で所有者が物を失った後で不当利得していると評価されるからである。それゆえに、しばしば、物を失った人は、発見者に通報の報酬を約束している。[...]

プーフェンドルフによれば、非所有者から買った人は、たとえ善意であってもその物を所有者に返還しなければならない。したがって、第一買主に所有権を移転した売主から買った第二買主は、たとえその物の自主占有を獲得したとしても、第一買主にその物を返還しなければならない。そして、このとき、買主は、真の所有者に対して代金の補償を請求することができない。但し、売主がその物を取戻すのに自発的に支払ったであろう出費は、補償の対象になる。以上のような結論は、グロチウスのそれと同一である。

■第二買主が取得時効によって所有権を取得する見込みはほとんどない　で

は、第二買主が物の自主占有を続けることによって、取得時効に至る可能性はないであろうか。ここで問題になるのが、グロチウスの場合と同様に、「使用取得」（usucapio）という制度である。以下では、近世における用語法の混乱を避けるために、usucapio という原語を用いる。グロチウスは、取得時効成立のために「記憶を超える時間」（tempus memoriam excedens）を要求した。それゆえに、第二買主が救済される見込みはほとんどなかった。なぜなら、記憶を超える時間が経過するためには、3世代という極めて長い時間が必要だからである。

以下、プーフェンドルフの usucapio 論について検討する。

■ usucapio とは、前所有者の所有権を消滅させて占有者に与える制度である　まず、usucapio の定義について見る。プーフェンドルフは、これを次のように定義する[76]。

PUFENDORF, *De jure naturae et gentium*, lib. 4., cap. 12., §. 1.[77]

Videndum quoque est de illo adquirendi modo, quo is, qui rei alienae possessionem bona fide, et iusto titulo est adeptus, et citra contradictionem per longum temporis spatium obtinuit, plenam eiusdem rei proprietatem nanciscitur, iure et actione prioris domini extincta. Vocatur is modus *usucapio*, quod res usu seu diuturna possessione capiatur, et adquiratur. Exceptio autem illa, qua prior dominus post usucapionem completam a posses-

次のような取得方法も見なければならない。それは、他人物の自主占有を善意で正当原因にもとづいて獲得して、そして異議を申立てられることなく長期間持っている人が、前所有者の権利と訴権が消えることによって、その物の完全な所有権を得るという取得方法である。このような方法は、usucapio と呼ばれる。なぜなら、物が、「使用」（usus）すなわち継続的な自主占有によって「把握」（capere）され、そして取得されるからである。他方で、占有者

sore repellitur, *praescriptio* proprie dicitur. Quanquam ista duo frequenter soleant confundi. Operae pretium autem fuerit, paucis praemittere, quid, et quibus ex rationibus ius Romanum heic constituerit. Sic enim facile patebit, quid positivi, quid naturalis iuris in hac materia sit.

が前所有者を usucapio の後で斥けるための抗弁は、本来は praescriptio と言われる。しかしながら、usucapio と praescriptio はしばしば混同されがちである。ローマ法が何を定めまたどのような理由からそれを定めたかを簡単に説明することは、それをするだけの価値を有する。というのは、これによって、このテーマについて何が実定法であり何が自然法であるかが容易に分かるからである。

プーフェンドルフによれば、usucapio とは、ある人が他人の物の自主占有を、①善意で[78]、②正当原因にもとづいて獲得し、③その自主占有について異議を申立てられることなく、④長期間自主占有を維持することによって、その物の所有権を取得する制度である。

ところで、プーフェンドルフによれば、usucapio とは、所有権の消滅と発生を、新所有者の側から見たときの名称である。これとは反対に、usucapio された側すなわち所有権を喪失した側から見たときの名称は、praescriptio である。praescriptio とは、旧所有者が新所有者から物を取戻そうとしたときの、新所有者の抗弁を指す。したがって、usucapio を取得時効、praescriptio を消滅時効と訳すのは、誤訳である。両者は、ひとつの制度を異なる側面から表現したものに過ぎない。

■自然法にも usucapio という制度がある　プーフェンドルフによれば、usucapio とは市民法上の制度であって自然法上の制度ではないと主張する人々も多いが[79]、しかし自然法上の usucapio も存在する。プーフェンドルフは、次のように述べる。

PUFENDORF, *De jure naturae et gentium*, lib. 4., cap. 12., §. 8.[80]

Grotius l. 2. c. 4. quo ostenderet, ad ipsum ius naturale usucapionem pertinere, adeoque eandem recte allegari inter eos, qui eo solo iure inter se reguntur, ipsius fundamentum statuit in tacita derelictione prioris domini. Ad quod demonstrandum praesupponit, naturale esse, ut iure suo se quis abdicare possit, ubi diutius id retinere non placuerit. Verum ut voluntas illa abdicandi effectum aliquem in ordine ad alios producat, necessum esse, ut eadem per certa signa se ostendat; cum naturae humanae non sit congruum, solis actibus internis aliquam efficientaim extrinsecam tribuere. [...]

グロチウスは、『戦争と平和の法』第2巻第4章で、次のことを明らかにした。usucapioは自然法そのものに属しており、またそれゆえに自然法のみによってお互いに規律されている人々の間では、正当に引き合いに出される、と。彼は、その根拠を、前所有者の黙示の遺棄に求めた。この証明には、次のことが前提となる。すなわち、権利を維持することがもはや気に入らなくなったならば、人は自己の権利を破棄することができることが自然である、と。しかし、この破棄の意思が他人に対する関係で何らかの効果をもたらすためには、それをはっきりとした徴によって明らかにすることが必要である。なぜなら、内的な活動のみによって何らかの外的な効果を割り当てることは、人間の自然本性と一致しないからである。[...]

プーフェンドルフによれば、グロチウスはusucapioを自然法上の制度として認めた。しかし、これも二重売りの場合と同様に、プーフェンドルフの誤解である。グロチウス自身は、usucapioをローマ市民法上の特別な制度と捉えたあと、それに類似する制度として、「推定された遺棄」（derelictio praesumta）を構想した。自然法上の遺棄の推定は、usucapioとは異なり、所有権放棄の推定と先占によって構成されている。他方で、プーフェンドルフは、この遺棄の推定にusucapioという名称を付した[81]。これは、自然法上のusucapio制度とカノン法上のusucapio制度とを並列するためであると思われる[82]。この点において、プーフェンドルフはグロチウスと異なっている。

■ usucapioが問題になるのは、不作為による権利放棄の場合である　この自然法上のusucapioは、権利放棄の意思が外部に表示されたときにのみ成り立つ。とはいえ、権利放棄の意思を外部に表示する方法は多様である。では、全ての方法についてusucapioが問題になるのであろうか。そうではない。プーフェンドルフは、意思を外部に表示する3つの態様を説明して、そのうちの2つを除外する。

PUFENDORF, *De jure naturae et gentium*, lib. 4., cap. 12., §. 8.[83]

[...] Inter signa autem esse et verba, et facta. Et quidem ubi verbis voluntas fuit significata, usucapionis moras expectari non debere, cum statim in alterum ius transeat. Id quod et locum habet, ubi facto positivo voluntatem quis suam indicaverit, puta, si eandem abiecerit, aut deseruerit; nisi ea sit rei circumstantia, ut temporis causa abiecta, aut deserta censeri debeat, cum animo eandem requirendi et repe-

ところで、徴には、言葉と行為がある。そしてなるほど、言葉によって意思が示されたならば、usucapioの期間は考慮されるべきではない。なぜなら、その意思は、即座に相手方に権利を移転するからである。このことは、ある人が自分の意思を積極的な行為によって示す場合にも当てはまる。例えば、物を放置したとき、あるいは置き去ったときである。但し、物について次のような事情があるときは、この限りでない。

tendi. Add l. 9. §. ult. D de *A. R. D.* l. 8. D. *ad L. Rhodiam.* l. 43. §. 11. D. *De furtis* l. 2. §. 1. D. *de pactis.* Sic et si rei dominus sciens cum possessore tanquam cum domino super ea re contrahat, ius suum merito remisisse censebitur, et quidem ut in ipso contractus completi momento id extinguatur.

それは、一時的な目的で物が放置されたと、あるいは置き去られたと評価されるべきであり、この物を再度獲得したり再度追求したりする意図があるときである（D 41.1.9.8; D 14.2.8; D 47.2.43.11; D 2.14.2.1）。同様に、所有者が、あたかもその物の所有者であるかのように振る舞っている占有者と［所有権移転を目的とする］契約を結んだときも、彼は自分の権利を適切に放棄したと評価されるべきである。そしてなるほど、その結果、まさに契約が完成した瞬間に、彼の権利は消滅させられる。

Ergo usucapionem in illis duntaxat rebus obtinere, quibus prior dominus sese neque verbis neque facto aliquo expresso abdicavit, sed ubi adeo eiusdem voluntas ex neglecta inquisitione et vindicatione praesumitur. Nam etiam non facta, seu omissiones cum debitis circumstantiis consideratas, haberi moraliter pro factis, quae silenti praeiudicare queant. Vid. *Numer.* XXX. 5. 12. l. 17. §. 1. D. *de Usuris* l. 44. D. de *A. R. D.* […]

したがって、usucapio は次のような物にしか適用されない。それは、前所有者自身は言葉によっても行為によっても明示的に放棄しなかったのだが、しかしそこでその意思が、追求の懈怠および取戻しの懈怠によって推定されるような物である。なぜなら、行わないことすなわち不作為も、義務付けられた事情とともに考察されるときは、モラル的には行為とみなされるからである。沈黙は、このような不作為を推測させる。『民数記』第30章第12節、D 22.1.17.1 および D 41.1.44 を見よ。

[...]

プーフェンドルフによれば、所有権放棄の意思は３通りの仕方で外部に表示される。すなわち、①言葉、②作為、③不作為である。しかし、言葉および作為と不作為との間には、大きな違いがある。言葉および作為は明示的な意思表示であるから、usucapio という推定手段は必要ない。したがって、usucapio が問題となるのは、不作為によって所有権放棄の意思が推定されるときに限られる。

■不作為から所有権放棄の意思が推定されるのは、機会があるのに知りながら取戻さなかった場合である　ところで、不作為は、言葉や作為と比べると確認が困難であるから、所有者が物を取戻さないというだけでは、所有権放棄の意思を推定することができない。そこで、プーフェンドルフは、不作為が所有権放棄の意思を推定させるための、２つの要件を挙げている。

PUFENDORF, *De jure naturae et gentium*, lib. 4., cap. 12., §. 8. [84]

[...] Enimvero ut ex omissione praesumatur voluntas, necessum esse, ut ea non processerit ex simplici et inculpabili ignorantia. Ergo possessoribus rerum alienarum tacito consensu dominorum dominium adquiri, si sciverint, illos rem suam possidere, et tamen eandem vindicare omiserint, cum commodam eius vindicationis occasionem haberent. Nam talis negligentiae, ac silentii scientis et libere

[...] 不作為から意思が推定されるためには、実際に次のことが必要である。すなわち、この意思が単純な無過失の不知から出たのではないことである。したがって、他人の物の占有者に、所有者との黙示の同意によって所有権が取得されるのは、次のようなときである。それは、所有者は他人が自分の物を自主占有していることを知っていたのだが、しかしそれを取戻す機会があったにもかかわらず、この物を取戻すことを

volentis, nullam aliam posse assignari causam, quam quia nulla amplius eius rei cura tangatur, eamque inter suas habere non velit. Add. Boecler. ad Grot. d. l. §. 5. et Zieglerus ad d. l. [...]

怠っていたときである。なぜなら、この種の懈怠、および、知っておりかつ自由な意思を有していた人の沈黙は、他でもない次のような根拠を確認することができるからである。すなわち、もはやこの物について配慮が為されていないので、彼は自分の財産のうちこの物を所有したくないのだ、と。ベックラーの、グロチウス『戦争と平和の法』第2巻第4章第5節に対する註釈およびチーグラーの同じ箇所に対する註釈を付け加えておく。[...]

プーフェンドルフによれば、不作為は、①他人が自分の物を自主占有していることを知っており、かつ、②取戻す機会があったときにのみ、所有権放棄の意思を推定させる。この取戻しの機会があったことは、意思の自由と置き換えられている[85]。

■所有者の悪意および取戻しの機会は時間の経過によって推定される　グロチウスは、所有者の悪意および意思の自由を推定させるために、記憶を超える時間の経過を引き合いに出した。プーフェンドルフも、所有者の悪意および取戻しの機会があったことを推定させるために、時間の経過を持ち出す。

PUFENDORF, *De jure naturae et gentium*, lib. 4., cap. 12., §. 8.[86]

[...] Porro ut quis praesumatur sciens vindicationem rei suae negligere, validam praebere coniecturam

[...] さらに、ある人が知りながら自分の物の取戻しを怠ったと推定されるためには、時間の継続が十分な

diuturnitatem temporis. Nam fieri vix posse, ut multo tempore non innotescat nobis, rem nostram ab alio detineri; aut ut non sit occasio vindicationem suscipiendi, vel saltem alterius possessionem denunciando ac protestando interrumpendi. Nec minus longo tempore expirare solere metum semel incussum, simulque media parari, ne a detentore rei nostrae metuere cogamur. Prasumtioni autem illi, quod nemo temere sua iactare credatur, opponit alteram; quod nemo credatur rem illam ad se velle pertinere, circa quam nullam curae significationem longissimo tempore edit. […]

推定を与える。なぜなら、次のことはほとんど起こらないからである。それは、長い時間が過ぎたにもかかわらず、私たちの物が他人によって所持されていることが私たちに知られなかったということである。また、次のこともほとんど起こらない。それは、取戻しを企てる機会がないということ、あるいは他人の自主占有を忠告や抗議によって妨害する機会がなかったということである。同じように、長い時間が経った後では、一旦加えられた恐怖は消滅するというのが常である。また同時に、私たちの物の所持者によって私たちが無理矢理恐怖させられないための手段が準備されるというのも常である。ところで、何人も理由無く自己の物を放棄したとは信じられないというあの推定には、次のような別の推定が対置される。すなわち、何人も、それについてとても長い時間何の配慮の兆候も示さなかったような物を自分で所有したいと欲しているとは、信じられない。[…]

時間の経過は、所有者に、自分の物の在り処を突き止めてそれを取戻す機会を与える。したがって、相当な時間が経過したときは、他人による物の自主占有が所有者に判明していたことおよび所有者に取戻しの機会があったことが、十分に推定される。つまり、グロチウスと同様に、プーフェンドルフも、二段階の推定を構想している。すなわち、時間の経過が所有者の悪意と解怠を推定させ、そしてこの所有者の悪意と解怠が、所有権放棄の意思を推定させる。

このように、プーフェンドルフのusucapio論は、グロチウスのそれにかなり忠実である[87]。このため、取引の安全という問題は、プーフェンドルフにおいても棚上げにされている[88]。

（4）　プーフェンドルフの学説の意義

■二重売りは、第一買主にとって横領である　なぜプーフェンドルフは、第一買主の権利保護を強固に主張したのであろうか。これを理解するためには、視点の切り替えが必要である。仮に取引の安全を重視し、引渡を受けた第二買主を勝たせたと仮定しよう。これは、第二買主から見れば、満足のいく解決である。しかし、第一買主からみれば、目的物を横取りされたことになる。すなわち、自分のものを盗まれたと感じる。第一買主の視点では、売主の「盗」(furtum) が問題になりうる。

この指摘は、ローマ法において重要な役割を果たす。なぜなら、自己の事実上の支配下にある他人の動産に手を出すこと、すなわち「横領」(Unterschlagung, Veruntreuung) も、「盗」(furtum) の類型に含まれるからである (D 47.2.57.7)[89]。このため、動産については、「使用取得」(usucapio) による救済がほとんど与えられない。なぜなら、動産が他人の手に渡る多くのケースは、「盗」(furtum) に由来しており、盗まれたものには使用取得の保護が与えられないからである[90]。

ユスティニアヌス帝は、以下の法文で、このことを明言している。

Inst Iust 2.6.3

Quod autem dictum est furtivaram	しかし、盗まれた物あるいは暴力で

et vi possessarum rerum usucapionem per legem prohibitam esse, non eo pertinet ut ne ipse fur quive per vim possidet usucapere possit: nam his alia ratione usucapio non competit, quia scilicet mala fide possident: sed ne ullus alius, quamvis ab eis bona fide emerit vel ex alia causa acceperit, usucapiendi ius habeat. unde in rebus mobilibus non facile procedit ut bonae fidei possessori usucapio competat. nam qui alienam rem vendidit vel ex alia causa tradidit, furtum eius committit.

占有された物の usucapio が法律で禁止されたと言われたのは、盗人自身あるいは暴力で占有を始めた人自身が usucapio することができないようにするためではない。なぜなら、これらの者たちには別の理由で usucapio が認められないからである。すなわち、彼らは悪意で占有を始めたからである。そうではなくて、これらの者たちから善意で買ったかあるいはその他の原因で受領した人も、usucapio する権利を持たないようにするためである。それゆえに、動産については、善意占有者に usucapio が認められることは簡単ではない。なぜなら、他人の物を売る人あるいはその他の原因で引渡を行う人は、その物に対して「盗」(furtum) を犯しているからである。

■盗によって持ち去られた物は、必ず返還されねばならない　「盗」(furtum) は、「約束」(pactum) による所有権移転を認めたプーフェンドルフにとって、最も配慮しなければならない事態である。なぜなら、売買の約束によって所有権が第一買主へ移転する以上、2回目の売買は、よほどのことが無い限り、盗を構成するからである。

プーフェンドルフは、盗から生じる法的な効果を次のように説明する。

PUFENDORF, *De jure naturae et gentium*, lib. 3., cap. 1., §. 11.[91]

Fur et raptor tenentur rem subtractam reddere cum suo incremento naturali, et cum sequente damno, et cessante lucro; etiamsi poenam insuper furti aut rapinae nomine cogantur sustinere. Nam laesus reparationem damni quaerit; poena autem ad usum reip. exigitur; quam sane iudex hautquidquam laeso imputare potest, ut ideo ipse re sua carere cogatur. [...]

盗犯と強盗犯は、持ち去られた物を、その自然な増加分、そこから派生した損害および逸失利益と一緒に返還する責めを負う。たとえ彼らがそれに加えて盗や強盗を理由として罰を受けるように強制されているとしても、そうである。なぜなら、被害者は損害の回復を要求できるのであり、他方で罰が要求されるのは国家の利益のためだからである。罰とは、裁判官が、被害者が自分の物を失うように強制されるような、そのような形で被害者に帰責できるものでは、決してない。[...]

したがって、仮に第二買主が保護されるならば、それは、売主の「盗」（furtum）が保護されることを意味する。これこそが、「第一買主を害する」（priori emtori nocere）という言い回しで念頭に置かれていることであり、プーフェンドルフが拒絶した事態に他ならない。プーフェンドルフは、盗に該当する二重売りについて、第二買主を保護しえなかったのではないかと推測される。というのも、第二買主の保護は、売主の盗を間接的に肯定することになるからである。

第4節　本章の小括

プーフェンドルフは、所有者と譲受人との「約束」（pactum）によって所有権が移転すると考えた。そして、プーフェンドルフの「売買」（emptio venditio）理解によれば、売買とは売主と買主との間の約束であり、かつ、所有権と価格に関わっているがゆえに、「契約」（contractus）という名称を付される。この売買契約は、代金とその支払方法について当事者たちが合意するや否や、所有権を即座に移転させる。したがって、プーフェンドルフは、純粋な義務負担行為による所有権の移転を考案したことになる。

この義務負担行為による所有権移転の背景には、プーフェンドルフの哲学的洞察がある。彼は、物理的な存在とモラル的な存在とを区別した。「モラル的な存在」（entia moralia）とは、物理的な影響を加えることなく、知性の働きだけで設定・変更することができるものである。所有権も、このようなモラル的存在の一種であり、物理的な影響を加えることなく、設定・変更することができる。それゆえに、自主占有の移転がなくとも、所有権は移転しうるとされた。

ここから、プーフェンドルフにおける二重売りは、次のように理解される。所有者が２人の買主と別々に契約を結んだ場合、所有権を取得するのは、常に第一買主である。「引渡」（traditio）の先後は、これに何ら影響を与えない。第二買主は、先に引渡を受けていたとしても、第一買主にこれを返還しなければならない。彼には、売主に対する損害賠償請求権のみが与えられる。そして、それ以上の救済、例えば、取得時効のようなものは認められない。というのも、売主は、二重売りによって「盗」（furtum）を犯しており、それゆえに第二買主を保護すべきではないからである。すなわち、第二買主の保護は、プーフェンドルフにとって、盗の間接的な正当化である。ここでは、取引の安全よりも、行為の道徳性が優先されている。

注

1　勝田=山内（編）［86, p. 180］（桜井徹）
2　勝田=山内（編）［86, p. 181］（桜井徹）
3　Stolleis（ed.）［38, p. 60］（Hammerstein）［38, p. 188］
4　勝田=山内（編）［86, p. 181］（桜井徹）

5　STOLLEIS（ed.）［38, p. 60］（HAMMERSTEIN）［38, p. 172］

6　STOLLEIS（ed.）［38, p. 60］（HAMMERSTEIN）［38, p. 178］

7　PUFENDORF［33, p. 354］

8　PUFENDORF［33, pp. 354-356］

9　ANTONIUS［3, p. 242a］

10　PUFENDORF［33, p. 401］

11　PUFENDORF［33, p. 401］

12　PUFENDORF［33, p. 402］

13　PUFENDORF［33, pp. 402-403］lib. 4., cap. 9., §. 5.

14　PUFENDORF［33, pp. 486-487］lib. 5., cap. 5., §. 5.

15　PUFENDORF［33, p. 402］

16　PUFENDORF［33, p. 262］

17　PUFENDORF［32, p. 39］

18　他方で、promissioとは、一方の行為のみによって義務付けることを意味する。その典型例は、おそらく、遺贈である。というのも、プーフェンドルフは、promissioに関する錯誤において、遺贈を中心に取り扱っているからである。PUFENDORF［33, p. 274］lib. 3., cap. 6., §. 6. を参照。もっとも、プーフェンドルフは、promissio de vendendo（売る約務）という表現も用いている。PUFENDORF［33, p. 486］lib. 5., cap. 5., §. 5.。しかし、このことは矛盾していない。なぜなら、emptio venditioがpromissio de vendendo（売る約務）とpromissio de emendo（買う約務）とに分解されるならば、それぞれ一方的な義務付けから成り立っているからである。吉野［80］によれば、相互的な約束pactumは恩恵的行為beneficiumと対置される概念であり、後者が利他的であるのに対して、利己的な目的を達成するための手段である。つまり、「人間の『限られた能力』（人間性や利他的な愛による義務を実現する上での）は、私の利益を目的とするパクタによって（pacta et conventaの義務を通して）、すべてのもの〔給付の対象へ〕……（中略）……拡大（extendere）されることになる」。吉野［80, p. 176］。そして、「パクタは、給付者による給付受領者からの対価（paria）の請求を可能にする」。吉野［80, p. 175］。したがって、相互的な約束pactumとは、給付の約束を受けた側にそれを請求する権利を付与するものである。ここから分かるのは、プーフェンドルフが、後天的な権利付与の根拠を、専ら対価関係の存在に求めているということである。

19　PUFENDORF［33, pp. 402-403］

20 PUFENDORF [33, p. 203]

21 CUJACIUS [10, col. 104]

22 その他にも、同じ立場を取るローマ法の史料や普通法学者は多い。Inst Iust 2.1.40; C 2.3.20; C 3.32.27; Gai Inst 2.20; AZO [4, fol. 363rb] ad Inst Iust 2.1, n. 61.; *Glossa* [2, col. 341] ad C 2.3.20; BARTOLUS [6, fol. 40va] ad C 2.3.20; BALDUS [5, fol. 109v] ad C 2.3.20, n. 1.; DONELLUS [11, col. 742] lib. 4., cap. 16., §. 8.; STRYK [39, col. 822-823] ad D 41.1, §. 30.

23 PUFENDORF [33, p. 405]

24 STRYK [39, p. 823]

25 STRYK [39, col. 823]

26 traditio ficta の歴史的展開については、既に BIERMANN [7] の詳細な研究がある。BIERMANN [7] は、『市民法大全』上の史料として、これらを 8 つのグループに分ける。すなわち、①譲受人の自宅への配達(D 23.3.9.3; D 41.2.18.2)、②商品の提供(D 41.2.51)、③塔からの引渡(Inst Iust 2.1.45; D 41.1.9.6; D 18.1.74; D 18.1.1.21)、④譲受けの証書の引渡(C 8.53.1)、⑤譲渡の目的物への記名(D 18.6.14.1; D 18.6.1.2)、⑥譲渡の目的物に関する引渡の表示(D 39.5.31.1; D 41.2.1.21; D 41.2.18.2; D 46.3.79; Inst Iust 2.1.44)、⑦短手の引渡(Inst Iust 2.1.44; D 6.2.9.1; D 12.1.9.9; D 21.2.62; D 41.1.9.5; D 41.2.3.20)、⑧占有改定(D 41.2.18 pr; D 6.1.77; D 18.1.75; D 19.1.21.4; D 41.2.19; D 41.2.21.3; C 8.53.28; C 8.53.35.5; D 41.4.6 pr; D 43.26.6.3; D 43.26.22 pr; D 17.2.1.1; D 17.2.1.2)である

27 STRYK [39, col. 823]

28 STRYK [39, col. 823-824]

29 STRYK [39, col. 824]

30 もしこの定式化が正しいならば、例えば自分が所有者であると誤信して占有している人には、traditio brevi manu が認められないことになろう。なぜなら、彼は、dominium を取得するのに適さない titulus(権原・例えば使用借り、賃借り、受託)にもとづいて possessio しているわけではないからである。例えば、グロチウスは traditio の有無の問題について D 41.1.21.1 を挙げるが、バルドゥスはこれを扱っていない。BALDUS [5, fol. 109v]。したがって、短手の引渡=いわゆる簡易の引渡という図式が成立するかは疑わしい。

31 STRYK [39, col. 824]。なお、a venditore et donatore の箇所は、a emptore et accipiente の誤植と解する。

32 STRYK [39, col. 824-825]

33　STRYK［39, col. 822-823］§. 30.

34　PUFENDORF［33, p. 403］

35　PUFENDORF［33, p. 403］

36　PUFENDORF［33, p. 403］

37　PUFENDORF［33, p. 403］

38　以上のような possessio の分類は、次のようにまとめられる。

- modus に鑑みたときの区別
  - possessio naturalis：心素と体素によって自主占有するとき。
  - possessio civilis：心素のみによって自主占有するとき。
- forma に鑑みたときの区分
  - possessio naturalis：自主占有の正当な根拠がないとき。
  - possessio civilis：自主占有の正当な根拠があるとき。

39　BRUNS［8, p. 110］；SAVIGNY［35, p. 91］n.（1）

40　AZO［4, fol. 285rb-285va］

41　SAVIGNY［35, p. 91］

42　アルベリクス ALBERICUSはボローニャの法学者であるが、その素性および生没年は今日知られていない。バシアヌスと同時代の人物であり、1165-1194 年の間に産まれたとされる。四博士の一人マルティヌスの弟子であるという言い伝えも見られる。『市民法大全』の各分野に対する註釈を著し、その著作は高い評価を受けていた。LANGE［25, pp. 200-202］

43　アルデリクス ALDERICUSはアルベリクスと同様に 12 世紀の法学者であるが、その人物についてはほとんど知られていない。1154-1177 年頃に活躍したとされる。アルベリクス同様にマルティヌスの弟子であるという言い伝えがある。彼の著作であると断定されたものは現存していない。LANGE［25, pp. 202-204］

44　BRUNS［8, p. 107］によれば、ローマ普通法学の中でも特に支持を得ていたのは、このアゾーの見解と、もうひとつプラケンティーヌスの見解であった。BRUNS［8, p. 107］。サヴィニーは、最終的に、アゾーの見解が長らく通説の地位を占めたと述べる。SAVIGNY［35, p. 91］。ここでは、プラケンティーヌスの占有分類を簡単に紹介しておきたい。プラケンティーヌスによれば、人が体素によって possessio することが possessio naturalis であり、心素によって占有することが、possessio civilis である。それゆえに、体素および心素の両方によって possessio することは、possessio naturalis et civilis であるということになる。BRUNS［8, p. 107］；SAVIGNY［35, p. 90］。プラケンティーヌスの分類においては、アゾーと異なり、possessio naturalis と possessio civilis とが一人に同時に成立することも認められている。

45 ヨアンネス・バシアヌス BASIANUS, Ioannes は、四博士ブルガルスの弟子であり、アゾーの師匠であった。その法学的思考方法は即物的であり、プラケンティーヌスと比べると独創性に欠けたと言う。後世に大きな影響を及ぼした法学者の一人であり、とりわけアックルシウスが彼を頻繁に引用している。LANGE［25, pp. 215-226］

46 SAVIGNY［35, p. 95］

47 SAVIGNY［35, pp. 95-96］

48 ACCURSIUS［1, p. 286ab］

49 SAVIGNYによれば、usucapio 占有者もここに含まれる。SAVIGNY［35, p. 95］

50 SAVIGNY［35, p. 96］

51 PUFENDORF［33, p. 403］

52 OSIANDER［29, p. 804］

53 PUFENDORF［33, p. 403］

54 PUFENDORF［33, p. 404］

55 PUFENDORF［33, p. 404］

56 THOMASIUS［41, p. 203］

57 桜井［82, pp. 172-173］

58 PUFENDORF［33, p. 354］

59 PUFENDORF［33, p. 14］

60 桜井［82, p. 173］

61 PUFENDORF［33, pp. 14-15］

62 これは、たとえ人間が死ぬことによって dominium が消滅するとしても、物それ自体は変化しないことからも明らかである。PUFENDORF［33, p. 354］lib. 4., cap. 4., §. 2., *Idque vel.*

63 PUFENDORF［33, p. 461］

64 PUFENDORF［33, pp. 462-463］

65 プーフェンドルフの自然法体系において contractus が pactum の下位類型であることについては、PUFENDORF［32, p. 52］lib. 1., cap. 15., §. 1.を見よ。

66 PUFENDORF［33, p. 464］

67 PUFENDORF［33, pp. 464-465］

68 PUFENDORF［34, p. 81］

69　PUFENDORF［33, p. 486］

70　津野［99, p. 41］D 6.2.4.9（ULPIANUS 16 ad ed.）「もし、2人の善意の買主たちに、ある人が［同一物を］別々に売ったとする。誰がよりよくプーブリキアーナ［訴訟］を使うことができるか考えてみよう。2人のうち先に物を引渡された人だろうか、それとも［最初は］ただ買っただけの［あとから引渡された］人だろうか。そしてユーリアーヌスが［彼の］ディーゲスタの7巻で書いている。もし、同一の非所有者［（市民法上の）所有者でない人］から買った場合には、先に引渡を受けた人が優位である。もし異なった非所有者［（市民法上の）所有者でない人］からである場合には、占有者がより良い法的地位を持つと。この判断が正しい」（Si duobus quis separatim vendiderit bona fide ementibus, videamus, quis magis publiciana uti possit, utrum is cui priori res tradita est an is qui tantum emit. et iulianus libro septimo digestorum scripsit, ut, si quidem ab eodem non domino emerint, potior sit cui priori res tradita est, quod si a diversis non dominis, melior causa sit possidentis quam petentis. Quae sententia vera est.）また、この法文の事実関係については、津野［100, pp. 15-19］を参照。

71　ローマ普通法学者のグリュックも、二重売りの解説にあたってC 3.32.15 pr 以下を挙げている。GLÜCK［13, p. 215］。しかし、このことは、プーフェンドルフがローマ法の解釈において混乱していたからではないと筆者は考える。というのも、プーフェンドルフの法体系においては、usucapio も承継的な dominium 取得の一種に数え入れられているように思われるからである。これは、*De jure naturae et gentium* における編別において、usucapio が原始取得の occupatio から切り離されて、承継的な dominium 移転の一連の流れの中に置かれていることから察せられる。つまり、プーフェンドルフにとっては、contractus による承継的な移転に関する法文と usucapio ないし actio Publiciana に関する法文とを区別する必要性が薄かったのであろう。

72　PUFENDORF［33, p. 486］

73　ZIEGLER［51, p. 351］

74　PUFENDORF［33, p. 486］

75　PUFENDORF［33, p. 441］

76　吉野［75, p. 265］

77　PUFENDORF［33, p. 426］

78　ローマ法は、占有獲得の時点で善意が認められれば足り、たとえ占有者が後から悪意になっても、usucapio は完成しうると定めた。これに対して、カノン法は、占有者は占有期間の全てにおいて善意でなければならないと定めた（X 2.26.5; X 2.26.20)。プーフェンドルフによれば、カノン法の規定が自然法に近い。PUFENDORF［33, pp. 427-428］lib. 4., cap. 12., §. 3., *Quae sententia.*

79 PUFENDORF［33, pp. 430-431］lib. 4., cap. 12., §. 7., *Plerique iuri.*

80 PUFENDORF［33, p. 431］

81 吉野［75, p. 270］は反対。

82 PUFENDORF［33, p. 429-430］lib. 4., cap. 12., §. 5.

83 PUFENDORF［33, p. 431］

84 PUFENDORF［33, p. 431］

85 この説明は基本的にグロチウスのそれと似ているが、次のことは注目に値する。グロチウスは、意思の推定の前提として、所有者の悪意および所有者の意思の自由を要求した。そして、意思の自由という言葉で念頭に置かれているのは、専ら、所有者が占有者に対して metus（恐怖）を抱いていないことであった。これに対して、プーフェンドルフは、所有者の metus という概念を、取戻しの機会がないことの一例に組み込んでいる。PUFENDORF［33, pp. 431-432］

86 PUFENDORF［33, p. 431］

87 しかし、同一ではない。そもそも、体系上、グロチウスの自然法論とプーフェンドルフのそれとが完全に同一であることはありえない。なぜなら、グロチウスは ius naturae（自然法）と ius gentium（万民法）とを明確に区別したが、プーフェンドルフはこれらを同一視したからである。GROTIUS［15, p. 30］lib. 1., cap. 1., §. 14.; PUFENDORF［33, p. 160］lib. 2., cap. 3., §. 23.。グロチウスは、自然法上の usucapio は dominium 放棄の推定に基礎付けられ、万民法上の usucapio は dominium の直接的な移転方法であると述べた。これに対して、プーフェンドルフは、自然法と万民法とを同一視するがゆえに、自然法=万民法上の usucapio は所有権放棄の推定に基礎付けられると述べざるをえない。

88 もっとも、取引の安全を軽視すること自体が、プーフェンドルフの価値判断であったのかもしれない。というのも、プーフェンドルフによれば、所有者でない可能性がある売主と契約を結んだ人は、自分で責任を取らねばならないからである。PUFENDORF［33, p. 441］lib. 4., cap. 13., §. 13.。すなわち、買主は、取引の安全という法的救済に頼らずに、自分で自分を守らねばならない。

89 KASER［23, p. 230］

90 Gai Inst 2.50 も見よ。

91 PUFENDORF［33, p. 225］

第５章　トマジウス

はじめに

プーフェンドルフの次に登場するのが、クリスティアン・トマジウス（Christian THOMASIUS, 1655-1728年）である。トマジウスは、当時著名なアリストテレス主義者であったヤーコプ・トマジウスの長男として生まれ、フランクフルト・アン・デア・オーダー大学において、ザミュエル・シュトリュクから法学を学んだ[1]。その後、一時的に弁護士として活動したが、彼の関心は当時から自然法へと向けられていた[2]。しかし、彼の大学における対内的・対外的活動が神学部およびザクセン宮廷の怒りに触れて、1690年にプロイセンへ亡命することを余儀なくされた[3]。彼は、ブランデンブルグ選帝候フリードリヒ３世（後のプロイセン王国国王フリードリヒ１世）から、田舎町ハレに大学を設立するように命じられ[4]、この地を生涯の学問的拠点とした。

ルーイク［38］の指摘から分かるように[5]、トマジウスの法思想を一義的に叙述することは困難である。けれども、トマジウスを読む上で決定的に重要な点がひとつある。それは、トマジウスが一人の改革者であり、この革新的精神が、様々な点で彼の私法理論に欠缺を生じさせているということである。すなわち、彼の法学改革は、個別論点に集中しているものが多く、体系的な描写に適していない。このため、二重売りの問題についても、トマジウスの学説が完全な形で再現されえないことを、あらかじめ断っておかねばならない。

すると、なぜトマジウスを扱わねばならないのか、という疑問が生じよう。筆者は、これに対して、次のように答えたい。なるほど、グロチウスに始まりヴォルフに至るまでの近世自然法論における二重売り論の系譜は、トマジウスにおいて、一旦断絶しているように思われる。すなわち、トマジウスは、この論点について従来の学説を踏襲しなかったが、他方で新しく何かを付け加えることもしなかった。しかし、所有権概念の体系化については、トマジウスの自然法論の中に、著しい進展が見られる。この貢献を見過ごすと、あたかもプーフェンドルフとヴォルフの間に深い断絶が存在するかのように見えるであろう。このような不都合を回避するために、プーフェンドルフからヴォルフへの架け橋として、トマジウスの学説を概観する。

第1節　承継的な所有権移転の一般規則

1　所有権の定義

これまで見てきたように、ボワソナードは「所有権」(propriété) を使用収益処分する権利と捉え、グロチウスはこれを明確に定義せず、プーフェンドルフは人に対する物の排他的な帰属関係であると解釈した。彼らの所有権概念は、それぞれお互いに異なるものであるが、「他人の物にする権利」(ius alienandi) を含むことについては、見解の一致が見られる。

トマジウスは、所有権をどのように理解していたのだろうか。彼は、基本的にプーフェンドルフと同じ定義から出発しつつ、これを「使用」(usus) という観点から再構成しようとしている。以下、このことを確認する。

■所有権とは人に対する物の排他的な帰属関係である　まず、トマジウスの最初の主著『神法学提要』(*Institutiones jurisprudentiae divinae*, 1688年) から見ていく。

THOMASIUS, *Institutiones jurisprudentiae divinae*, lib. 2., cap. 10., §. 36.[6]

Ne vero more andabatarum disputemus, ab evolutionibus terminorum erit incipiendum. Ubi id quidem constat, ex hactenus dictis, per *dominium* intelligi ius in rebus terminans, quatenus rei vocabulum actionibus mere personalibus contradistinguitur, sed hic conceptus tamen dominii essentiam non exhaurit.

さて、私たちが目隠し剣闘士の風習にならって論じないように、テクニカルタームを紐解くことから始めるべきであろう。なるほどここで、これまで述べられてきたことから、次のことが分かる。所有権という言葉で理解されているのは、物という単語が純粋に人の行為から区別されたときの、物に関する権利である。しかし、この定義は、所有権の要素を明らかにしていない。

トマジウスは、「所有権」（dominium）のあまり適切ではない定義を紹介している。その定義によれば、所有権とは、いわゆる物に関する権利である。トマジウス自身が認めているように、この定義は、所有権の要素を明らかにしていない。

そこで、トマジウスは、所有権を次のように定義し直す。

THOMASIUS, *Institutiones jurisprudentiae divinae*, lib. 2., cap. 10., §. 37.[7]

Quapropter rectius *describitur*, quod sit ius, quo res aliqua alicui est propria. *Proprietas* vero est, quando alicuius rei veluti substantia ita ad aliquem pertinet, ut eodem modo non pertinet ad alium.

それゆえに、次のようにより正しく説明されるべきである。所有権とは、ある物をある人の「私有物」（res propria）とする権利を言う。ところで、「私有性」（proprietas）とは、物のいわゆる実体が、別の人に同じ仕方では帰属しないという風に、ある人に帰属していることを言う。

このより正しい定義によれば、「所有権」(dominium) とは、ある物をある人の「私有物」(res propria) にする権利である。「私有性」(proprietas) とは、ある物をある人に帰属させて、それを同じ仕方では別の人に帰属させないことである。したがって、所有権とは、ある物をある人に帰属させて、それを同じ仕方では別の人に帰属させないような状態を作り出す権利と言い換えられる。この定義は、プーフェンドルフの定義と類似している。また、グロチウスは proprietas という言葉で「他人の物にする権利」(ius alienandi) を意味させていたが、トマジウスはこの定義を採用していない。このこともプーフェンドルフと類似している。

しかし、完全に一致しているわけではないことに注意しなければならない。プーフェンドルフは、dominium ないし proprietas とは、ある物をある人に帰属させて、それを同じ仕方では別の人に帰属させない権利であると定義した。つまり、プーフェンドルフの定義においては、dominium と proprietas は同一の権利である。これに対して、トマジウスの定義によれば、proprietas とは dominium が作り出す状態 (物の私有化) である。つまり、dominium は権利を、proprietas は事実を指している。

■所有権の最大の効果は使用する権限から成る　トマジウスがプーフェンドルフと類似した定義を採用している以上、ここでも次のような問題が生じる。それは、人に対する物の排他的な帰属関係という定義が、所有権の具体的な内容を明らかにしていないということである。

この点、プーフェンドルフは、所有権の定義に加えて、物の使用収益処分あるいは他者の排除という具体的な効果を、付け加えて説明した。このような付加的な説明は、所有権を雑多な権利の集合と理解することになり、統一的な観点からの叙述が不可能である。

これに対して、トマジウスは、次のように述べる。

THOMASIUS, *Institutiones jurisprudentiae divinae*, lib. 2., cap. 10., §. 1. [8]

Postquam de sermone diximus, pergendum nunc est ad *dominium*, cuius cum potissimus effectus in *potestate utendi rebus* consistat, de hac quaedam paulo altius erunt repetenda.

言葉について論じ終えたので、今から所有権に話を進めよう。所有権の最大の効果は、物を使用する権限から成り立っている。これについて、少し詳しく考え直してみなければならない。

トマジウスによれば、「所有権」（dominium）の最大の効果は、「使用する権限」（potestas utendi）である。物の使用を全面に押し出すこの定義は、グロチウスやプーフェンドルフには見られなかったものである。なお、文末で「これについて、少し詳しく考え直してみなければならない」と述べられているが、これは動物の使用、とりわけ殺害することについて見直すという意味であり、この定義自体を見直すという意味ではない。

物を使用する権利が所有権の「最大の効果」（potissimus effectus）であるとは、どのような意味であろうか。トマジウスは、『神法学提要』の中で、これを説明していない、そこで、別の著作が参照されねばならない。そして、これについては、トマジウスが主査として参加した学位論文「ゲルマン私法に鑑みた所有権およびその自然本性一般について」（*De dominio et ejus natura in genere intuitu juris Germanici privati*, 1721年）が参考になる。そこでは、次のような説明が見られる。

THOMASIUS, *De dominio et ejus natura*, §. 16. [9]

Cum autem *proprietatis* vox aeque ut dominii sit paululum obscura, nec adeo ad definitionem dominii sufficiat assertio §. X. quod dominium sit

さて、proprietasという言葉もdominiumという言葉も少し曖昧であり、それゆえに第10節の命題、すなわち物を私有物とする権利が

ius, quo res propria est, inde nunc videndum, quid involvat ulterius conceptus proprietatis. Si dominium consideres, abstrahendo a doctrina iuris Romani, item a restrictionibus variis, ortis vel ex dispositione legum civilium vel ex pactis conventis, *proprietas est potestas* (intuitu domini) *pro lubitu utendi rebus* (sive corporalibus sive incorporalibus) *et* (intuitu reliquorum hominum) *alios quoscunque ab eo usu arcendi.*

dominium であるという命題は dominium の定義としては十分ではないので、proprietas という概念が他にどのような事柄を含んでいるかを今から見てみるべきであろう。もし君が dominium を、ローマ法の教えから離れて、また市民法の規定や合意された約束から生じる様々な制限からも離れて考察するならば、proprietas とは（所有者に着目するならば、有体物であれ無体物であれ）任意に物を使用する権限であり、そして（その他の人々に着目するならば）この使用から他の人々を排除する権限である。

まず、トマジウスが、『神法学提要』における proprietas の定義を変更していることに注意しなければならない。というのも、『神法学提要』における proprietas は、ある物が排他的に帰属している状態を意味していたが、ここでは、権利と捉えられているからである。もっとも、所有権を「使用」（usus）という観点から整理しようとする試みは、変更されていない。

権利としてのこの proprietas は、所有者に着目した場合の権利と、所有者以外の人に着目した場合の権利とに区別される。前者において、proprietas は、「任意に使用する権利」（ius pro libitu utendi）であり、後者においては、「あらゆる他者をこの使用から排除する権利」（ius alios quoscunque ab eo usu arcendi）である。

これら２つの権利は、具体的に、どのような権利を意味しているのであろうか。トマジウスは、次の箇所でこれに答えている。

THOMASIUS, *De dominio et ejus natura*, §. 27. [10]

Videndum potius est distinctius, quid sub conceptu illo *generali* re utendi pro lubitu, et alios excludendi ab ea, lateat, et quid involvat alterutra illa *vel utraque potestas*. Nimirum comprehendit ea facultatem varios *fructus* percipiendi ex re frugifera, aut saltem（si scilicet non sit frugifera）quamcunque *commoditatem* vel *iucunditatem* possibilem ex eadem sentiendi, eamque ab alio detentore quocunque *vindicandi*, aut aestimationem ab eo, qui in illa *damnum dederit*, repetendi, ea *abutendi,* eam augendi, minuendi, perdendi, *alienandi,* hoc est eius usum omnem ad alium transferendi in perpetuum, et multo magis *absque alienatione* eius *utilitatem* omnem ad tempus in alium transferendi, aut partes usus quotascunque etiam in perpetuum; item facultatem *cessandi* a libero usu rei propriae in utilitatem alterius, et effectus dominii alios suspendendi aut restringendi.

むしろ、次のことがより詳細に考察されるべきである。物を任意に使用して他人をその物から排除するというこの一般的な概念の中には何が含まれているのか、またこれらのうちの一方の権限ないし両方の権限はどのようなことを含んでいるのか。すなわち、この権限は、果実を生む物から生じる様々な果実を収益する権能、あるいは少なくとも（すなわち果実を生まない物については）あらゆる利便性や快適性をこの物から享受する権限、また他の所持人から取り戻す権限、またはその物に損害を与えた人に評価額を請求する権限、その物を消費する権限、増減滅失させる権限、他人の物にする権利すなわちその使用全てを他人に永久に移転する権限、さらには譲渡することなしにその物の有用性全体を一定期間他人に移転する権限、または使用の一部を移転する権限（永続的に移転する場合も含む）、同じく自分の物の自由な使用を他人の利益のために控える権限、他人を制止させたり追い出したりする権限を含む。

この箇所から明らかなように、トマジウスは、我々が所有権という言葉を聞いて想像する全ての権限が、使用という観点から説明がつくと考えていたようである。そして、「他人の物にする権利」(ius alienandi) も、トマジウスによれば、使用する権利の延長として把握される。グロチウスが自然法上の「所有権」(dominium) を部分的にしか定義せず、プーフェンドルフも具体的なレベルでは包括的な説明を与えなかったことと比べれば、トマジウスの整理は重要な進展を示している。

2 承継的な所有権移転の一般規則

(1) 承継的な所有権移転の要件

■所有権は所有者の譲渡の意思と譲受人の意思とによって移転する トマジウスの「所有権」(dominium) 概念にも、「他人の物にする権利」(ius alienandi) が含まれていることが明らかになった。次は、所有権の移転に関する一般規則を見なければならない。この点、ボワソナードは、「譲渡の合意」(convention de donner) による移転を、グロチウスは、「与える意思」(voluntas dandi) の表示と「受け取る権利」(voluntas acceptandi) の表示とによる移転を、プーフェンドルフは、純粋な義務負担行為である「約束」(pactum) による移転を説いた。

トマジウスは、これら三者のうちの誰かに従ったのか、それとも別の見解を提示したのか。結論を先に言えば、トマジウスは、基本的にグロチウスの見解に従っている。次の箇所が、このことを示している。

THOMASIUS, *Institutiones jurisprudentiae divinae*, lib. 2., cap. 10., §. 156. [11]

Cum autem utilitas rei et in eo consistat, ut invitus rem retinere non cogi possim, sed eam pro lubitu in alium transferre queam, inde	ところで、物の有用性は、私が意に反して物を保持しておくように強制されえず、それを随意に他人へ譲渡することができることからも成り

sequitur iam, ut videamus modos acquirendi *derivativos*. Atque hi omnes abstrahendo a legibus, nituntur *voluntate dominii prioris* et eius in quem dominium est transferendum; nihil enim tam naturale est, quam ut voluntas dominorum rem suam in alium transferre volentium effectu gaudeat.

立っているので、ここから今や、私たちは承継的な取得方法を見なければならないことになる。そして、この承継的な取得方法は全て、[市民]法を除けば、現所有者の意思および所有権が譲渡されるべき人の意思に基礎づけられている。というのは、自分の物を他人に譲渡しようとする所有者たちの意思が効力を有するということほど、自然なことはないからである。

トマジウスは、現所有者の「譲渡する意思」(voluntas transferendi) と新所有者の「意思」(voluntas) とによって「所有権」(dominium) が移転すると説く。この説明は、グロチウスにおける所有者の「与える意思」(voluntas dandi) の表示と譲受人の「受け取る意思」(voluntas acceptandi) の表示とによる所有権移転と類似している。

ところで、この箇所のみでは、トマジウスの見解とグロチウスのそれとが一致しているか否か、明らかでない。というのも、グロチウスは、所有者の意思と譲受人の意思とによって所有権が移転すると説いたのではなく、それらの表示が必要であると主張したからである。この問題については、次の項で扱うことにする。

■自主占有と結び付いた所有権と切り離された所有権という区別は無意味である　ところで、プーフェンドルフは、「引渡」(traditio) を必要としない所有権移転の根拠を、次の点に求めた。「自主占有」(possessio) から切り離された所有権は、人間の知性のみによって変更可能であり、それゆえに引渡を要求しない、と。

トマジウスは、この説明に疑問を付す。

THOMASIUS, *Institutiones jurisprudentiae divinae*, lib. 2., cap. 10., §. 161.[12]

（u）［...］*Dinstinctio Dn. Pufend. §. 7. inter dominium consideratum absque possessione, et iuncta eadem, litem non tollit. Quaerebatur enim an dominium sine possessione possit transferri?*

（u）［...］プーフェンドルフ先生の『自然法と万民法』第４巻第９章第７節における占有抜きで考察された所有権および占有と結び付いた所有権という区別は、論争を終わらせない。というのも、問われたのは、所有権が自主占有なしに移転されるか否かだったからである。

トマジウスによれば、プーフェンドルフが採用した所有権の区別は、解決にならない。なぜなら、「自主占有」（possessio）の移転なしに所有権が移転するか否かが問われており、自主占有を伴わない所有権は自主占有抜きに移転すると答えても、説明になっていないからである。

けれども、この批判は、プーフェンドルフの真意から外れているように思われる。プーフェンドルフは、自主占有を伴わない所有権は自主占有抜きに移転するという、トートロジーめいたことを主張したわけではない。プーフェンドルフが述べているのは、所有関係は事実から導出されるものではなく人間の知性が設定したものであるから、その変更も人間の知性のみに依拠しており、自主占有という事実に影響を受けないということであった。ここには、事実とモラルの区別という、哲学的な洞察が潜んでいる。この点に限って言えば、トマジウスの批判は、プーフェンドルフの考察を過小評価している。

（2）　承継的な所有権移転と引渡との関係

前項において、トマジウスがグロチウスと同様に、意思の表示を求めていたか否かが問われた。筆者は、意思の表示も必要であると考えていたと解する。以下、このことを確認する。

■意思の表示には明示的なものと黙示的なものとがある　トマジウスはまず、意思の表示の仕方にどのようなものがあるかを説明する。

THOMASIUS, *Institutiones jurisprudentiae divinae*, lib. 2., cap. 10., §. 157. [13]

Et de eius quidem, in quem dominium transferendum est, voluntate raro oriuntur controversiae: ad quod *voluntatem* domini prioris attinet, declaratur illa vel *expresse* vel *tacite*.

そしてもちろん、所有権を譲渡されるべき人の意思については、およそ論争が生じない。現所有者の意思について言えば、意思は明示的に表示されるときと黙示的に表示されるときがある。

THOMASIUS, *Institutiones jurisprudentiae divinae*, lib. 2., cap. 10., §. 158. [14]

Expresse per *sola verba*, v. gr. si quis contestetur, quod in favorem alterius id acceptantis renunciet dominio suo. (t)

(t) *Et hic enim obtinet regula* §. 156. *Etsi dissentiat ius Romanum* l. 20. C. de pactis.

明示的な表示には、言葉のみによる表示がある。例えば、ある人が、所有権を受け取る相手方のために自分の所有権を放棄すると表明するときである(t)。

(t) というのは、ここでも『神法学提要』第2巻第10章第156節の原則が当て嵌まるからである。たとえローマ法（C 2.3.20）が意見を違えているとしても、そうである。

THOMASIUS, *Institutiones jurisprudentiae divinae*, lib. 2., cap. 10., §. 159.[15]	
Vel per *verba, quibus translatio* possessionis iuncta est, qui modus una voce appellari solet *traditio*.	あるいは、占有の移転と結び付いた言葉によるときがある。人はこのような方法を、引渡と一言で呼ぶ慣わしになっている。

トマジウスの分類によれば、意思の表示には、明示的なものと黙示的なものとがある。明示的な表示とは、言葉によって表示することであり、黙示的な表示とは、usucapio や無遺言相続における表示を意味する[16]。明示的な表示には、二種類あるとされる。ひとつは、言葉のみによる表示であり、もうひとつは、「自主占有」（possessio）の移転を伴う表示である。後者は「引渡」（traditio）と呼ばれる。

ここから、2つのことが明らかになる。第一に、表示が明示的であるか黙示的であるかは、所有権の移転に関する言葉の有無で決定される。言葉があるときは明示的であり、言葉がないときは黙示的である。第二に、引渡は、自主占有を移転する無言の行為ではなく、言葉と必ず結び付いているということである。なぜ無言の引渡というものが想定されていないのか、トマジウスはその理由を説明していない。しかし、そもそも物が一方から他方へ空間的に移動するというだけでは、所有者がその物の自主占有を放棄する意図だったのか、それとも「賃約」（locatio conductio）の場合のように貸すつもりだったのか、あるいは「寄託」（depositum）のように一時的に預けただけなのかが、判然としないからであろう。「売る」「貸す」「預ける」という言葉と結びついたとき、引渡は初めてその意味を明確にする。

■譲渡する意思のより良い表示の仕方は引渡である　一見すると、どちらの表示方法も、「譲渡する意思」（voluntas transferendi）の表示として十分なものにみえる。例えば、「私は、この物の所有権を君に移転する」と述べることと、それを述べた後でさらに引渡を行うこととは、同じように、譲渡する意思を表しているように思われる。ところが、トマジウスは前者について、次のような問題を提起する。

THOMASIUS, *Institutiones jurisprudentiae divinae*, lib. 2., cap. 10., §. 160.[17]

Quoniam vero vox audita perit, scripta etiam et testibus praesentibus ore prolata quoad interpretationem varias admittit disceptationes; a possessione vero usus rerum fere dependet, ac ipsa possessionis translatio litigiis non ita est obnoxia, inde patet, *evidentiorem* longe esse dominii translationem, quae sit *mediante traditione*.

ところで、耳で聞かれた言葉は消滅するし、書かれた言葉や口頭で為された現在形の誓いは解釈について様々な議論の余地があり、他方で、物の使用は普通は占有に依拠しており、かつ占有の移転それ自体にはそれほど論争が付きまとわないので、ここから次のことが明らかになる。はるかに明瞭な所有権の移転は、引渡を媒介とするものである。

トマジウスは、３つの場合を問題にしている。すなわち、①所有者が譲受人に、この物の所有権を移転すると口頭で述べた場合、②そのことが書面に書かれた場合、③そのことについて宣誓が為された場合である。

トマジウスは、①について、口頭で為された「譲渡する意思」（voluntas transferendi）の表示は、証拠として残らないと述べる。また、②と③について、言葉には様々な解釈が加えられるので、譲渡する意思が存在したか否かは、結局、解釈という曖昧な基準に依らざるを得ないと説く。つまり、所有者の譲渡する意思の表示と譲受人の意思の表示とによって所有権が移転するのだが、表示の仕方によっては、外部の者（とりわけ裁判官）から認められない結果に終わる。

そこで、トマジウスは、言葉のみによる所有権の移転よりも、「引渡」（traditio）を伴う移転の方がより明瞭であると解した。彼は、引渡を所有権移転の要件から外したのだが、その後でこれを証拠の問題に位置付けている。これによって、引渡の有無は、実体法上の問題から証拠法上の問題に転換された。この転換は、グロチウスにおいても見られたものである。

但し、次の点には注意しなければならない。グロチウスの言う引渡とは、譲渡人が特定の譲受人を意識しながら物を空間的に移動させることを意味したが、これに対して、トマジウスの言う引渡とは、言葉を伴う自主占有の移転である。したがって、トマジウスの言う引渡の方が、グロチウスが言う引渡よりもずっと広い意味で使われている。それゆえに、彼の用語法は、グロチウスよりもむしろプーフェンドルフに近い。

そして、このような差異から、次のことが明らかになる。グロチウスが物の空間的移動としての「引渡」(traditio) によって「与える意思」(voluntas dandi) が推断されると述べるときと、トマジウスが「引渡」(traditio) によって「譲渡する意思」(voluntas transferendi) が推断されると述べるときとでは、主張の内容が異なっている。グロチウスは、引渡による所有権移転の推断をかなり厳格に捉えているのに対して、トマジウスは、これを比較的緩やかに理解している。グロチウスにおいては、買主が所有権移転の推定を受けるためには、物が現に売主のところから買主のところへ移動する必要がある。トマジウスにおいては、自主占有を移転させるその他の方法も、証拠として認められる。

■ローマ普通法における所有権の移転も自然法に従っている　譲渡する意思の証拠として引渡を位置付けることには、どのような意義があるのであろうか。以下、このことを検討する。

THOMASIUS, *Institutiones jurisprudentiae divinae*, lib. 2., cap. 10., §. 161.[18]

Unde rursus sine magno labore responderi potest ad quaestionem: utrum *traditio* praecise requiratur ad translationem dominii; an vero sit	それゆえに、再度、たいした苦労もせずに、以下の問題に解答することができる。すなわち、引渡は所有権の移転のために絶対要求されるの

solius iuris Romani inventum? Item quibus ex rationibus Romani in quibusdam negotiis et potissimum in ultimis voluntatibus *translationem dominii, sine possessione* admiserint? Denique, cur legibus Romanis plures modi *fictae* vel *symbolicae traditionis*（y）fuerint inventi? etc.

（y）*Quia in ficta possessio iam erat translata, in symbolica signum evidentius adest, ut in traditione clavium, obsignatione.*

か、それともそれは単なるローマ法の発明品なのか。同じく、どのような理由で、ローマ人たちは、ある種の取引においてとりわけ終意において、占有を伴わない所有権の移転を認めたのか。最後に、なぜローマ法によって、多くの、引渡の擬制的な方法や象徴的な方法が考案されたのか云々（y）。

（y）なぜなら、擬制的な引渡においては、占有は既に移転されており、象徴的な引渡においては、より明瞭な印があるからである。例えば、鍵の引渡や捺印がそうであるように。

トマジウスによれば、ローマ法における引渡の要件の基準すなわち引渡が必要ないとされる例外的な事例の基準は、引渡を「譲渡する意思」（voluntas transferendi）の現れと見ることによって解決される。ローマ法が所有権の移転に引渡を要求しているのは、それが譲渡する意思の証拠になるからである。他方で、一定の事例において引渡が要求されないのは、譲渡する意思の存在が、他の方法によって明確に根拠付けられるからである。

トマジウスは、証拠となる引渡を物の空間的な移動に限らなかった。このことも、以上のような理解から説明がつく。すなわち、物の空間的な移動でなくとも、譲渡する意思の証拠となる引渡の形態が存在するからである。例えば、「短手の引渡」（traditio brevi manu）は、物を譲受人のもとに残すので、譲渡する意思の現れである。

この箇所から分かるように、トマジウスは、純粋な自然法の体系を構築することだけに執心したのではなく、当時の実務であったローマ普通法を自然法によって基礎付けることも目標にしている[19]。このような傾向は、グロチウスにも見られたものであり、彼らがローマ普通法学に支えられた実務に深く携わっていたことを考え合わせると、興味深い現象である。

第2節　売買と所有権移転との関係

グロチウスもプーフェンドルフも、彼らの二重譲渡論を「売買」(emptio venditio) の節で論じていた。後で述べるヴォルフも、そうである。ところが、トマジウスは、『神法学提要』の中で、売買の節を設けていない。それどころか、契約各論に該当する箇所が、ほぼ完全に省略されている[20]。その理由を、彼は次のように弁解している。

THOMASIUS, *Institutiones jurisprudentiae divinae*, lib. 2., cap. 11., §. 69.[21]

Modestior hac parte *Grotius*, qui primus ICtis rem ab aliis hactenus vel vi, vel clam, vel precario possessam cum successu vindicavit, et qui hunc secuti sunt, alii viri sapientes. (h) Qui adeo cum iam erudite ostenderit, in quantum doctrina iuris Romani de contractibus conveniat cum aequitate naturali, non opus arbitramur, ut iam actum agamus, sed quae hac parte dicenda forent, reservamus discursibus privatis ad ius Romano-Germanicum privatum.

この件についてより節度を保ったグロチウスは、これまで他の人々によって暴力的にあるいは密かにあるいは不確実に支配されてきた事柄を、取戻すことに成功した法学者たちの第一人者であり、そして他の賢者たちも彼に従ったのである (h)。それゆえに、彼らは既に、ローマ法の学説が自然な衡平とどの程度まで一致しているのかを賢く明らかにしたので、私は、既に為されたことを為す必要はないと判断する。しかし、この点について何が言われるべきかは、ローマ私法・ゲルマン私法

	に対する私的な講義まで延期することにしよう。
(h) *Ut Zieglerus, Pufendorffius, etc.*	(h) 例えば、チーグラーやプーフェンドルフなど。

トマジウスは、グロチウスやプーフェンドルフらによって説かれた契約各論を再度繰り返す必要はないと述べつつ、将来の講義において説明する可能性があることを留保している。

しかしながら、彼のこの構想は、生涯達成されなかったように見受けられる。その証拠として、2つの理由を挙げることができる。ひとつは、『神法学提要』の改訂版として出された『自然法と万民法の基礎』(*Fundamenta juris naturae et gentium*, 1705年) においても、契約各論に該当する箇所が見当たらないということである。もうひとつは、トマジウスが晩年に着手した所有権に関する三部作が[22]、契約論に至らないまま未完に終わっていることである。それゆえに、少なくとも1721年の段階で、トマジウスは、契約各論に関する自己の見解を固められていなかったのではないかと推測される。そして、LIEBERWIRTH [26] によれば、トマジウスはこの5年後の1726年を最後に全ての著作活動を終えており[23]、それまでの著作にも契約各論を扱ったものは見られない。つまり、トマジウスは生涯において、契約各論を確立しなかったと考えてよい[24]。

したがって、トマジウスにおける売買と所有権移転との関係は、不明であると言わざるをえない。

第3節　特定物動産の二重売り

1　トマジウスにおける二重売り論の有無

トマジウスにおける売買と所有権移転との関係が明らかでないので、彼の二重売り論を再現することが可能か否かが問題となる。

筆者は、現段階において、この問いに答えるのは不可能であると考える。なるほど、次のように推測することはできよう。引渡は、言葉のみによる意思の表示よりも明瞭であるから、先に引渡を受けた買主が証拠において優先する、と。つまり、第一買主が先に引渡を受けた場合は、第一買主が譲渡する意思の証拠において優越し、第二買主が先に引渡を受けた場合は、その逆になるという考え方である。事実、グロチウスはこの見解に与していた。

しかし、それでもなお、トマジウスの見解を断定することは避けたい。理由は2つある。第一に、これまで明らかになったように、近世自然法論者にとって、二重売りの問題は、「契約」(contractus) の性質に強く左右されるからである。トマジウスが売買を解説していない以上、所有権の移転がどのような挙動を見せるかは不明である。第二に、トマジウスが彼の所有権移転論を、後年になって変更した可能性があるからである。これには、2つの史料を提示することができる。ひとつは、前掲の学位論文「ゲルマン私法に鑑みた所有権およびその自然本性一般について」(1721年) である。

THOMASIUS, *De dominio et ejus natura*, §. 41.[25]

Dixi supra §. IV. possessionem iuridicam coniunctam esse cum animo sibi habendi, et dominium a tali possessione incipere; Ergo si	私は前述第4節で、法的な占有は所有する心と結びついており、そして所有権はこのような占有から始まると述べた。したがって、もし所有者

dominus velit rem suam *alienare*, necesse erit, ut possessionem rei in alium transferat cum declaratione sufficienti, ut alter possideat rem cum animo sibi habendi. Uti ergo ad translationem dominii non sufficit translatio possessionis physicae, etsi illa coniuncta sit cum potestate utilitates rei percipiendi,（ut v. g. in locatione, commodato etc. fieri solet）sed insuper et animus abdicandi dominii requiritur, ita vice versa solus animus et intentio ac promissio transferendi dominii non sufficit adactualem dominii translationem, sed insuper etiam requiritur translatio possessionis, ut in emtione.

が自分の物を他人のものにしようとするならば、物の占有を十分な表示によって相手方に移転すること、相手方はこの物を所有する心を伴って占有することが必要となる。したがって、たとえ物理的な占有の移転が、（賃約、使用貸借などにおいてそうであるように）物を利用する権限と結び付いているとしても、これだけでは所有権の移転にとっては不十分であり、むしろさらに所有権を放棄する心が求められる。かくしてその反対に、所有権を移転する心、意図ないし約務だけでは、所有権を現実に移転するのに不十分であり、むしろさらに、売買においてそうであるように、占有の移転も求められる。

この箇所において、トマジウスは次のように述べている。所有権の移転に必要なのは、①譲渡人が所有者であること、②所有者が所有権放棄の心を持つこと、③自主占有が所有者から譲受人へ移転することである。要件③から明らかなように、自主占有の移転が要件とされている。それゆえに、所有権移転の「心」（animus）や「意図」（intentio）や「約務」（promissio）のみでは、所有権は移転しない。

また、別の学位論文では、遺言による所有権の移転について、次のように言われている。

THOMASIUS, *De origine successionis testamentariae*, §. 9.[26]

Non opus vero est hic multas pro quaestionis negatione conquirere ratiunculas, saepe haud bonae causae indices, sed sufficit, quod dominium equidem natura sua inferat, ut dominus, quamdiu vivit, etiam potestatem transferendi iuris sui habeat, duraturi etiam post mortem suam, non tamen natura dominii se extendat eo, ut haec potestas transferendi post mortem domini initium capiat, cum res illae, quarum dominium est introductum, vivis hominibus inserviant, ad mortuos autem res humanae nihil amplius attineant, adeoque inconveniens sit, ex natura dominii hominibus potestatem tribuere, dominium suum eo momento transferendi, ubi iam omne eorum dominium exspiravit.

しかし、ここで否定説のための貧弱な根拠の多くをかき集める必要はない。しばしばその根拠は、良くない根拠に由来している。むしろ、次のことで十分である。なるほど所有権はその自然本性からして、所有者が生きている間は死後も存続するであろう自己の権利を譲渡する権限を持つようにさせるが、しかし所有権の自然本性は、この譲渡する権限が所有者の死後に始動するほどにまで拡張されない。なぜなら、所有権が導入されたところの物は、生きている人間に資するのであって、反対に人間の物は死者にはもはや関係がなく、またそれゆえに、今や人間たちのあらゆる所有権が消滅する瞬間に、自己の所有権を譲渡する権限が所有権の自然本性からして人間たちに与えられているということは、不整合だからである。

遺言による所有権の移転は、自然法上の制度ではない。この主張の成否について、ここでは論じない。重要なのは、『神法学提要』における主張が、否定されていることである。『神法学提要』においてトマジウスは、遺言を「譲渡する意思」(voluntas transferendi) の表示と見ていた。しかし、この学位論文では、自然法上の遺言が、根本的に否定されている。トマジウスは、晩年になって、所有権移転論を大幅に変更した可能性がある。

2　非所有者から買った買主に対する保護の有無

最後に、非所有者から買った買主に対する保護を概観する。ボワソナードは、非所有者から買った買主を物権的に保護するため、「即時時効」（prescription instantanée）という制度を設けた。これに対して、グロチウスとプーフェンドルフは、取引の安全を重視しなかった。特に、プーフェンドルフは、第二買主の保護を、道徳的な理由から拒絶した。

トマジウスはこの件について、どのように考えたのであろうか。以下、このことを検証する。

■ usucapio は所有権の承継的な取得方法の一種である　ローマ法の usucapio やボワソナードの「即時時効」（prescription instantanée）と同様に、取得時効のような救済手段が考えられる。この点、グロチウスとプーフェンドルフは、所有権放棄の推定にもとづく時効を、自然法上のものと考えた。プーフェンドルフは、所有権を取得する側から見たときの制度を usucapio と呼び、喪失する側から見たときの制度を praescriptio と呼んだ。どちらの論者においても、usucapio が完成するまでに極めて長い時間が要求された。したがって、彼らは、非所有者から買った買主を、取得時効によって救済するつもりがなかった。

トマジウスも、usucapio について論じている。但し、2つの点で、グロチウスと異なっている。ひとつは、トマジウスが、praescriptio というラテン語を使わないことである[27]。もうひとつは、所有権の放棄と先占という枠組みを崩して、usucapio を承継的な所有権取得と理解したことである。以下の箇所が、そのことを示している。

THOMASIUS, *Institutiones jurisprudentiae divinae*, lib. 2., cap. 10., §. 177. [28]

Ergo in viam redeamus, non neglecturi videlicet translationem dominii, quam supra *tacite* fieri diximus. Locum illa habet potissimum tum *in successionibus ab intestato*, tum in *usucapione*.

したがって、私たちは本題に戻ろう。すなわち、私たちが上で、黙示的に生じると述べたところの所有権の移転を無視してはならない。この移転は、とりわけ、無遺言者からの承継および usucapio において当てはまる。

■ usucapio とは一定期間中断のない自主占有によって所有権を取得する制度である　トマジウスは、usucapio の要件を、簡潔に説明している。

THOMASIUS, *Institutiones jurisprudentiae divinae*, lib. 2., cap. 10., §. 191. [29]

Sequitur *usucapio*, quae dicitur, cum quis rei alicuius possessionem nactus, eam diu quietam et non interruptam obtinuit. Tum enim pro perfecto eius rei domino habetur, ita ut antiquum dominium, si postea rem eam vindicare velit, repellere queat.

usucapio に話を進めよう。usucapio とは、ある人が他人の物の自主占有を獲得し、一定の期間、中断なしで保持し続けるときを言う。というのも、そのときには、彼はその物の完全な所有者であると解され、もしその後で［前の所有者が］その物を取戻そうと欲するならば、これを排除することができるからである。

自然法上の usucapio の要件は、他人の物の「自主占有」（possessio）を、一定期間中断なく行うことである。ここでは、ローマ法上の usucapio における 3 つの追加要件、「正当原因」（iusta causa）、「善意」（bona fides）、「取得可能物」（res habilis）が省かれている。

■ usucapio には自然法=万民法上のものと市民法上のものがある　トマジウスは、usucapio を、民族間で用いられる場合と、同一市民間で用いられる場合とに区別する。自然法=万民法に適っているのは、前者のみである。後者の私人間における usucapio は、各国の市民法によって規律される。

THOMASIUS, *Institutiones jurisprudentiae divinae*, lib. 2., cap. 10., §. 192. [30]

Obtinet autem tum inter *diversas gentes,* tum inter homines *privatos.* (x)

(x) *Illa iuris gentium, haec iuris civilis.* vide §. 202.

ところで、usucapio は、異なる民族間で適用されることもあれば、私人間で適用されることもある（x）。

（x）前者は万民法、後者は市民法に属する。第202節を見よ。

THOMASIUS, *Institutiones jurisprudentiae divinae*, lib. 2., cap. 10., §. 193. [31]

Utrobique finis *communis* et *ultimus* est tranquillitas humani generis, cuius interest, ut dominia aliquando sint in certo, et ne fenestra aperiatur bellis, si liceret rem, quae olim ad nos vel nostros pertinuit, vindicare.

どちらの場合にも、共通のかつ究極的な目的は、人類の平穏である。人類の平穏にとって重要なのは、所有権が常に安定していること、そして、戦争の糸口が開かないようにすることである。後者は、仮に、かつて自分たちあるいは自分たちの［民族］に属していた物を取り返すことが許されるならば、起きるであろう。

usucapio 一般の根拠は、人類の平穏を維持することである。しかし、万民法上の usucapio と市民法上の usucapio とでは、その固有の根拠が異なる[32]。トマジウスは、万民法上の usucapio を、次のように説明する。

THOMASIUS, *Institutiones jurisprudentiae divinae*, lib. 2., cap. 10., §. 194.[33]

Sed rationes *speciales* utriusque usucapionis quam maxime variant. In usucapione *gentium* unica est, *tacita derelictio possessoris,* qui, ratiocinatione a communi hominum consvetudine petita, rem pro derelicto habere praesumitur, quam per longissimum temporis spatium neque vindicavit, neque eius vindicandi desiderium publice declaravit.

しかし、これらの usucapio の特殊な理由は、非常に異なっている。万民の usucapio における唯一の特殊な理由は、占有者の黙示の遺棄である。人間たちの共通の慣習から引き出される推論によれば、次のような人は、物を遺棄するつもりだったと推定される。それは、その物をとても長い期間取戻さず、またその取り戻しの要求を公に表示しなかった人である。

万民法上の usucapio は、所有権放棄の推定である。それゆえに、トマジウスの usucapio 論も、グロチウスやプーフェンドルフと同じ方向性を有していることになる。すると、その要件も類似しているであろうことが、容易に推測される。

THOMASIUS, *Institutiones jurisprudentiae divinae*, lib. 2., cap. 10., §. 195.[34]

Unde huius usucapionis fere unicum *requisitum* est *possessio alterius quieta per longissimum tempus,* quod adeo determinari ob circumstantiarum varietatem nequit, in genere autem tantum eius spatium requiritur, ut demonstrari possit, per id priorem dominum scivisse, rem suam ab altero possideri, neque

それゆえに、この usucapio のおよそたったひとつの要件とは、相手方の連続的な極めて長い期間の自主占有である。この期間は、諸事情の多様性を理由として、確定することができない。しかし、原則的にその期間は、次の程度であることが要求される。すなわち、前所有者は自分の物が他人によって自主占有されてい

defuisse occasionem contradicendi.	ることを知っておりかつ異議を唱える機会がなかったわけではない、と証明されうるような期間である。

万民法上の usucapio は、長期間の継続した「自主占有」（possessio）のみを要件とする。なぜなら、このような自主占有によって、所有権放棄の意思が確実に推定されるからである。トマジウスは、所有者が他人の自主占有を知っていること、および、その取戻しの懈怠が、所有権放棄の推定を基礎付けることを示唆している。

それゆえに、トマジウスの時効論も、グロチウスやプーフェンドルフと同様に、二段階の推定から成り立つ。すなわち、他人の物を長期間、自主占有することによって、前所有者の悪意と懈怠が推定され、そしてこの推定がさらに、所有権放棄の意思を推定させる。このとき、前所有者の悪意と懈怠を推定させるのに十分な期間は、100年であるとされる。

THOMASIUS, *Institutiones jurisprudentiae divinae*, lib. 2., cap. 10., §. 196. [35]

Tale vero haud dubie est tempus *centum* annorum.	ところで、100年という期間がこれに該当するのは、疑いない。

このように、民族間では、usucapio が自然法＝万民法上も認められており、所有権放棄の推定に基礎付けられている。しかし、この所有権放棄の推定は、私人間では適用されない。このため、私人間では、市民法によって特別な usucapio が導入されねばならない。

THOMASIUS, *Institutiones jurisprudentiae divinae*, lib. 2., cap. 10., §. 199. [36]

At inter homines *privatos*, ut usucapione mediante quid acquiratur, *leges civiles* non primario respiciunt	しかし、私人間では、usucapio を媒介として何かが取得されるために、市民法は、主として他人の黙示

ad tacitam alterius derelictionem, sed hae principaliter intendunt *coërcitionem negligentiae* in subditis.

の遺棄を念頭においているのではなく、専ら、服従者たちの懈怠を懲らしめることを意図している。

市民法上の usucapio は、所有権の放棄と無関係である。それはむしろ、取戻しを怠っている所有者を懲らしめるために設けられた。つまり、万民法上の usucapio と市民法上の usucapio は、効果は同じでも、全く異なる法制度に属する。そしてそれゆえに、市民法上の usucapio には、100 年よりも短いさまざまな期間が設けられねばならない。

THOMASIUS, *Institutiones jurisprudentiae divinae*, lib. 2., cap. 10., §. 200.[37]

Unde *certum* ac *brevius* tempus, idque pro diversitate rerum usucapiendarum varians, anni, biennii, triennii, decennii, vicennii, tricennii etc. determinarunt, intra quod usucapio perfici possit, etiamsi antiquus possessor per illud *nesciverit,* ubi res sua sit, aut extra iudicium *protestatus* sit saepius.（d）

それゆえに、確定の短い期間を、すなわち、usucapio される物の多様性に応じて、1 年、2 年、3 年、10 年、20 年、30 年などを人々は定めている。この期間で、usucapio は完成されることがありうる。たとえ前占有者が、その期間では自分の物がどこにあるかを知らなかったか、または、裁判外で何度も異議を申立てたとしても、そうである（d）。

（d）*Unde vides, quod haec usucapio non nitatur in voluntate tacita prioris domini.*

（d）それゆえに、君は次のように考えなさい。この usucapio は、前所有者の黙示の意思には基礎付けられない、と。

市民法上の usucapio の期間は、立法者の権限に属する。それは、1 年であってもよい。なるほど、1年という短期間のusucapioが認められるならば、取引の安全は格段に向上するであろう。しかし、反対に、所有権の法的安定性は害される。所有者は、自分の所有物が奪われないように、常に気を配っていなければならない。このような配慮は、社会生活を送るうえで、妨げになる。そこで、短期間のusucapioの場合には、自主占有以外の要件が付け加わる。

THOMASIUS, *Institutiones jurisprudentiae divinae*, lib. 2., cap. 10., §. 201. [38]

Ne tamen hoc modo iniquis possessoribus nimium gratistcaretur, ulterius requisiverunt in eo, qui usucapere vult, *bonam fidem et iustum titulum*, tum et intuitu rei, ut sit in *commercio* privatorum, neque *furtiva* aut *vi possessa.* (e)

(e) *Quae omnia non requiruntur in usucapione iuris gentium.*

しかし、このような方法によって不公平な占有者たちの願いが過度に叶えられないように、人々は、usucapioしようとしている人々にさらに次のことも要求した。すなわち、善意および正当原因である。同時に、物に鑑みて、それが私人の取引可能なものであること、かつ、盗物でも強奪物でもないことを要求した(e)。

(e) これら全てのことは、万民法上のusucapioにおいては要求されない。

市民法は、usucapioの要件を加重している。市民法上のusucapioは短期間で成立するので、所有者を保護する必要があるからである[39]。ここから、次のことも明らかになる。自然法＝万民法上のusucapioは、所有権放棄の推定のために十分な時間を取っているので、善意、正当原因、取得可能物という要件を持たない。そもそも、国家が善意かつ正当原因を持って、暴力によらずに他国の物を占有するとは想像しがたいので、これらの要件は最初から無意味だと考えられる。

したがって、無権利者から買った買主の保護は、自然法の問題ではなく、各国の市民法の問題だということになる。もし国内法が短期間の usucapio を認めているならば、非所有者から買った買主は、これによって所有権を取得しうる。但し、市民法上の usucapio は、善意、正当原因および取得可能物の要件を追加しているので、第二買主はこれを満たさなければならない。二重売りにおいて最も障壁となりうるのは、善意要件であろう。トマジウスがこの善意要件をどのように理解していたかは不明であるが、第一買主の存在に対する悪意は、市民法上の usucapio を阻害する虞がある。

第4節　本章の小括

トマジウスは、所有者の「譲渡する意思」(voluntas transferendi) の表示と譲受人の「受け取る意思」(voluntas acceptandi) の表示とによって、所有権が移転すると説いた。このような意思の存在は外部からは認識困難であるから、通常は「引渡」(traditio) が意思の徴表となる。この学説は、グロチウスの所有権移転論に忠実である。但し、この一般規則は、晩年になって修正された可能性がある。もしこの修正が実際に行われたならば、引渡は譲渡意思の徴ではなく、要件そのものである。

トマジウスは、「売買」(emptio vendito) がどのようなものであるかを述べていないので、二重売りにおける所有権の挙動は、明らかにならなかった。彼の自然法論に対する貢献は、むしろ、所有権概念の整備にある。トマジウスは、所有権を、「使用」(usus) という観点から統一的に把握した。譲渡する権利も、この使用と結び付いている。グロチウスがそもそも定義せず、プーフェンドルフが雑多な諸権利の集まりと捉えていた所有権は、トマジウスにおいて初めて一個の概念となった。但し、所有権の内容を使用によって説明し尽くす試みは、あまりうまく行っていないように思われる。

さらに、トマジウスの貢献のひとつとして、市民法上の usucapio を体系的に位置付けたことが挙げられる。少なくとも市民法が適用される限りでは、目的物の所有権を取得する道が開かれた。この点において、取引の安全は、グロチウスやプーフェンドルフよりも強化されている。もっとも、自然法上は依然として長期間の usucapio しか認められておらず、国際間の取引については、保護が薄いと言わざるをえない。国際間取引の安全という観点は、ヴォルフによる自然法の一般化を待たなければならなかった。

注

1　Wolf［46, pp. 374-375］
2　Wolf［46, p. 378］
3　Wolf［46, pp. 390-391］
4　Wolf［46, pp. 391-392］
5　Stolleis（ed.）［38, pp. 227-228］（Luig）
6　Thomasius［41, p. 186］
7　Thomasius［41, p. 186］
8　Thomasius［41, p. 182］
9　Thomasius［43, pp. 8-9］
10　Thomasius［43, pp. 12-13］
11　Thomasius［41, p. 203］。なお、voluntate dominii prioris の箇所は、voluntate domini prioris の誤植と解する。
12　Thomasius［41, p. 203］
13　Thomasius［41, p. 203］
14　Thomasius［41, p. 203］
15　Thomasius［41, p. 203］
16　Thomasius［41, p. 205］lib. 2., cap. 10., §. 177.
17　Thomasius［41, p. 203］
18　Thomasius［41, p. 203］
19　ユスティニアヌス帝が所有者の譲渡意思に言及して以来、この意思がいかにして証明されるかは普通法学者たちを悩まし続けていた。そもそも、古典期の法をそのまま伝えていると思われるガーイウスの『法学提要』*Institutiones* は、(1) 処分権原、(2) 正当原因、(3) 引渡を要求しているだけである。ユスティニアヌス帝が要求した譲渡意思は、古典期後の意思重視の産物であるのかもしれない。

普通法学者たちは、引渡の存在を譲渡意思の徴表として捉えることによって、これを解決しようとした。COING［9, p. 303］。それゆえに、トマジウスの証拠法という発想は、普通法学と自然法論との交差点であると言えよう。

20　このことは、トマジウスの *Institutiones jurisprudentiae divinae* の章立てからも明らかである。プーフェンドルフは、*De jure naturae et gentium* において、価格論（第5巻第1章）の後で、契約総論（第5巻第2-3章）、契約各論（第5巻第4-11章）に入り、それから解釈論（第5巻第12章）に移るが、トマジウスは、価格論（第2巻第11章）の後で、ほんの少しだけ契約について触れた後、すぐに解釈論（第2巻第12章）へ移る。

21　THOMASIUS［41, p. 223］

21　筆者がここで三部作と呼んでいるうちの2つは、Christian THOMASIUS（Präs.）= Johann Conrad NESEN（Resp.）, *De rerum differentiis intuitu iuris Germanici privati*（1721）および Christian THOMASIUS（Präs.）= Johann Georg FRANCK（Resp.）, *De dominio et ejus natura in genere intuitu juris Germanici privati*（1721）である。トマジウス自身はこれを三部作とは呼んでいないけれども、1721年3月31日に口述試験が行われた *De rerum differentiis intuitu iuris Germanici privati* において、ゲルマン法的な物権の研究の必要性が問われ、これに続く6月14日に *De dominio et ejus natura in genere intuitu juris Germanici privati* の口述試験が行われ、その論文の最後において承継的所有権移転の論文の作成が示唆されていることから、物の区別→所有権論→所有権移転論という三部作の構想があったことが推測される。

23　LIEBERWIRTH［26, pp. 144-145］

24　このことは、トマジウスにとっては別段奇異なことではない。そもそも、トマジウスは法学における改革者であって、完成者ではなかったからである。彼は、1714年にプロイセンの立法を依頼されたときも、研究が未だ完成していないという理由でこれを中断している。WOLF［46, p. 414］

25　THOMASIUS［43, pp. 17-18］。なお、adactualem の箇所は ad actualem と解する。

26　THOMASIUS［42, p. 6］

27　吉野［75, p. 278］

28　THOMASIUS［41, p. 205］

29　THOMASIUS［41, p. 207］

30　THOMASIUS［41, p. 207］

31　THOMASIUS［41, pp. 207-208］

32　このようなトマジウスとそれ以前の自然法論者とりわけプーフェンドルフとの差異を、吉野論文［75］は、次のように言い表している。「プーフェンドルフでは、できる限り自然法の ratio へ市民法の考え方を近付けようとする努力が、著しい。これに対してトマジウスにおける万民法（自然法に属する慣習法でもある）のウスカピオと市民法のウスカピオという区別は、ウスカピオの理由付けにおいて相反する」。吉野［75, p. 279］

33　THOMASIUS［41, p. 208］

34　THOMASIUS［41, p. 208］

35　THOMASIUS［41, p. 208］

36　THOMASIUS［41, p. 208］

37　THOMASIUS［41, p. 208］

38　THOMASIUS［41, p. 208］。なお、gratistcaretur の箇所は、gratificaretur の誤植であると解する。

39　吉野［75, pp. 278-279］

第6章　ヴォルフ

はじめに

本書の最後を締めくくるのは、18世紀中葉のドイツ思想に支配的な影響力を有したクリスティアン・ヴォルフ（Christian WOLFF, 1679-1754年）である。ヴォルフは、数学者としてのキャリアから出発しており、ライプニッツの推薦で得たハレ大学の教職も、数学の講座であった[1]。儒教を賞賛したという理由で1723年にハレから追放され、マールブルク大学に移籍したことを除けば[2]、彼の生涯はグロチウスらと比べて、安定したものであったと言えよう。トマン［38］が指摘しているように、ヴォルフは彼の研究生活において、常に社会的実用性を念頭に置いていた[3]。それゆえに、ヴォルフは、自然法に関する著作をも執筆したのである。「ヴォルフが、グロチウス、プーフェンドルフ、トマジウスといったかれの先駆者たちの自然法論から、ちぐはぐで、不明瞭で、ユートピア的な、いやそれどころか統治者に好意的な要素さえもすべて、首尾一貫した形で取り除き、そして、カントやヘーゲルが驚嘆した学問性を備えた、政治的に役立つ理論に練り上げていった」のである[4]。本論に入る前からして既に、ヴォルフが、二重売りに関連する概念や諸制度を最も体系的に提示したのではないかという期待が生じよう。このことを、以下の論考において確認したい。

第１節　承継的な所有権移転の一般規則

1　所有権の定義

■所有権とは物を任意に処分する権利である　まずは、ヴォルフにおける「所有権」（dominium）の定義を見よう。彼は、『科学的方法によって研究された自然法』（*Jus naturae methodo scientifica pertractatum*, 1740-1749 年）において、所有権を次のように定義する。

WOLFF, *Jus naturae methodo scientifica pertractatum*, par. 2., cap. 2., §. 118.[5]

Ius proprium disponendi de re pro arbitrio suo, prouti scilicet visum fuerit, *dominium* appellamus.

物を自分の任意にすなわちそう考えたように「処分」（disponere）するという固有の権利を、私たちは所有権と名付ける。

WOLFF, *Jus naturae methodo scientifica pertractatum*, par. 2., cap. 2., §. 119.[6]

Ius proprium omne involvit ius alios eodem excludendi. Etenim ius proprium uni in sigulari soli competit（§. 2.）. Ponamus itaque ius hoc non involvere ius alios eodem excludendi. Necesse igitur est, ut praeterea etiam aliis competat. Quamobrem proprium non eri（§. *cit.*）: quod utique absurdum（§. 28. *Ontol.*）

固有の権利は全て、他人をそこから排除する権利を含む。というのも、固有の権利は、一人の人に個別的にのみ認められるものだからである（第２節）。では、この権利が、他人をそこから排除する権利を含まないと仮定してみよう。すると、必然的に、同じ権利がさらに他の人々にも認められることになろう。このような理由で、この権利は固有ではないことになるが（第2節）、これは不条理である（*Ontologia* の第28節）。

ヴォルフの定義によれば、「所有権」（dominium）とは、ある単独の人にしか認められない固有の権利であり[7]、これによって所有者は物を任意に「処分」（disponere）することができ、かつ他人をそこから排除することができる。ここで「処分」（disponere）という単語が登場する。これは、物の状態を随意に変更するという意味である。ボワソナードやプーフェンドルフの用語法とは、全く異なっていることに注意しなければならない[8]。このような所有権の定義は、所有権を一般的に定義しようとする点で、プーフェンドルフの系譜に属しており、また所有権の本質的な効果から個別的な権利内容を導出しているという点で、トマジウスの系譜にも属している。

ところで、所有権の定義は、同じく彼の主著である『自然法と万民法の提要』（*Institutiones juris naturae et gentium*, 1750年）において、さらに詳細な形で説明されている。

WOLFF, *Institutiones juris naturae et gentium*, par. 2., cap. 1., §. 195. [9]

Quoniam ius proprium habens eodem excludit ceteros omnes (§. 191.), vi autem libertatis naturalis unicuique permittendum, ut in determinandis actionibus suis suum sequatur iudicium, quamdiu nil facit, ad quod non faciendum tibi perfecte obligatus (§. 78.); *si res iuri proprio subiiciuntur, unicuique, cuius iuri subiectae sunt, competit*

固有の権利を持つ人は、この権利によってその他の人々を全員排除することが可能であり（第191節）、また自然的自由の力によって、君が不作為を完全な形で義務付けられている事柄を行おうとしない限り、自分の行為を決定するにあたって自分の判断に従うことが誰にでも許されているので（第78節）、もし物が固有の権利に従っているならば、その物

ius pro arbitrio suo de iisdem disponendi. Atque hoc ius proprium de re pro arbitrio suo disponendi, prouti scilicet sibi visum fuerit, *dominium* appellatur, is vero, qui dominium in re habet, *dominus.* Unde patet, *dominum omni iure, quod vi dominii in re ipsi competit, ceteros omnes excludere, nec absque eius voluntate dominium in alium abire posse* (§. 100.), adeoque *ipsi competere ius interdicendi cuivis omni actu vi dominii licito, nec patiendi, ut quis alius se invito aliquem sibi arroget.* Unde porro sequitur, *omnes actus dominio alterius contrarios esse illicitos* (§. 49). Quemadmodum vero *suum* in genere dicitur, in quo quis ius proprium habet; ita inde patet, *res suas* esse, in quibus quis dominium habet.

を従わせる権利を持っている人には誰であれ、任意にこの物を処分する権利が認められる。そして、任意に物を処分する自己の権利すなわち自分が目指すように処分する権利は、所有権と名付けられる。他方で、物に所有権を有する人は、所有者と呼ばれる。ここから、次のことが明らかになる。所有者は、物に関する所有権の力それ自体に認められているあらゆる権利から、その他の人々を全員排除する。そして、所有者の意思なしに所有権が他の人に移動することもありえない（第100節）。またそれゆえに、所有者には、所有権の力によって許されたあらゆる行為から、全ての人を排除する権利が認められ、また誰か他の人が彼の意に反して手を出すことを受忍しない権利も認められる。ここから、さらに以下のことが帰結する。他人の所有権に反する行為は全て許されない（第49節）。ところで、一般に誰かのものと言われるのは、それについてある人が固有の権利を有するときであるから、ここから次のことが明らかになる。誰かの物であるとは、それについてある人が所有権を有するということである。

この箇所では、前述の所有権の定義が、若干変更されている。なるほど、所有権は、物を任意に「処分」(disponere) する権利、そして、他人をそこから排斥する権利から成り立っている。このことには、変更が見られない。しかし、『自然法と万民法の提要』においては、その理由付けが追加されている。まず、所有権に排他性が認められるのは、所有権が「私有権」(ius proprium) に他ならないからである。私有権とは、ある特定の主体にのみ認められる権利であり、ここから所有権の排他性が帰結される。他方で、任意に「処分」(disponere) する権利は、この排他性から生じるのではなく、別の根拠すなわち自然的自由に求められる。

■所有権には他人の物にする権利が含まれる　ところで、本書の問題設定から、このような所有権概念に「他人の物にする権利」(ius alienandi) が含まれるか否かが問題となる。ヴォルフは、次の箇所でこれを認めている。

WOLFF, *Jus naturae methodo scientifica pertractatum*, par. 2., cap. 2., §. 131. [10]

Ius disponendi de ipsa substantia rei *proprietas* dicitur. Et cui proprietas in re aliqua competit, *proprietarius* appellatur.	物の実体そのものを処分する権利は、「処分権」(proprietas) と言われる。そして、処分権を何らかの物に持っている人は、「処分権者」(proprietarius) と名付けられる。

WOLFF, *Jus naturae methodo scientifica pertractatum*, par. 2., cap. 3., §. 667. [11]

Quoniam itaque dominus non est, qui dominium (§. 121.), consequenter proprietatem non habet (§. 131.), qui vero proprietatem non	したがって、所有権を持たない人は所有者ではなく、その論理的な帰結として、処分権を持たない人は所有者ではなく (第131節)、そして処

habet, rem alienare non potest (§. 664.); *non dominus rem alienare non potest.* Quamobrem cum porro alienatio in translatione dominii in alium consistat, quod in re quadam habet (§. 662.); *non dominus dominium rei alienae in alium transferre nequit.*

分権を持たない人は物を他人のものにすることができないので（第664節）、所有者でない人は物を他人のものにすることができない。このような理由で、さらに、他人のものにすることは他人に所有権を移転することから成り立っており、所有者は何らかの物についてこの所有権を持っているから（第662節）、非所有者は他人の物の所有権を第三者に譲渡できない。

ヴォルフは、「他人の物にする権利」（ius alienandi）を「譲渡権」（proprietas）と呼び、「所有権」（dominium）の一部であると解している[12]。それゆえに、proprietas = dominium と定式化したプーフェンドルフとは異なり、ヴォルフはむしろ、グロチウスおよびローマ普通法学へ回帰している。

では、物を任意に「処分」（disponere）して他人をそこから排除する権利であるところの dominium から、proprietas を差し引くと、どのような権利が残るのであろうか。ローマ普通法学の考えによれば、dominium から proprietas を差し引くと、そこには「用益権」（ususfructus）が残るのであった。ヴォルフも、同じ考えを取っている。

WOLFF, *Institutiones juris naturae et gentium*, par. 2., cap. 1., §. 198.[13]

Cum domino de re pro lubitu disponere liceat (§. 195.), disponi autem possit de re ipsa, seu substantia eius, de usu eiusdem et denique de fructu, quod per se patet; domi-

所有者には物を任意に処分することが許されており（第195節）、そして物それ自体についてすなわちその物の実体について処分することも、その使用について処分することもそ

nium involvit ius triplex, nimirum ius disponendi de substantia rei, ius disponendi de usu rei, et ius disponendi de fructu rei: quorum illud *proprietas*, istud *ius utendi*, hoc denique *ius fruendi* dicitur. Ius utendi et fruendi coniunctim vocatur *ius utendifruendi*. Quodsi dominium nullo iure in eodem contento sit deminutum, *dominium plenum*; si aliquo iure deminutum, *minus plenum* appellatur. Qui proprietatem habet, *proprietarius* audit: cumque res ipsius maneat propria, etiamsi usum vel fructum habeat alius; *dominus* quoque adhuc appellatur. *Fructus* autem res dicitur, quae ex re altera provenit, veluti poma sunt fructus arboris, vituli vaccarum.

の収益について処分することも可能であるから、自ずと次のことが分かる。所有権は、3つの権利を含んでいる。すなわち、実体について処分する権利、使用について処分する権利、収益について処分する権利である。これらのうち、1番目が「譲渡権」(proprietas)、2番目が「使用権」(ius utendi)、最後が「収益権」(ius fruendi) と呼ばれる。使用権および収益権は、合せて「用役権」(ususfructus) と呼ばれる。ところでもし所有権が、その内容においてひとつの権利も欠いていないならば、完全な所有権と呼ばれる。もし何らかの権利が欠けているならば、不完全な所有権と呼ばれる。もし人が譲渡権を持っているならば、彼は譲渡権者と呼ばれる。そして、彼の物が彼固有の物に留まっている限り、たとえ他人が使用や収益を行っているとしても、依然として所有者と名付けられる。ところで、果実と言われるのは、他の物から生じるものである。例えば、果物は果樹の果実であり、子牛は雌牛の果実である。

ヴォルフの「所有権」(dominium) 概念とローマ普通法学の「所有権」(dominium) 概念との親近性が、ここには見られる。おそらく、ヴォルフも、所有権の定義に関する基本的な発想を、ローマ普通法学から借用しているのであろう。

但し、ヴォルフの手法とローマ普通法学の手法との間には、根本的な違いがある。ここでもヴォルフは、ローマ普通法学に体系を与えている。「所有権」(dominium) が「譲渡権」(proprietas) と「用役権」(ususfructus) から成るとヴォルフが考えるのは、ローマ法の史料がそのように述べているからではない。所有権とは私有権であるという定義および人間の自然的自由から、これら2つの権利が導き出されている。ヴォルフは、所有権の権利内容に秩序を与えており、ローマ普通法学のカズイスティックな判断を体系化している。

2　承継的な所有権移転の一般規則

次に、ヴォルフの所有権移転論を見る。この点、ヴォルフ以前の近世自然法論者たちにおける所有権移転の一般規則には、大まかに分けて2つの流れがあった。ひとつは、グロチウスからトマジウスに受け継がれた流れであり、「与える意思」(voluntas dandi) の表示と「受け取る意思」(voluntas acceptandi) の表示とによって所有権が移転する。もうひとつは、プーフェンドルフが創始した流れであり、「約束」(pactum) によって所有権が移転する。

ヴォルフは、どのように考えたのであろうか。結論を先に言えば、彼の2つの主著『科学的方法によって研究された自然法』(1740-1749年) と『自然法と万民法の提要』(1750年) において、異なる説明を与えている。すなわち、前者においては、「合意」(consensus) による所有権移転が説かれており、後者においては、「十分に表示された所有者の意思」(voluntas domini sufficienter declarata) と譲受人の「承諾」(acceptatio) による所有権の移転が説かれている。以下、このことを確認する。

（1）『科学的方法によって研究された自然法』における見解

■所有権は所有者と譲受人との合意によって移転する　本書において所有権移転の要件を説いているのは、次の箇所である。

WOLFF, *Jus naturae methodo scientifica pertractatum*, par. 3., cap. 1., §. 9.[14]

Ad actualem translationem dominii vel iuris cuiusdam requiritur domini, et personae, in quam dominium sive ius transfertur, consensus. Etenim qui dominium vel ius quoddam in alterum transfert, sufficienter significat se velle, ut dominium vel ius sibi competens alteri competat (§. 661. *part. 1. Iur. nat.*). Et acceptans, in quem transfertur (§. 7.), sufficienter declarat se velle, ut sibi competat dominium vel ius, quod competit domino (§. 2.), consequenter dominus et persona, in quam dominium sive ius quoddam transfertur, idem fieri volunt. Quoniam itaque consentit, qui vult ut hoc fiat, quod fieri vult alter (§. 658. *part. 1. Phil. pract. univ.*); ad actualem dominii vel iuris cuiusdam translationem omnino requiritur

所有権が現に移転するためにはあるいは何らかの権利が現に移転するためには、所有者と所有権あるいは権利を移転してもらう人との合意が要求される。というのも、所有権あるいはその他の権利を他人に移転する人は、自己に帰属している所有権あるいは権利が相手方に帰属することを欲していることを十分に表示する（第661節）。そして、移転を受ける受領者は（第7節）、所有者に帰属している所有権あるいは権利が自己に帰属することを欲していると十分に表示して、その結果、所有者と所有権あるいは何らかの権利を移転される人とは、同じことを欲している。したがって、相手方が起こるようにと欲していることが起こるように欲する人は、合意しているので（第658節）、現に所有権があるいは何らかの権利が移転するためには、

domini et personae, in quam dominium sive ius transfertur, consensus.	全くもって、所有者と所有権あるいは権利が移転される人との合意が要求される。
Nimirum ad translationem dominii vel iuris cuiusdam requiruntur duae personae, una, quae dominium vel ius transfert, altera, in quam transfertur. Utraque in translationem consentire debet. Quicquid igitur ab altero acquiritur, voluntate alterius tibi volenti acquiritur. Quamdiu pars altera non consentit, nulla fieri intelligitur translatio.	すなわち、所有権あるいは何らかの権利の移転のためには、2人の当事者が必要である。1人は、所有権あるいは［その他の］権利を移転する人であり、もう1人は、それを移転される人である。両者が、移転に合意しなければならない。したがって、相手方から取得されるものが何であれ、相手方の意思によって、君が欲するように取得される。相手方が合意しない限り、移転は起きないと考えられる。

ヴォルフは、「所有権」（dominium）の移転のためには所有者と譲受人との「合意」（consensus）が必要であると述べる。合意とは、ヴォルフが述べているように、相手方が欲していることを自分も欲することである。それゆえに、所有権の移転に関する合意とは、所有者も譲受人も、所有権が所有者から譲受人へ移転するように等しく欲することを意味する。

ここで注目されるのは、後半部分の、合意と意思との関係について述べられている事柄である。グロチウスやトマジウスは、「意思」（voluntas）というラテン語を用いていたが、それと合意との関係は判然としなかった。ヴォルフはこの点に答えて、合意とは、所有者の意思と譲受人の意思とが併存している状態であると考えている。

ヴォルフはこれに続けて、「所有権」（dominium）移転の「様態」（modus）すなわちどのように所有権が移転するかについて述べている。

WOLFF, *Jus naturae methodo scientifica pertractatum*, par. 3., cap. 1., §. 11.[15]

A domini unice voluntate pendet, quomodo dominium sive ius quoddam suum in alterum transferre velit. Etenim domino competit ius de re sua disponendi, prout sibi visum fuerit (§. 118. *part. 2. Iur. nat.*), atque eodem iure excludit ceteros omnes (§. 120. *part. 2. Iur. nat.*). Quamobrem cum ipsi competat ius rem suam alienandi, consequenter dominium transferendi (§. 662. *part. 2. Iur. nat.*), tam pure, quam sub quacunque conditione (§. 673. *part. 2. Iur. nat.*), tum etiam ius quoddam ad actum quemcunque vi dominii sibi licitum sive pure, sive conditionale in alium transferendi (§. 678. *part. 2. Iur. nat.*); ab ipsius unice voluntate pendet, quomodo dominium sive ius quoddam suum in alterum transferre velit.

どのように所有権があるいは自己の何らかの権利が他人に移転することを欲するか、このことは、所有者の意思のみに依存する。というのも、所有者には自己の物を自分が気に入るように処分する権利が認められており（第118節）、そしてこの権利によって他の人々を排除する（第120節）。それゆえに、彼には自己の物を他人のものにする権利が認められており、その結果、条件を付さずにあるいは条件を付して（第673節）、所有権を移転する権利が認められており（第662節）、また、所有権の力を実現することを彼に許す権利を、条件を付さずにあるいは条件を付して、他人に移転する権利も認められているので（第678節）、どのように所有者が所有権ないし自己の何らかの権利を他人に移転することを欲するかは、所有者の意思のみに依存する。

ヴォルフによれば、所有権がどのように移転するかは、所有者の意思のみに依存する。ここで、「どのように」（quomodo）と言われているのは、専ら条件を付すか付さないかを意味する。

筆者の見解によれば、ここには、ひとつの齟齬が横たわっているように思われる。もし所有者と譲受人との「合意」(consensus) によって所有権が移転するならば、どのように所有権が移転するかも、彼らの合意によって決まるはずである。ところが、所有権移転の様態に関しては、所有者に一方的な決定権が認められる。このような差異がどのように根拠付けられるのかは、明らかになっていない。

(2) 『自然法と万民法の提要』における見解

■所有権は十分に表示された所有者の意思と譲受人の承諾とによって移転する　ヴォルフは、『自然法と万民法の提要』において、合意による所有権の移転を修正した。次の箇所がそれである。

WOLFF, *Institutiones juris naturae et gentium*, par. 2., cap. 5., §. 317. [16]

Ex hactenus dictis intelligitur, *naturaliter transferri dominium, vel ius quoddam in acceptantem, nuda volunate domini sufficienter declarata* (§. 314. 316.), cumque a voluntate transferentis dependeat, quomodo ius quoddam transferre velit (§. 314.); *acceptatione non plus iuris acquiri posse, quam transferens in eum transferre voluit.*	これまで述べたことから、次のことが理解される。自然法上は、所有権は、あるいは何らかの権利は、受領者へ移転するためには、所有者の十分に表示された裸の意思で足りる(第314節、第316節)。そして、どのように何らかの権利を移転することを欲するかは、移転する人の意思に依存しているので(第314節)、移転する人が承諾する人に移転しようとしたよりも多くの権利が取得されることはありえない。

譲受人へ所有権が移転するためには、「十分に表示された所有者の意思」(voluntas domini sufficienter declarata) で足りる。ここではもはや、「合意」(consensus) という言葉は登場しない。そして、所有権の移転が所有

者の意思に依存している以上、所有権がどのように移転するかも、所有者の意思に依存する[17]。前述したように、『科学的方法によって研究された自然法』においては、所有者の意思の優越性が根拠付けられていなかった。ヴォルフもこのことに気付き、合意という表現を止めて、所有者優先の言い回しに変更したのではないかと推測される。

■しかし所有権の移転には承諾が必要である　では、相手方が所有権の取得を欲していないときでも、所有者の一方的な「意思」（voluntas）によって、所有権を押し付けられてしまうのであろうか。そうではない。その証拠として、2つの点を指摘することができる。第一に、ヴォルフは、「他人に」（in alium）とは言わないで、「承諾した人に」（in acceptantem）と述べている。つまり、承諾があることは、最初から前提とされている。第二に、ヴォルフは、次の箇所において、承諾をはっきりと要件に組み入れている。

WOLFF, *Institutiones juris naturae et gentium*, par. 2., cap. 5., §. 316.[18]

Quoniam vi libertatis naturalis unicuique permittendum, ut suum in agendo iudicium sequatur (§. 78.); *si dominium, vel ius quoddam in alium transferendum, ab eius unice voluntate dependet, utrum id habere velit, an nolit.* Cum itaque *accipere*, vel *acceptare* dicatur, qui verbis vel factis sufficienter declarat, velle sese, ut detur, vel fiat, quod alter se dare, vel facere velle declarat; *ad translationem dominii vel iuris requiritur acceptatio.*

自然的自由の力によって、各人には、何かを行うにあたって自己の判断に従うことが認められるべきであるから（第78節）、もし所有権があるいは何らかの権利が相手方に移転すべきであるならば、それを受け取ることを欲するか欲さないかは、相手方の意思のみに依存する。したがって、「受け取る」（accipere）ないし「承諾する」（acceptare）と言われるのは、ある人が言葉によってあるいは行為によって、自分は与えられることを欲していると十分に表示するとき、あるいは相手方が自分に何かを与えることないし為すことを欲しているときに、自分もそれが与えられたり為されたりすることを欲していると十分に表示するときを言うので、所有権の移転あるいは何らかの権利の移転には、承諾が要求される。

したがって、ヴォルフの所有権移転論を完全な形で記述するならば、所有者の「意思」(voluntas) と譲受人の「承諾」(acceptatio) によって所有権が移転することになる。所有者の意思とは、所有権移転の具体的な内容に関する意思を意味しており、これに対して譲受人の意思とは、この内容を承諾するだけの受動的な意思を意味している。

3　所有権の移転と引渡との関係

■所有権の移転に引渡は必要ない　以上で、ヴォルフにおける所有権移転の一般規則を概観した。グロチウスやプーフェンドルフにおいてそうであったように、引渡および占有との関係についても、簡単に触れておきたい。

WOLFF, *Jus naturae methodo scientifica pertranctatum*, par. 3., cap. 1., §. 23. [19]

Actus, quo transfertur possessio, dicitur *traditio:* qui si positivus fuerit, *traditionem positivam* appellare lubet; si negativus, *negativam* vocamus. Traditio negativa etiam *quasi traditio* appellari solet.

占有を移転する行為は、引渡と言われる。それが積極的な形で行われたときは、積極的な引渡と名付けられる慣わしになっており、それが消極的な形で行われたときは、私たちはこれを消極的な引渡と呼ぶ。消極的

Communiter dicitur *res tradi,* et proprie quidem res corporalis, praesertim mobilis; res vero incorporales *quasi tradi* dicuntur. Enimvero cum traditione rei efficiaris possessor eius, adeoque actus, quo res traditur, is ipse est, quo possessio transfertur; hunc ipsum actum traditionem appellare lubet.	な引渡は、「準引渡」(quasi traditio) と名付けられるのが常である。普通、物が引渡されると言われ、そしてそれはもちろん有体物とりわけ動産を言う。他方で、無体物は、引渡されたかのように、と言われる。しかし実際には、物の引渡によって君が占有者となり、またそれゆえに物を引渡す行為はそれ自体で占有を移転させるので、占有を移転させる行為自体が、引渡と名付けられる慣わしになっている。

ヴォルフの定義によれば、「引渡」(traditio) とは、「占有」(possessio) を移転する行為である。この引渡は、有体物についても無体物についても行われることができる。引渡が空間的な物の移転のみに限られない点で、ヴォルフは、グロチウスではなくプーフェンドルフに従っている。

そして、ヴォルフは、この引渡を所有権移転の要件から外している。

WOLFF, *Jus naturae methodo scientifica pertranctatum*, par. 3., cap. 1., §. 21. [20]

Eodem actu, quo dominium transfertur in accipientem, non acquiritur possessio. Etenim dominium transfertur in accipientem nuda domini voluntate sufficienter indicata (§. 13.). Enimvero nemo non videt, hoc modo nondum rem ipsam redigi in eum statum, quo phycice possibile	所有権を受領者に移転する行為そのものによっては、占有は取得されない。なるほど、所有権は、十分に表示された所有者の意思のみによって受領者に移転する（第13節）。しかし、この方法によって、君が所有者としてその物について任意の処分を行うことが物理的に可能になるよう

est, ut de ea pro arbitrio disponere possis instar domini. Quoniam itaque si possessionem acquirere velis, res possidenda facto quodam redigi debet in eam statum, quo physice possibile est, ut de ea pro arbitrio tuo disponas instar domini (§. 762. *part. 1. Iur. nat.*); evidens ominino est, eodem actu, quo dominium transfertur in accipientem, non acquiri possessionem.

な状態に私がその物を置くことはないということ、このことは誰にでも分かる。したがって、もし君が占有を取得することを欲するならば、占有されるべき物は、何らかの行為によって、君が所有者としてその物を任意に処分することが物理的に可能な状態に置かれなければならない（第762節）。全くもって、次のことは明らかである。所有権を受領者に移転する行為によっては、占有は取得されない。

この箇所において、ヴォルフは、所有権を移転することによっては、「占有」（possessio）は獲得されないと主張している。ところで、「引渡」（traditio）とは、占有を移転する行為のことであった。したがって、所有権の移転において、占有の移転すなわち引渡が必要ないことは明らかである。

さらに、この箇所から、占有とは、所有権の物理的な行使が可能な状態を意味することも分かる。したがって、次の箇所ではっきりと述べられているように、引渡とは、所有権の物理的な行使が可能な状態を作り出すことを意味する。

WOLFF, *Jus naturae methodo scientifica pertranctatum*, par. 3., cap. 1., §. 24. [21]

Quoniam qui rem possidere debet, eam in potestate sua habeat necesse est (§. 463. *part. 2. Iur. nat.*), traditio vero actus est, quo possessio in aliquem transfertur (§. 23.); *tradi-*

物を占有すべき人は、その物を自己の権限内に持たねばならず（第2部第463節）、そして引渡は占有を他人に移転させる行為であるから（第23節）、引渡は、所有権を移転され

tio consistit in actu, quo res redigitur in potestatem eius, in quem dominium translatum est, consequenter *in eum statum, quo huic potentia physica est de re iam sua pro arbitrio suo disponendi* (§. 461. *part. 2. Iur. nat.*)	た人の権限内へ物を置く行為から成り立つ。その結果、その人を、既に自分のものになっている物を任意に処分する物理的な権能がある状態へ置く（第2部第461節）。

以上のような『科学的方法によって研究された自然法』における説明は、『自然法と万民法の提要』においても採用されており、次のようにまとめられている。

WOLFF, *Institutiones juris naturae et gentium*, par. 2., cap. 5., §. 320.[22]

Quia domino competit ius possidendi (§. 200.); *cum dominio rei transfertur et acquiritur etiam ius possidendi,* consequenter cum sine possessione dominium exerceri nequeat (§. 200. 195.), *dominio translato, transferens* quoque *obiligatur ad transferendam possessionem.* Quamobrem cum actus, quo transfertur possessio, *traditio*; actus vero, quo possessio acquiritur, *apprehensio* appelletur; *translato dominio res* quoque *tradenda et apprehendenda.* Atque hinc patet, *ad translationem dominii naturaliter non requiri*	所有者には占有権が認められるので（第200節）、物の所有権と一緒に占有権も移転され取得される。その論理的な帰結として、占有なしに所有権が行使されることはできないので（第200節、第195節）、所有権の移転にあたって、これを移転させる人は、占有を移転するようにも義務付けられる。このため、占有を移転させる行為は引渡と呼ばれる。他方で、占有を得る行為は、獲得と名付けられるので、所有権の移転によって物は、引渡され、獲得されねばならない。そして、ここから次のことが明らかになる。所有権の移転に

traditionem.

とって、その自然本性からすれば、引渡は要求されない。

ここでは、「占有」（possessio）を移転する行為が「引渡」（traditio）であること、そして所有権の移転において、引渡は要件にならないことが繰り返し述べられている。

但し、所有者が占有を獲得する根拠については、新しい見解が付け加えられている。ヴォルフによれば、新所有者が占有の移転すなわち引渡を旧所有者に要求できるのは、所有権の直接的な効果ではなく、「占有権」（ius possidendi）の効果に属する。

けれども、このことは、所有権と占有権がお互いに独立していることを意味しない。ヴォルフの説明からも分かるように、所有者に占有権が認められるのは、それが所有権の行使に必要だからである。したがって、ヴォルフの言う占有とは、所有権を前提とする占有すなわち自主占有を指す[23]。

■引渡にはいくつかの種類がある　所有権の行使を可能にするような引渡には、具体的にどのようなものがあるだろうか。ヴォルフは、①動産の引渡、②不動産の引渡、③短手の引渡、④長手の引渡、⑤象徴的な引渡を解説している。以下、順に見て行く。

WOLFF, *Jus naturae methodo scientifica pertranctatum*, par. 3., cap. 1., §. 27. [24]

Si res mobilis manu porrigitur ab eo, qui dominium transfert, et ab altero manu apprehenditur, in quem dominium fuit translatum, vel eo ipso momento transfertur; eidem ab illo traditur, vel brevius; *si transferens dominium rem mobilem manu por-*

もし動産が、所有権を移転した人から手で差し出されて、そして所有権を移転された人があるいはまさに所有権を移転されつつある人がこれを手で受け取るならば、移転された人に、移転した人が引渡している。あるいは、もっと簡潔に言えば、もし

rigit et accipiens eandem manu apprehendit, res mobilis traditur. Etenim si transferens dominium rem mobilem manu porrigit et accipiens eandem manu apprehendit, res mobilis in eum redigitur statum, quo accipiens potentiam physicam habet de ea, tanquam re sua, pro arbitrio suo disponendi. Quamobrem cum in hoc actu traditio consistat (§. 24.); res mobilis traditur, si qui dominium transfert rem mobilem manu porrigit et accipiens eandem manu apprehendit.

所有権を移転する人が動産を手で差し出して、そして受領者がその物を手で受け取るならば、その動産は引渡される。というのは、もし所有権を移転する人が動産を手で差し出してそして受領者がその動産を手で受け取るならば、動産は受領者にとって、受領者が自分の物としてその物を任意に処分する物理的な権能を持つ状態へ置かれるからである。このような理由で、引渡はこのような行為から成り立っているので（第24節）、もし所有権を移転した人が動産を手で差し出してそして受領者がその動産を手で受け取るならば、動産は引渡される。動産は、所有者が手から手へ物を移動させることによって引渡される。

このヴォルフの定義は、ローマ普通法学における動産の引渡の定義と一致している。次に、不動産の引渡を見よう。

WOLFF, *Jus naturae methodo scientifica pertranctatum*, par. 3., cap. 1., §. 30.[25]

Si quis iubet te rem certam immobilem possidere, cuius in te transtulit dominium, et hoc in ea te exercere patitur; eandem tibi tradit. Etenim si dominium rei immobilis certae

もしある人が君に特定の不動産を占有するように命じて、その不動産が君に所有権を移転した人のものであり、そしてこの所有権をその不動産の中で実行することを受忍するなら

transferens te eam possidere iubet, cum res certa sufficienter ab eo indigitata sit, ut ab aliis sui similibus distingui possit (§. 28.); quamnam rem possidere debeas tibi exploratum est. Et quoniam iussu seu voluntate ipsius dominium in ea exercere potes, res redacta est in eum statum, quo tibi competit potentia physica de eadem pro arbitrio tuo disputendi (§. 118. 649. *part. 1. Iur. nat.*). Consistit autem in actu dominium transferentis, quo res redigitur in eum statum, ut de ea pro arbitrio tuo disponere possis, traditio (§. 24.) Ergo res immobilis tibi traditur, si ea fuerit certa et dominium transferens te iubeat eandem possidere ac patiatur dominium in ea te exercere.

ば、その不動産は君に引渡される。というのは、もし特定の不動産の所有権を移転する人が君にその占有を命じるならば、その特定の不動産が十分にその人から印付けられて、その結果、他の類似物から区別されることができるならば（第28節）、どんな不動産であれ君に示された範囲で君が占有すべきだからである。そして、指示によってすなわち自己の意思によって所有権をその不動産の中で行使できるので、この不動産は、その不動産を君の任意に処分する物理的な権能が君に認められる状態へと置かれる（第1部第118節、第649節）。ところで、引渡は、君の任意に物を処分することができる状態へ物が置かれるようにする、所有権の移転者の行為から成り立っている（第24節）。したがって、もし不動産が特定されており、かつ所有権を移転した人が君に占有を命じてそして君がその不動産の中で所有権を行使することを彼が受忍するならば、その不動産は君に引渡される。

不動産の自主占有が移転するのは、譲受人が不動産の中に入って所有権を行使することを、元所有者が受忍するときである。これも、ローマ普通法学の見解と一致している。

WOLFF, *Jus naturae methodo scientifica pertranctatum*, par. 3., cap. 1., §. 41. [26]

Res *brevi manu* tradi dicitur, quando actus traditionis inesse intelligitur alii cuidam actui, quo aliud quid agitur ad dominii exercitium spectans. Quod vero brevi manu traditur a transferente dominium, id ab accipiente *brevi* quoque *manu accipi* vel *apprehendi* dicitur.

物が短手で引渡されると言われるのは、引渡という行為が他の行為に内在しており、その行為を通じて、所有権を実行するために為された別の行為と関係しているときである。ところで、所有権を移転した人から短手で引渡された物は、受領者から見ても、短手で受領されるないし受け取られると言われる。

「短手の引渡」(traditio brevi manu) とは、物が既に譲受人のもとにあったときである。すなわち、移転前から既に物を所持していた譲受人が、あたかも譲渡人へ物を一旦返還したかのように、自主占有を移転してもらうときである[27]。短手の引渡という用語法からして、これがローマ普通法学から取られていることは明らかである。

WOLFF, *Jus naturae methodo scientifica pertranctatum*, par. 3., cap. 1., §. 47. [28]

Longa manu res tradi dicitur, quando res tradenda oculis tuis subiicitur, eo fine ut eam apprehendas, consequenter possessionem acquiras (§. 32.). Unde *longa manu accipi* aut *apprehendi* dicitur, quod longa manu traditur.

物が長手で引渡されると言われるのは、引渡されるべき物が、君がそれを受け取るという目的で君の視界に置かれて、その結果、君が占有を獲得するときを言う（第32節）。それゆえに、長手で引渡された物は、長手で受領されるないし受け取られると言われる。

「長手の引渡」(traditio longa manu) とは、物が譲受人の視界に置かれるときを言う。ここでも、ローマ普通法学のそれと一致している。

WOLFF, *Jus naturae methodo scientifica pertranctatum*, par. 3., cap. 1., §. 72. [29]

Traditio symbolica dicitur, in qua symbola adhibentur, seu quae sit per symbola.	象徴的な引渡と言われるのは、象徴が用いられるとき、すなわち象徴によって引渡が起こるときを言う。

「象徴的な引渡」(traditio symbolica) とは、名前の通り、自主占有が移転したことを、何らかの象徴によって代替する行為である。ヴォルフは例を挙げていないが、これもローマ普通法学と同じ用語法であるから、倉庫の鍵の引渡が該当するであろう。

第2節　売買と所有権移転との関係

1　売買の定義

ボワソナード、グロチウスおよびプーフェンドルフの各章から明らかになったように、論者が「売買」(vente, emptio venditio) をどのように理解しているかに応じて、売買における「所有権」(propriété, dominium) の移転に大きな影響が出ることが分かった。そこで、ヴォルフの売買概念を見ておく必要がある。

WOLFF, *Institutiones juris naturae et gentium*, par. 2., cap. 12., §. 587. [30]

Contractus onerosus, quo res datur ab uno, et alter pro ea dat pretium eminens, hoc est, eam pecuniae	有償契約のうち、一方からは物が与えられ、また他方からは特殊な対価すなわち物の価格を決定する一定額

summam, per quam pretium rei determinatur, dicitur *emtio venditio*. Qui dat rem, *venditor*, qui vero pretium, *emtor* appellatur. Sed res, quae venditur, *merx* vocatur. Mercium itaque nomine non veniunt res, quae venales non sunt, et communiter hoc nomen restringitur ad res mobiles.

の金銭が与えられるものは、売買と言われる。物を与える人は売主と名付けられ、他方で代金を与える人は買主と名付けられる。ちなみに、売られる物は商品と呼ばれる。したがって、商品という名前は、売却可能でない物には付されず、また普通は、この名前は動産に限定される。

まず、ヴォルフは、「売買」(emptio venditio) を、売主は買主に物を与えて、買主は売主に金銭を与える有償「契約」(contractus) であると定義する。これは、プーフェンドルフの理解と同一である。

では、ヴォルフの「契約」(contractus) 概念とプーフェンドルフのそれは同一であろうか。この点、プーフェンドルフによれば、契約とは「約束」(pactum) の一種であり、それゆえに売買も約束の一種であると捉えられていた。これに対してヴォルフは、契約を次のように定義している。

WOLFF, *Institutiones jurisprudentiae divinae*, par. 2., cap. 11., §. 514. [31]

Actus, qui perfectam obligationem producunt, dicuntur Contractus. Quamobrem pacta et contractus naturaliter non differunt (§. 438. 380.).

完全な義務を発生させる行為は、「契約」(contractus) と呼ばれる。それゆえに、「約束」(pactum) と契約とは、自然法上は異なるものではない (第438節、第380節)。

「契約」(contractus) とは、完全な義務を発生させる行為であり、「約束」(pactum) と同一の概念である。なるほど、プーフェンドルフも、契約を約束の一種と見ていた。しかし、狭義の約束と契約とを区別していた。この区別の基準は、契約が所有権あるいは価格に関係しているのに対して、狭義の約束はそれらの要素を含まないという点にあった。これとは反対に、ヴォルフは、両者を同じものと見ている。

では、ヴォルフにおける約束とは何であろうか。次のように定義されている。

WOLFF, *Institutiones juris naturae et gentium*, par. 2., cap. 7., §. 380.[32]

Promissor igitur *promissario se perfecte obligat* (§. 80. 379), cumque de voluntate alterius nobis constare aliter non possit, nisi si ab eo sufficienter indicetur, nec ab alio ius acquirere valeamus, nisi voluntate ipsius (§. 314.), *nemo* quoque *alteri se aliter perfecte abligare potest, nisi promittendo.*

したがって、「約務」(promissio) とは、約務した人が自分を完全に義務付けることである(第80節、第379節)。そして、相手方から十分に表明されない限り、相手方の意思は私たちには分からないのであり、また相手方の意思がなければ、相手方の権利を私たちが有効に取得することもないので(第314節)、何人も、約務がなければ、相手方を自分に対して完全に義務付けることはできない。

WOLFF, *Institutiones juris naturae et gentium*, par. 2., cap. 7., §. 438.[33]

Conventio, qua duo vel plures in eandem, vel easdem promissiones consentiunt, *pactum*, sive *pactio* applellatur. Quamobrem cum promissa sint servanda (§. 388.); *pacta* quoque *servanda sunt.* Quoniam itaque pacta omnem vim obligandi a

2人の人々あるいはそれ以上の人々がひとつの約務に、あるいは複数の約務に向かって同意することによって成り立つ合意は、「約束」(pactum, pactio) と名付けられる。それゆえに、約務は守られるべきであるから(第388節)、約束も守られる

promissione habent (§. 380.); *quae de promissione demonstrata sunt, ad pacta etiam applicanda.*

べきである。したがって、約束はその義務付ける力を全て約務から受け取っているので（第380節）、約務に関して説明されたことは全て、約束にも当てはまる。

ヴォルフは、義務負担行為の基本概念として、「約務」（promissio）を導入する。約務とは、自分を他人に対して完全にすなわち強制力のある形で義務付けることを意味する。そして、この一方からの約務を前提として、「約束」（pactum）が定義される。約束とは、当事者たちが単一のあるいは複数の約務に対して同意している状態をもたらす「合意」（conventio）である。したがって、約束とは、複数の当事者のうちの誰かが、あるいは全員が、相手方に対して義務を負担することを意味する。ここで「契約」（contractus）の定義に立ち返ってみると、契約とは義務を発生させる行為すなわち義務負担行為であった。それゆえに、契約と約束は同一であることになる。

このようにして、ヴォルフは、契約および約束という概念の形成について、2つの重要な貢献を与えた。第一に、「約束」（pactum）という共同行為を、「約務」（promissio）という一方当事者の行為に分解している。申込と承諾という現代日本法と同一視することはできないが、義務負担行為が一方当事者の申し出から始まるという点で、後の法律行為論へと繋がりうる考えであろう。

第二に、「契約」（contractus）と「約束」（pactum）の区別が消滅することによって、義務負担行為を意味する概念がひとつに統一された。ローマ普通法学、グロチウス、プーフェンドルフなどの頭を悩ませてきたcontractusとpactumの境界線は、根本的に解消されたのである。

以上のような契約の定義を売買に適用すると、次のようになる。売買とは契約の一種であり、それゆえに義務負担行為の一形態である。契約において当事者たちが合意の対象としているのは、基本的に2つの約務である。すなわち、売買とは、売主が目的物の所有権を移転することを約務し、買主が代金を支払うことを約務する双務的な契約である。

2　売買における所有権の移転

ヴォルフにおける所有権移転の一般規則および売買の定義を確認したので、次に両者の関係を見なければならない。ここでも、『科学的方法によって研究された自然法』と『自然法と万民法の提要』の２冊に分けて論じる。

（１）『科学的方法によって研究された自然法』における見解

■原則的に買主が代金を支払ったときに所有権が移転する

WOLFF, *Jus naturae methodo scientifica pertranctatum*, par. 4., cap. 4., §. 958.[34]

Venditor in emtorem dominium rei venditae non transfert nisi sub hac conditione, ut pretium solvatur. Venditor enim dat rem, ut emtor det pretium rei, seu pecuniam, qua aestimatur (§. 937. 938.), consequenter non vult dare rem, nisi emtor dat pretium. Quamobrem patet eum in emtorem dominium rei venditae non transferre nisi sub hac conditione, ut pretium solvatur (§. 955.).

売主は、代金が支払われるという条件の下でのみ、売られた物の所有権を買主に移転する。というのも、売主が物を与えるのは、買主が物の代金すなわちそれを評価する金銭を与えるようにするためだからである（第937節、第938節）。その結果、売主は、買主が代金を支払わない限り、物を与えようと欲しない。このような理由で、次のことが明らかになる。売主は、代金が支払われるという条件の下でのみ、売られた物の所有権を買主に移転する（第955節）。

Absurdum sane foret statuere,

売主が無条件で、すなわち代金が支

quod venditor transferat dominium in emtorem pure, ita ut id transeat in emtorem, etiamsi pretium non solvatur, vel ipsius voluntate in diem differatur. Vendere enim non est gratis dare, nec est dare eo animo, ut sibi restituatur pretium loco rei.

払われていないにも関わらず買主に所有権が移転するように、買主に所有権を移転すること、言い換えれば、自分の意思で支払期日を猶予することは、明らかに不条理であろう。というのも、売るとは、無償で与えることでもなければ、物の代償として金銭の返還を請求するという意図で与えることでもないからである。

ヴォルフの考えによれば、売主は、通常、代金が支払われたならば所有権を移転するという条件付きの意思を有している。したがって、所有権の移転の様態が売主の意思に依存している以上、所有権が移転するのは、原則的に、買主が代金を支払ったときである。

ヴォルフは、このような意思の存在を、売買における給付の対価関係に求めている。すなわち、売買が有償契約であるにもかかわらず、売主が先に履行を行うのは不自然だからである。

ヴォルフは、この説明を、以下の箇所でも繰り返している。

WOLFF, *Jus naturae methodo scientifica pertranctatum*, par. 4., cap. 4., §. 960.[35]

Quando venditor vult pretium statim solvi, dominium non transit in emtorem, nisi dum pretium solvitur: quando vero solutio consensu ipsius in diem differtur, dominium statim transit et pecunia, qua aestimatur, quasi mutuo data intelligitur. Ete-

代金が即座に支払われることを売主が欲するときは、代金が支払われない限り、所有権は買主に移転しない。しかし、支払が合意によって延期されたときは、所有権はすぐに移転する。そして、それによって評価されるところの金銭は、準消費貸借

nim venditor in emtorem rei venditae dominium non transfert nisi sub hac conditione, ut pretium solvatur (§. 958.). Quamobrem si vult pretium statim solvi, conditio non existit, nisi dum pretium solvitur, consequenter nec dominium in emtorem transit, nisi dum pretium solvitur. *Quod erat unum.* [...]

として与えられたかのようにみなされる。というのも、売主は、代金が支払われるという条件の下でのみ所有権を買主に移転する（第958節）。このような理由で、もし代金が即座に支払われることを売主が欲するならば、代金が支払われない限り、この条件は成就せず、その結果、所有権は、代金が支払われない限り、買主に移転しない。以上が第1項。[...]

■例外的に売主が買主に信用を与えたとき、所有権は即座に移転する　ヴォルフは、これに続けて、買主に信用が与えられた場合を詳しく説明する。

WOLFF, *Jus naturae methodo scientifica pertranctatum*, par. 4., cap. 4., §. 960.[36]

[...] Quodsi vero venditor consentit in dilationem pretii, cum repugnet velle, ut dominium non transferatur, nisi pretio soluto, et tamen rem vendere adeoque dare emtori (§. 937.), solutione pretii in diem dilato, quoniam aliud est vendere, aliud promittere, quod vendere velis certo tempore, perinde omnino est, ac si pecuniam numerasset adeoque pretium solvisset emtor (§. 957.), et illam mutuo eidem dedisset, seu

[...] しかし、もし売主が代金の猶予に合意したときは、代金が支払われるまで所有権が移転しないように欲することと、またしかし代金の支払を延期することによって買主に物を売ってそれゆえに与えるように欲することとは、両立しないので（第937節）、—というのは、売ることと、君がある特定の時点で売るように欲することを約束することとは、異なるからである—ここから全くもって、あたかも買主は金銭を数え

credidisset venditor (§. 514.). Quamobrem dominium statim transit in emtorem *per demonstrata n. 1.* et pecunia, qua aestimatur res vendita, quasi accepta mutuo data intelligitur emtori. *Quod erat alterum.* [...]	上げてそしてそれゆえに代金を支払ったかのようになり（第957節）、そして金銭は準消費貸借として買主に与えられたかのようになる。すなわち、売主は信用を与えた（第514節）。このような理由で、所有権はすぐに買主に移転して（第1項で証明済み）、売られた物を評価する金銭は買主に準消費貸借として与えられ受領されたかのようにみなされる。以上が第2項。[...]

売主が買主に信用を与えるならば、買主はあたかも代金を支払ったかのように扱われ、所有権は、即座に買主へ移転する。ここで言う代金の支払の猶予とは、単に代金支払の期日を契約成立の日よりも遅らせるという意味ではなく、売主が対価関係を放棄して、自分が先に履行することを認容するという意味であろう。なぜなら、代金支払の時期と所有権移転の時期とが一致させられるのは、両者の間に対価的均衡が存在しているからである。

■信用の供与は明示的に付加されねばならない　このように、ヴォルフの説明によれば、売買代金の支払が猶予されたか否かが、所有権の移転時期に影響を及ぼす。では、売買代金の支払の猶予は、売主によって明示的に為されねばならないのか、それとも、ある程度までは売買の常素としてそこに内在しているのか。ヴォルフは、前者が正しいと述べる。

WOLFF, *Jus naturae methodo scientifica pertranctatum*, par. 4., cap. 4., §. 960. [37]

[...] Contractui emtionis venditionis utique convenit, ut pretium	[...] 売買という契約と、代金が即座に支払われるということとは、明

statim solvatur, cum detur res pro pecunia, qua aestimatur (§. 937.), ut adeo res emta non intelligatur, nisi pretio statim soluto. Atque adeo hoc semper praesumitur, nisi de dilatione solutionis pretii in diem expresse fuerit conventum, nec emtio venditio perfecta intelligitur, si emtor pretium statim solvere nolit, nec venditor in solutionis dilationem consentire velit: id quod etiam in praxi quotidiana observari videmus. Dilatio adeo solutionis non pertinet ad emtionem venditionem, sed eidem tanquam extrinseca accedit per pactum eidem adiectum. [...]

らかに適合的である。なぜなら、物がそれによって評価されるところの金銭が、対価として与えられるからである（第937節）。その結果、代金が即座に支払われない限り、物は買われたとは解されない。そしてそれゆえに、このことは、代金の支払の猶予が明示的に合意されない限り、常に推定され、そしてもし買主が即座に支払おうとせず、かつ売主が代金の支払を猶予することを欲さなかったならば、売買は完成したとは理解されない。私たちは、これが実務において遵守されているのを見る。それゆえに、支払の猶予は売買そのものには帰属せず、付加的な約務を通じて外的に付け加えられるだけである。[...]

ヴォルフによれば、代金が即座に支払われることが売買の本質と整合的であり、支払の猶予は例外に過ぎない。もし買主が支払の猶予を欲するならば、売主にこのことを「約束」（pactum）してもらわねばならない。そして、この約束は、明示的に為されねばならない。ヴォルフは、これが売買の慣行であると述べる。

■代金が支払われるとは、売主によって金銭が数え上げられたときである

さて、代金が支払われるとは、実際にどの時点を指すのであろうか。ヴォルフは、次のように答えている。

WOLFF, *Jus naturae methodo scientifica pertranctatum*, par. 4., cap. 4., §. 957.[38]

Quoniam solutio requirit, ut pecunia tradatur et detur (§. 955.), dari autem nequit nisi datis corporibus (§. 953.), nec tradi potest, nisi traditis corporibus (§. 24. *part. 3. Iur. nat.*), utrumque autem fit, si pecunia creditori numeretur, cum ipsi tum tradatur tanquam debita, adeoque dandi animo; *pecunia solvitur, si creditori,* seu *ei, cui debetur, numerata.*	支払は、金銭が引渡されて与えられるために要求されるのだが（第955節）、しかし有体物が与えられない限り与えられたことにはならず（第953節）、また有体物が引渡されない限り引渡されたことにならず（第3部第24節）、しかし金銭が債務として引渡されそしてそれゆえに与える意図で引渡されるときは、もし金銭が債権者に数え上げられたならばどちらも起こるので、もし金銭が債権者にすなわち債務の相手方に数え上げられたならば、金銭は支払われたことになる。
Hinc *Marcianus* l. 49. ff. de Sol. et lib. solutam, inquit, pecuniam intelligimus, si numerata sit creditori.	このため、マルキアヌスはD 46.3.49で次のように述べる。もし金銭が債権者に数え上げられたならば、私たちは金銭が支払われたと解する、と。

代金が支払われるとは、金銭が債権者によって数え上げられたときである。つまり、提供された金銭がいくらであるかを、実際に調べ終えたときである[39]。ヴォルフによれば、ローマの法学者マルキアヌスも、そのように考えていた[40]。

このように、『科学的方法によって研究された自然法』によれば、①売主が代金の支払を猶予しなかったときは、代金の支払があったときに所有権が移転し、②売主が代金の支払を猶予したときは、売買が成立次第、即座に所有権が移転し、③代金の支払猶予がないにもかかわらず買主が代金の支払に同意しないときは、売買がそもそも完成していないとされた。

（2）『自然法と万民法の提要』における見解

■原則的に買主が支払の準備を完了したときに所有権が移転する　ところで、以上ように売買を規律すると、代金の支払の方が、目的物の所有権の移転よりも早いことになる。すると、次のような疑問が思い浮かぶ。買主が先に代金を支払うということは、売主の給付と買主の給付とが同時履行の関係に立たないということである。このような不平等は、はたして是認されうるのであろうか。この問題点は、ヴォルフ自身によっても認識され、『自然法と万民法の提要』において、若干の修正を受けることになった。

WOLFF, *Institutiones juris naturae et gentium*, par. 2., cap. 12., §. 596.[41]

Ex emtione venditione datur res pro pecunia (§. 587.). Quamobrem cum pecunia in dominio esse nequeat, nisi quatenus in corporibus consistit, nec certa sit, nisi corporibus demonstratis, consequenter dominium in pecuniam transferri nequeat, nisi datis, vel demonstratis corporibus; *naturaliter emtio venditio perfecta est, quamprimum de pretio conventum et emtor ad solvendum pretium paratus* (§. 317.), *ac emtione perfecta statim nascitur obligatio venditoris ad rem tradendam, emtoris vero ad pretium*

売買によって物が金銭のために与えられる（第587節）。それゆえに、金銭には、それが有体物から成り立っていない限り、所有権が成立せず、また有体物〔＝貨幣〕が示されない限り確定しないので、次のことが帰結する。金銭の所有権を移転することができるのは、与えられたときか、あるいは有体物〔＝貨幣〕が示されたときに限られる。自然法上は、売買が完成するのは、代金について合意されて、そして買主が代金の支払の準備を終えたときである（第317節）。そして、買いの完成によって、即座に、物を引渡す売主の

statim solvendum. Nimirum *solutio pecuniae* est actus, quo dominium et possessio pecuniae debitae una transfertur, consequenter traditionem et dationem una continet (§. 258. 320.), et *pecunia solvitur, si ei, cui debetur, numeretur.*

義務が発生して、他方で代金を即座に支払う買主の義務が発生する。すなわち、金銭の支払が行われて、これによって債務である金銭の所有権と占有とが一辺に移転されて、その結果、引渡と供与とが一辺に起こる（第258節、第320節）。そして、金銭が支払われるとは、彼に対して義務付けられているところの人に、数え上げられたときである。

売買が完成するのは、買主が代金の支払の準備を終えたときである。そして、売買が完成することによって、売主には物を引渡す義務すなわち自主占有を移転する義務が生じる。所有権ではなく自主占有を移転する義務が生じるのであるから、売買の完成と同時に所有権が買主へ移転していると理解される。したがって、『自然法と万民法の提要』においては、買主が代金支払の準備を終えたときに所有権が移転することになる。代金の支払が完了したときではない。代金の支払は、売主が金銭を数え上げることによって行われるので、代金の支払の準備ができたときとは、買主が金銭を提示して、売主がこれを数え上げる準備が完了したときに他ならない。

このような説明は、『科学的方法によって研究された自然法』における説明に似ているが、微妙に異なっている。ヴォルフはこの著作において、代金が支払われたときに所有権が移転すると述べた。ところが、『自然法と万民法の提要』においては、買主が代金支払の準備を終えたときに所有権が移転する。この差異は、売買における履行の同時性に、大きな影響を及ぼす。前者の場合、買主の代金支払は、所有権の移転よりも早い。後者の場合は、所有権の移転と代金の支払が、ほぼ同時になる。

■例外的に売主が買主に信用を与えて商品を引渡したときは、所有権が移転する　では、代金支払の準備が整うまで、常に所有権は移転しないのか。この点、『科学的方法によって研究された自然法』においては、売主が買主に支払猶予を与えたとき、所有権はその時点で買主に移転した。ヴォルフは、この点についても、『自然法と万民法の提要』で若干の変更を加えている。

WOLFF, *Institutiones juris naturae et gentium*, par. 2., cap. 12., §. 597.[42]

Fidem de pretio habere dicitur venditor emtori, vel *fidem emtoris sequi,* si verbis emtoris de pretio solvendo confidens, nec de eo solvendo sibi quocunque alio modo caveri, vel satisfieri iubens, mercem tradit. *Fidem de pretio* itaque *habere vel fidem alterius sequi est quasi accipere.* Quamobrem cum venditor fidem de pretio habens emtori idem accepisse et pecuniam emtori mutuo dedisse videatur (§. 528. 323.); *emtio venditio perfecta, quamprimum de pretio conventum et fides de eo habetur.* Nimirum venditor cum nolit rem dare nisi pro pretio, *dominium rei non ante transit in emtorem, nisi quando venditor vel actu accipit pretium, vel de eo accipiendo certus est.* Patet autem (§. 314.), *a venditoris voluntate*

売主が買主に代金について信用すると言われるのは、あるいは買主の信用に従うと言われるのは、売主が代金の支払に関する買主の言葉を信頼して、そしてその他の何らかの方法によって支払を担保させたり保証させたりすることもなく、商品を引渡すときである。したがって、代金について信用するあるいは相手方の信用に従うとは、一時的免除である。このような理由で、代金について買主を信用する売主は、同じ物を受け取ってそして買主に消費貸借として金銭を与えたとみなされるので（第528節、第323節）、売買が完成するのは、代金について合意してそしてそれについて信用が与えられたときである。すなわち、売主が代金と引き換えでなければ物を与えたくないと思っているときは、物の所有権は、売主が現に代金を受領するかあ

pendere, utrum velit pretium sibi statim solvi, an fidem de pretio habere emtori, aut de eodem sibi alio modo cautum iri, veluti fideiussione (§. 569.), aut expromissione (§. 579.).

るいはその受領について確信を抱くまで、移転しない。しかし、次のことは明らかである（第314節）。代金が即座に自分に支払われることを売主が欲しているのか、それとも代金について買主を信用することを欲しているのか、それともその他の方法で、例えば保証（第569節）や債務引受（第579節）によって自分に担保が与えられることを欲しているのかは、売主の意思に依存する。

売主が代金について信用を与えるとは、担保を取らずに、買主の代金支払を猶予して、目的物を引渡すときを言う。このような猶予は、「免除」（quasi acceptatio）と呼ばれる[43]。

そして、この免除により、いわゆる準消費貸借が成立する。ここから分かるように、ヴォルフは、売主のみが先に履行して買主が代金支払義務を負うということを、あくまでも認めなかった。彼は、売主が一時的免除を行った場合は、買主は履行したかのようにみなされると説く。その帰結として、買主が将来弁済する債務は、売買から直接的に生じた債務ではなく、準消費貸借によって生じた債務に転じる。

かくして、売主が買主に信用を与えることによっても、売買は完成する。つまり、その時点で所有権が買主に移転する。そして、信用を与えるとは、売主が担保を取らずに、代金の支払を猶予して目的物を引渡すことであるから、所有権の移転が起こるのは、引渡が行われたときである。

この『自然法と万民法の提要』における見解が、『科学的方法によって研究された自然法』と異なることは明らかである。後者の著作において、ヴォルフは、支払猶予の約束によって所有権が移転すると説いた。そこでは、引渡は要求されていなかった。しかし、前者の著作においては、支払猶予の場合に、所有権移転の要件として引渡が求められている。ヴォルフは学説変更の理由を説いていないけれども、次のように解することができる。彼は、支払猶予の約束がない場合、代金支払の準備が完了したときに、所有権が移転すると考えた。これは、給付の同時性を尊重したものである。ところで、支払猶予が行われた場合、それだけで所有権が移転すると、このような給付の同時性が崩れる。そこで、支払猶予が為されたときであっても、目的物を引渡すまでは所有権を移転しない旨の合意があるものと定めたのである。

第3節　特定物動産の二重売り

1　二重売りにおける代金支払準備の原則

このように、ヴォルフの所有権移転論は、グロチウス、プーフェンドルフおよびトマジウスらの結論とは、かなり異なっていたことが分かる。ヴォルフの説明によれば、所有権の移転は売主の意思に依存するのだが、その意思の内容は、原則的に、買主が代金支払の準備を終えたときに自分も所有権を移転するという、合理的なものであると推定される。

■二度売ることはできないが、売る約務を二度結ぶことはできる　さて、以上のような説明を二重売りに当てはめると、どうなるであろうか。ヴォルフは、『自然法と万民法の提要』において、次のように答えている。

WOLFF, *Institutiones juris naturae et gentium*, par. 2., cap. 12., §. 594. [44]

Cum *res tibi vendita* tua sit, etsi nondum tradita (§. 587. 320.); *si ea alteri denuo vendatur, venditio nulla*

君に売られた物は、たとえ引渡されなくとも（第587節、第320節）、君の物であるから、もしその物がも

est (§. 588.). Enimvero cum nuda venditionis promissione in te non transferatur dominium rei vendendae, sed saltem ius exigendi, ut eam mihi, non alii vendas (§. 379. 587.); *si rem, quam mihi vendere promisisti, alii vendas, venditio valida est* (§. 257.), *mihi tamen teneris ad id, quod interest, rem mihi venditam non fuisse* (§. 415.)

う一度他の人に売られたならば、その売りは無効である（第588節）。しかしながら、単なる売りの約務では、売られるべき物の所有権は君に移転せず、単にその物を他人ではなく自分に売るように請求する権利が移転するだけなので、（第379節、第587節）、もし君が、私に売ると約務した物を他の人に売るならば、その売りは有効である（第257節）。しかし、君は私に、その物が私に売られなかったことの利害について責めを負う（第415節）。

ヴォルフによれば、物を二度売ることはできないが、売る「約務」（promissio）を二度結ぶことはできる。この主張は、次のように理解することができる[45]。

まず、物を二度売ることができないとは、どのような意味か。物を売ることによって、所有権は、最初の買主に移転する。もし別の買主が現れたならば、彼は、非所有者から買うことになる。非所有者から買った人は、所有権を取得できない。このことは、次の箇所で明記されている。

WOLFF, *Institutiones juris naturae et gentium*, par. 2., cap. 12., §. 593.[46]

Quia non dominus rem alienam vendere nequit (§. 588.), consequenter rei alienae venditio nulla est; *res aliena emta domino sine pretio restituenda* (§. 261.), *venditor*

非所有者は他人物を売ることができないので（第588節）、その帰結として、他人物の売りは無効である。買われた他人物は所有者に対価なしで返還されるべきである（第261

autem *emtori pretium restituere tenetur* (§. 271.), consequenter *rem venditori restituere non licet, ut ab eodem pretium recuperes.*

節)。しかし、売主は買主に代金を返還するように責めを負う（第271節)。その帰結として、物が売主に返還されることは許されず、その結果、君は売主から代金を取戻さなければならない。

したがって、物を二度売ることができないとは、所有権を二度移転することはできないという意味である。

次に、売る「約務」(promissio) を二度結ぶことができるとは、どのような意味か。物を売る約務を結ぶとは、所有権移転の義務を負担することである。なぜなら、物を売るとは、所有権を買主に移転することであり、約務とは、義務負担行為だからである。そして、売主は、目的物の所有権を移転したのではなく、移転する義務を負担しただけであるから、依然として所有者に留まる。それゆえに、売主は、さらに別の買主と売る約務を結ぶか、あるいは、その人に所有権を移転することができる。したがって、売主は、売る約務を二度結ぶことができる。

以上の説明から、次のことが分かる。ヴォルフによれば、現に売ってもらった買主が所有者となり、売ってもらう約務を結んだだけの買主は、損害賠償請求権しか持たない。約務の順番にかかわらず、先に所有権を移転してもらった買主が勝つという解決は、グロチウスに近く、プーフェンドルフとは異なっている。そして、売買という契約において所有権が移転するのは、『自然法と万民法の提要』によれば、買主が代金支払の準備を完了したときであるから、二重売りにおいて所有者となるのは、先に代金支払の準備を完了した買主である。

2　非所有者から買った買主に対する保護の有無

最後に、非所有者から買った買主の保護を見ておこう。以下では、取得時効の可否についてのみ概観する。

■自主占有の継続それ自体が所有権を取得させることはない　まず、ヴォルフは、自主占有の継続それ自体が所有権を取得させることはないと説く。

WOLFF, *Institutiones juris naturae et gentium*, par. 2., cap. 8., §. 451.[47]

Acquisitio dominii ex derelictione praesumta dicitur *usucapio*. Quando vero in iure civili res usucapi dicitur per continuationem possessionis temporis lege definiti; lege civili nonnisi determinatur modus derelictionem praesumendi, qui mere civilis est. Sane cum nemo in dubium revocare possit, sola possessione dominium non acquiri (§. 200.), nec tempori esse vim possessionem validam efficiendi ad dominium acquirendum, ultro fateri cogatur; *possessio quantocunque tempore continuata non est modus naturalis acquirendi dominium*. Ceterum cum etiam res incorporales dominio subiici possint (§.

遺棄の推定にもとづく所有権の取得は、usucapio と言われる。しかし、市民法によって物は法定の時間の占有継続を通じて usucapio されると言われる。市民法のみによって規定されている遺棄推定の方法は、単なる市民法である。もちろん、占有のみによって所有権は取得されないことを何人も疑うことができないので（第200節）、また時間には、所有権を取得させるのに十分な占有を生じさせる力がないことを何人も疑うことができないので、したがって次のように言わねばならない。占有はどれほどの時間が経過しようとも、所有権の自然な取得方法にはならない。さらに、無体物も所有権に服するので（第206節）、無体物も、そ

206.); *non minus res incorporales*, consequenter *etiam ius ad rem* (§. 121. 335.), *quam corporales usucapi possunt.*

の結果「対物権」(ius ad rem) も (第121節、第335節)、有体物と同様に usucapio されうる。

自然法上の usucapio とは、所有権放棄の推定にもとづく制度である。これは、プーフェンドルフやトマジウスが述べていた usucapio 論と同じである。これに対して、一定期間の自主占有それ自体に所有権取得の効果を認めるのは、市民法上の制度であり、自然法上の制度ではない。なぜなら、自主占有それ自体には、他人の所有権を横取りする効果がないからである。

■ usucapio は先占によって基礎付けられる　自然法上の usucapio が所有権放棄の推定に基礎付けられるとは、どのような意味か。ヴォルフは、所有物の無主物化と、そこから生じる先占を導入する。

WOLFF, *Institutiones juris naturae et gentium*, par. 2., cap. 8., §. 450.[48]

Inde vero iam sequitur, *ut, si constare certo nequit, quando intererat ut constaret, num dominus rem suam dereliquerit, derelictio tamen praesumitur, quod eam dereliquerit pro vero habendum sit* (§. 449.), et per consequens *res fiat possessoris* (§. 448.), nimirum non quia possidet, sed quia res possessa pro re nullius habetur (§. 203.) et ab ipso occupata (§. 448.).

さて、ここから今や次のことが帰結する。所有者が彼の物を放棄したかどうかを確定することが重要であるときに、もしはっきりと確定することができないならば、放棄が推定され、彼がこれを放棄したことは真であるとみなされるべきである (第449節)。そして、その結果、物は占有者の物となる (第448節)。すなわち、彼がこれを占有していたからではなく、占有されている物が無主物とみなされて (第203節)、そして占有者によって先占されたからである（第448節）。

この箇所から分かるように、usucapioは、2つの段階から成り立っている。第一の段階において、現所有者による所有権の放棄が推定される。これによって、所有物は無主物に転じる。第二の段階において、この無主物が、自主占有者によって先占される。つまり、usucapioとは、所有権放棄の反射効として、先占を成立させる制度である。但し、以上のようなプロセスは、所有権放棄の有無が曖昧であり、かつ、その有無を決定しなければならないときに限られる。

■権利放棄の推定はpraescriptioと呼ばれる　usucapioとは、所有権放棄に続く先占を意味しており、それゆえに、取得者側から見たときの制度である。これに対して、所有権放棄の推定そのものにも、特別な名称が付されている。

WOLFF, *Institutiones juris naturae et gentium*, par. 2., cap. 8., §. 452.[49]

Praescriptio est amissio iuris proprii ex consensu praesumto. Quoniam itaque qui rem dereliquisse praesumitur, dominium (§. 203.) et per consequens ius vindicandi amisisse praesumendus (§. 262.); *si usucapitur, dominium et ius vindicandi praescribitur ei, qui fuerat dominus.* Etquidem hodie praescriptio et usucapio promiscue usurpantur; consultius tamen est, ut a se invi-

praescriptioとは、自己の権利が推定された合意によって失われることである。したがって、物を遺棄したと推定される人は、所有権（第203節）およびその結果として取戻す権利を失ったと推定されるべきであるから（第262節）、もしそれがusucapioされるならば、所有権および取戻す権利は、所有者だった人からpraescriptioされる。そしてもちろん、今日では、praescriptioとusu-

cem distinguantur in iure naturae, praesertim cum distinctio etiam faciat ad intimius perspiciendum Ius Romanum. Ceterum *praescriptionem esse iuris naturalis,* per rationem eandem patet, ob quam usucapionem huic iuri vindicavimus (§. 449. *et seqq.*). Nec minus manifestum est, *qui alteri praescribit ius ad id, ad quod praestandum ipsi obligatus erat, eum ab obligatione sua liberari.*

capio は明らかに混同されているが、しかし次の方がより賢明である。すなわち、自然法においては両者は区別される。とりわけなぜなら、ローマ法をより深く研究するためにも役立つからである。さらに、praescriptio が自然法に適っていることは、次の理由と同じで明らかである。すなわち、私たちが usucapio を自然法に帰す理由と同じである（第 449 節以下）。同様に、次のことも確かである。給付するように義務付けられていたことに対する権利を他人に praescriptio した人は、その人を義務から解放する。

ヴォルフは、所有権放棄の推定を praescriptio と呼ぶ。したがって、usucapio は取得時効に類似しており、praescriptio は消滅時効に類似している。

但し、次のことには注意を要する。所有権取得の時系列に関して言えば、usucapio 成立の要件として、まず praescriptio が挙げられている。というのも、usucapio とは先占であり、先占が生じるためには、先に権利の放棄、すなわち praescriptio が起こらなければならないからである。

■ usucapio のためには善意が要求され、この善意は正当な権原によって推定される　このような usucapio には、長期間の自主占有以外にも、要件が必要であろうか。トマジウスは、このことを否定した。それゆえに、自然法上の usucapio においては、悪意の占有者や暴力による占有者も保護された。これとは反対に、ヴォルフは、「善意」（bona fides）を要求している。このことは、次の箇所から明らかである。

WOLFF, *Institutiones juris naturae et gentium*, par. 2., cap. 8., §. 464.[50]

Quoniam vero, qui mala fide possidet, rem domino restituere tenetur (§.201. 261.), consequenter restituturus scire potest, utrum dominus eam suam esse velit, an nolit, cum derelictionis praesumtioni locus non sit (§. 203. 27.); *mala fides usucapioni et praescriptioni semper obstat*, consequenter *ad usucapionem et praescriptionem toto tempore possessionis bona fides requiritur.*

さて、悪意で占有している人は、物を所有者に返還する責めを負っており（第201節、第261節）、その際に、所有者はそれが自分の物であることを欲しているのかいないのかを知ることができるので、遺棄の推定の余地は存在しないのだから（第203節、第27節）、悪意の占有は、usucapio および praescriptio を常に妨げる。その帰結として、usucapio および praescriptio には、占有の全期間を通じて、善意が要求される。

自然法上の usucapio において善意が要件となるのは、悪意占有者に、目的物の返還義務が生じるからである。つまり、usucapio の成立それ自体に善意が要求されるというよりも、悪意が usucapio を阻害すると述べるほうが正しい。そして、この善意要件から、「正当な権原」（titulus iustus）の位置付けがなされる。

WOLFF, *Institutiones juris naturae et gentium*, par. 2., cap. 8., §. 454.[51]

Titulus iustus est, qui infert nudam possibilitatem iuris acquisiti, veluti dominii, non vero ipsam actualem acquisitionem, ut si quis rem emit,

正当な権原とは、例えば所有権などの権利の取得があったかもしれないことを示すだけで、実際にその権利取得があったことは示さないような

cum etiam a non domino emere potuerit. Unde *titulum iustum habere* dicitur possessor, qui possessionem acquisivit istiusmodi facto, quo dominium a domino transferri posse lex declarat. [...]

権原を言う。例えば、ある人が物を買ったけれども、しかし非所有者から買ってしまったのかもしれないときである。それゆえに、正当な権原を持つと言われるのは、占有を、それによって所有権が所有者から移転しうると法が明言しているやり方で獲得したときである。[...]

WOLFF, *Institutiones juris naturae et gentium*, par. 2., cap. 8., §. 455. [52]

Cum quod ordinarium est praesumatur (§. 453.); *quilibet possessor praesumitur dominus rei, nisi prostent rationes probabiles in contrarium, tantoque magis, si constet, eum iustum titulum habere* (§. 454.). Hinc porro liquet, *qui rem a domino praesumto*, consequenter *a possessore quocunque, cujus dominium cur sit suspectum, nullae rationes probabiles prostant, iusto titulo accepit, eum bona fide possidere* (§. 201.)

通常そうであることは推定されるので（第453節）、誰であれ占有者は、反対のことが十分な根拠によって支えられていない限り、物の所有者であると推定される。彼が正当な権原を持っていることが明らかであるならば、なおさらである（第454節）。このため、さらに次のことが確定する。所有者であると推定される人から正当な権原にもとづいて物を受け取った人は、またその帰結として、所有権に何ら合理的な疑いを持たない占有者から物を正当な権原にもとづいて受け取った人は、善意で占有している（第201節）。

「正当な権原」（titulus iustus）とは、所有権の取得に繋がる取引（例えば売買）を行って自主占有を獲得したけれども、実際に所有権を取得したか否かが分からない場合を言う。すなわち、非所有者から入手した可能性が残っている場合である。反対に、所有者から所有権を取得したことが明らかなときは、「真の権原」（titulus verus）があると言われ、所有権を取得していないことが明らかなときは、「偽の権原」（titulus falsus）があると言われる[53]。この正当な権原があるとき、自主占有者は、善意であると推定される。なぜなら、物の自主占有者は所有者と推定されるので、その自主占有者から買ったり贈与されたりした人は、正式に所有者になったと推定されるからである。

ところで、usucapio において、自主占有者には善意が要求されていた。彼は、正当な権原を有していることで、善意であるという推定の利益を受けることができる。正当な権原は、それゆえに、usucapio の成立要件ではなく、善意要件の推定根拠である。

そして、正当な権原のある善意占有は、「正当な占有」（possessio iusta）と呼ばれる。

WOLFF, *Institutiones juris naturae et gentium*, par. 2., cap. 8., §. 456.[54]

Dicitur autem *possessio iusta*, quae et titulo iusto, et bona fide constat: si alterutrum deficit, *iniusta*. Exemplum in casu posteriori est, si nosti, te rem emisse a non domino; in priori si putas, rem amissam, quam invenisti, esse tuam.

ところで、正当な占有と言われるのは、正当な権原にもとづいておりかつ善意で行われている占有である。もしどちらか一方が欠けているならば、不正な占有となる。例えば、後者が欠けているのは、自分が非所有者から買ったことを君が知っているときであり、前者が欠けているのは、君が見つけた遺失物を、自分の物だと勘違いしたときである。

■自然法上の usucapio や praescriptio には期間の要件がない　ところで、

ヴォルフは、ここまでの論述において、「期間」（tempus）の要件に全く触れていない。この点、グロチウス、プーフェンドルフおよびトマジウスは、100年という極めて長い期間を持ち出しており、まさにそれゆえに、自然法上のusucapioは、非所有者から買った買主の保護に役立たないのであった。これとは逆に、ヴォルフは、期間の要件を自然法上のusucapioから削除する。

WOLFF, *Institutiones juris naturae et gentium*, par. 2., cap. 8., §. 463. [55]

Hinc porro conficitur, *usucapionem et praescriptionem esse iuris naturalis* (§. 451. 452.). Iuris nimirum civilis est, quod praesumtio derelictionis restringatur ad certum tempus.

このため、さらに次のことが確認される。usucapioやpraescriptioは、自然法に属する（第451節、第452節）。すなわち、遺棄の推定を一定の期間と結び付けることは、市民法に属する。

この箇所から分かるように、ヴォルフの自然法論の体系には、いわゆる時効というものは存在せず、ただボワソナードが考えていたような「即時時効」（prescription instantanée）のようなものだけが認められる。それゆえに、usucapioは取得時効そのものではなく、praescriptioは消滅時効そのものではない。あくまでも、要件と効果が類似しているに過ぎない。ヴォルフは、グロチウス、プーフェンドルフおよびトマジウスが考えたものと異なるusucapioを念頭に置いている。第二買主が非所有者から買った場合は、グロチウス、プーフェンドルフあるいはトマジウスの場合と異なり、usucapioによって即座に保護される可能性がある。

第4節　本章の小括

ヴォルフの自然法論は、様々な点において、先行する論者を超えている。

まず、所有権の定義において、グロチウスらが成し遂げなかった統一的概念を打ち出した。所有権とは、物を任意に処分する権利であり、この処分という概念から、その他の効果が導き出される。グロチウスが所有権をそもそも定義しなかったこと、プーフェンドルフがこれを雑多な権利集合と捉えたこと、トマジウスが使用というやや異質な要素に着目したことと比べて、ヴォルフの定義は、近代民法典に相応しい体系性を備えている。

また、所有権移転の構成についても、卓越したものが見られる。ヴォルフは、所有者の意思によって所有権が移転すると説いた。その意思は、所有権移転の内容を決定する、能動的な意思である。他方で、譲受人は、これを承諾するだけの受動的な存在と捉えられている。したがって、売買契約においても、売主の能動的な意思が、決定的な役割を果たす。すなわち、取引慣行における売主の通常の意思が尊重される。ヴォルフによれば、売主の通常の意思は、買主が代金支払の準備を完了したときに所有権を移転する、という、履行の同時性を重視したものであった。なぜなら、売買においては、両当事者の間に給付の対価関係が存在するからである。但し、売主が代金支払を猶予して、先に目的物を引渡したときは、その時点で所有権は買主に移転する。このような契約と所有権移転との関係は、近世自然法論におけるひとつの到達点を示している。なぜなら、グロチウスやプーフェンドルフにおいて未分離であった義務負担行為とその履行が、明瞭に分けられているからである。

ここから、ヴォルフにおける二重売りは、次のように理解される。二人の買主のうち、売買代金の支払準備を完了したか、あるいは代金支払を猶予されて目的物を先に引渡された方が、所有権を取得する。このとき、所有権を取得できなかった買主には、損害賠償請求権が認められる。

ヴォルフはさらに、期間の要件を有さない usucapio を認めているので、正当な権原およびそこから推定される善意を備えた自主占有者は、即座に所有者であると推定される。したがって、非所有者から買った買主も、この自然法上の usucapio によって保護される可能性を有する。このようなヴォルフの usucapio 論は、ローマ普通法学における短期の usucapio を通り越して、即時取得に類似する制度にまで達している。そしてそれゆえに、自然法論自体が国内法的なものへ変化しつつあることを示唆している。なぜなら、期間制限のない usucapio が国家間で認められることは、両国の関係にとって非常に危険だからである。ヴォルフの自然法論は、国際法というよりも、将来の民法典を基礎付ける理想的な法体系に近い。この変質をどのように評価するかについては、また別の機会に譲りたい。

注

1　勝田=山内（編）［86, p. 211］（柳原正治）

2　勝田=山内（編）［86, p. 212］（柳原正治）

3　STOLLEIS（ed.）［38, p. 258］（THOMANN）

4　シュトライス(編)＝佐々木・柳原(訳)［68, p. 437］

5　WOLFF［47, pp. 117-118］

6　WOLFF［47, pp. 119-120］

7　ius proprium（固有の権利）とは、ius commune（共通の権利）と対置される概念である。ここで、共通の権利とは、ある権利が複数人に属しているときを言う。これに対して、固有の権利とは、個人にあるいはひとまとまりの集団にその権利が帰属しているときを言う。WOLFF［47, pp. 1-2］par. 2., cap. 1., §. 2.; WOLFF［50, p. 106］par. 2., cap. 1., §. 191.; WOLFF［50, p. 53］par. 1., cap. 3., §. 101.

8　ボワソナードは、disposer という単語によって、所有者が propriété を放棄する場合を念頭に置いている。BOISSONADE［59, pp. 82-83］。プーフェンドルフも、disponere という単語によって、やはり dominium 放棄の場合を念頭に置いていたように思われる。PUFENDORF［33, p. 354］lib. 4., cap. 4., §. 2., *Caeterum ea.*; PUFENDORF［33, p. 401］lib. 4., cap. 9., §. 1., *Ut igitur.*。なお、プーフェンドルフは、dominium の一般的定義においてはヴォルフから離れているが、個別的な権利内容の説明においてはヴォルフと同じ表現を用いている。PUFENDORF［33, p. 354］lib. 4., cap. 4., §. 2.「[...] 私たちは、私たちの任意に disponere して、そしてその物の使用から他の人々を排斥することができる。[...]」（[...] pro arbitrio nostro disponere, et ab earundem usu quosvis alios arcere possimus; [...]）

9　Wolff［50, pp. 108-109］
10　Wolff［47, pp. 127-128］
11　Wolff［47, p. 496］
12　Wolff［50, p. 138］par. 2., cap. 3., §. 257 も参照。
13　Wolff［50, pp. 110-111］
14　Wolff［48, p. 5］
15　Wolff［48, p. 6］
16　Wolff［50, pp. 169-170］
17　Wolff［50, pp. 167-168］par. 2., cap. 5., §. 314 も参照。
18　Wolff［50, p. 169］
19　Wolff［48, p. 12］
20　Wolff［48, pp. 10-11］
21　Wolff［48, pp. 12-13］
22　Wolff［50, pp. 170-171］
23　Wolff［50, p. 112］par. 2., cap. 1., §. 200.
24　Wolff［48, pp. 15-16］
25　Wolff［48, pp. 18-19］
26　Wolff［48, pp. 26-27］
27　Wolff［48, p. 27］par. 3., cap. 1., §. 42.
28　Wolff［48, pp. 29-30］
29　Wolff［48, pp. 45-46］
30　Wolff［50, pp. 324-325］；Wolff［49, p. 644］も参照。
31　Wolff［50, p. 277］
32　Wolff［50, p. 200］
33　Wolff［50, p. 233］
34　Wolff［49, p. 659］
35　Wolff［49, pp. 659-660］
36　Wolff［49, pp. 659-660］
37　Wolff［49, pp. 659-660］
38　Wolff［49, p. 658］
39　債権者が「数え上げる」（numerare）という作業は、おそらく、現代社会におけるそれよりも大きな意義を有していた。グロチウス、プーフェンドルフおよびヴォルフは、共通して、貨幣変動 Münzenveränderung という問題を扱っている。GROTIUS［15, p. 270］lib. 2., cap. 12., §. 17.; PUFENDORF［33, pp. 495-496］lib. 5., cap. 7., §. 6-7.; WOLFF［50, p. 287］par. 2., cap. 11., §. 534.。すなわち、貨幣経済が未だ不安定な時代においては、貨幣価値の下落が容易に起こりえた。このため、弁済期に貨幣価値が変動する危険を、債権者と債務者のいずれが負担するか、という問題が、とりわけ消費貸借において深刻なものとなっていた。この点、中世の法学者たちは、貨幣の内的な価値 bonitas intrinseca（その貨幣自体がどのくらいの価値を有するか）と外的な価値 bonitas extrinseca（その貨幣は別の貨幣とどのような比率で交換されるか）とを区別した。そして、通説は、契約締結時の内的な価値が、弁済時も維持されるべきであると判断した。COING［9, p. 473］。つまり、貨幣変動によって債権者が損失を蒙ってはならないという判断である。このような社会においては、弁済の対象となっている金銭の価値をよく調べることが必要になる。ローマ法においても、貨幣 nummus は、「高度な代替性を有する抽象的価値を体現するものとは考えられていなかった」。田中［102, p. 275］

40　D 46.3.49（MARCIANUS l.S. ad hypoth. form.）「もし金銭が債権者によって数え上げられたならば、その金銭は支払われたと解するのが自然である。しかし、たとえ債権者の指示によって他の人に支払われたか、あるいは債権者の債権者にあるいは将来の債務者にあるいは贈与を受けることになっている人に支払われたならば、［金銭を支払った人は］解放されるべきである。もし債権者が支払を確認するならば、同じことが妥当すべきである。もし金銭が後見人に、保佐人にあるいは委託事務管理人にあるいは彼の承継人にあるいは原告代理人になっている奴隷に支払われたならば、彼に支払われたことが有効になる。しかし、もし免除が為されて、問答契約を理由に抵当が義務付けられたかあるいは問答契約なしで抵当が受け取られたならば、なるほど solutio というラテン語は妥当せず、satisfactio というラテン語が適切である」（Solutam pecuniam intellegimus utique naturaliter, si numerata sit creditori. sed et si iussu eius alii solvatur, vel creditori eius vel futuro debitori vel etiam ei cui donaturus erat, absolvi debet. ratam quoque solutionem si creditor habuerit, idem erit. tutori quoque si soluta sit pecunia vel curatori vel procuratori vel cuilibet successori vel servo actori, proficiet ei solutio. quod si acceptum latum sit, quod stipulationis nomine hypotheca erat obligata vel sine stipulatione accepta sit, solutionis quidem verbum non proficiet, sed satisdationis sufficit.）

41　WOLFF［50, pp. 329-330］

42　Wolff［50, pp. 330-331］

43　この acceptatio という用語法は、おそらくローマ法から借用されている。acceptatio には、「受領する」（empfangen）という通常の意味の他に、「債務を免除する」（eine Schuld erlassen）という意味もある。Heumann = Seckel［19, p. 8］

44　Wolff［50, p. 329］

45　筏津［103］は、ここでも、現実売買と将来履行の売買との事案が混在する文章であると解する。筏津［103, p. 53］。つまり、『自然法と万民法の提要』第2部第12章第594節の前半では現実売買における意思による所有権移転が適用されており、後半では非現実売買における意思主義の後退が見られると、筏津論文は言う。しかし、このような解釈に対しては、すぐに次のような疑問が思い浮かぶ。現実売買において二重売りが起こることはありえないのだから、このような解釈の下では、ヴォルフの説明は意味を持たないのではないか、と。

46　Wolff［50, p. 328］

47　Wolff［50, p. 242］

48　Wolff［50, pp. 241-242］

49　Wolff［50, pp. 242-243］

50　Wolff［50, pp. 239］

51　Wolff［50, pp. 245-246］

52　Wolff［50, p. 246］

53　Wolff［50, pp. 245-246］ par. 2., cap. 8., §. 454.

54　Wolff［50, p. 246］

55　Wolff［50, p. 249］

おわりに

本書の研究成果をまとめる。

■所有権の定義について、ボワソナードは近世自然法論の影響を受けていない　近世自然法論者たちは、統一的な所有権概念というものを共有していなかった。自然法上の所有権概念は、長い歴史の中で次第に改善改良されていったものである。

グロチウスは、所有権を定義しなかったが、アリストテレスに倣って、「他人の物にする権利」(ius alienandi) が所有権に内在していると考えた。彼は、当時のローマ普通法学に倣って、この他人の物にする権利を、ラテン語で proprietas と呼んだ。

プーフェンドルフは、所有権を、物に対する排他的な帰属関係であると定義した。プーフェンドルフは、所有権の一般的な定式化を試みたという点で画期的な一歩を踏み出している。また、ラテン語の dominium と proprietas とを区別するローマ普通法学の用語法に反対しており、両者を同義語として扱った。プーフェンドルフは、当時のローマ普通法学から一歩距離を置いて、所有権の新しい定式化を試みようとしている。しかし、所有権に内在する個別的な権利、例えば処分権や使用収益権をこの一般的な定義にもとづいて体系的に根拠付けるという段階には、まだ至っていない。

トマジウスは、プーフェンドルフのこのような定義を踏まえた上で、所有権の一般的な定義とそれに内在する個別的な権利とを相互に関連付ける作業に取り掛かった。そして、所有権の本質は「使用」(usus) にあると捉えて、所有権に内在する個別的な権利は全て、この使用する権利から導き出されると考えた。トマジウスのこのような定式化は、一般的な定義と個別的な権利との架橋に着手したという点では画期的であった。しかし、なぜ使用する権利が物の排他的な帰属関係から導き出されるのか、という点については、曖昧さが残っている。

ヴォルフは、今回紹介した4人の自然法論者の中で、最も整合的に所有権の定式化を行った人物である。ヴォルフは、物の排他的帰属関係というプーフェンドルフおよびトマジウスの定義を放棄して、物を任意に「処分」(disponere) する権利であると定義した。ここでヴォルフが用いている「処分」(disponere) とは、そこから所有権のあらゆる個別的な権利が演繹される包括的な概念であり、平易に言えば、物を好きなように処置する権利を意味する。そして、ヴォルフは、この任意の処分から、使用収益する権利、譲渡する権利および他人をそこから排除する権利を導き出した。ここにおいて、所有権の一般的定義から個別的な権利内容を演繹可能な形で導き出すという体系化が、ひとつの到達点を見たのである。

以上のような所有権の発展史に鑑みると、ボワソナードの所有権概念は、使用収益処分する権利の単純な列挙によって定義されている点で、近世自然法論の影響を受けていないと言える。ボワソナードには、所有権をひとつの包括的な概念として把握しようとする姿勢が見られない。一般的な定義は与えられておらず、個々の権利同士の内的連関もおよそ明確ではない。

■所有権移転の一般規則について、ボワソナード草案はプーフェンドルフの学説に最も近い　所有権移転の一般規則については、近世自然法論者全員が、所有権の移転に関する当事者の「意思」(voluntas) に重点を置いている。しかし、それにもかかわらず、論者ごとに微妙な違いが見られる。グロチウスは、所有者の意思の表示と譲受人の意思の表示とによって、所有権が承継的に移転すると理解した。ここで注目されるのは、このような2つの意思の存在を、ラテン語における conventio や pactum という合意を意味する用語によって言い表さなかったことである。グロチウスは、合意によって所有権が移転すると説いているのではなく、あくまでも2つの意思によって移転すると説いている。

プーフェンドルフは、このようなグロチウスの定式化を採用しなかった。というのも、プーフェンドルフは、所有者と譲受人とが所有権の移転に関する「合意」（conventio）を結ぶことによって所有権が移転すると考えたからである。

トマジウスは、このプーフェンドルフの用語法には従わず、グロチウスへと回帰している。すなわち、所有権の移転に関する所有者の意思の表示と譲受人の意思の表示とによって、所有権が承継的に移転すると説いた。ここでも、従来の法律ラテン語である conventio や pactum という表現は見られない。

ヴォルフは当初、プーフェンドルフと同様に、合意による所有権の移転を構想していたが、これは後に放棄された。そして、所有者の意思が所有権の移転に決定的な主導権を持つものとされた。グロチウスやトマジウスによって所有者の意思と同列に扱われていた譲受人の意思は今や、所有者の意思を承諾するか否かという受動的な行為へと後退させられている。

これらの近世自然法論者たちの見解と比較すれば、ボワソナードは、プーフェンドルフの見解に近いことが分かる。すなわち、所有者と譲受人とのあいだで行われる譲渡の合意によって所有権が移転すると解している。彼は、グロチウスやトマジウスにおいて見られたような2つの意思による移転という考え方を採っておらず、また、ヴォルフにおいて見られたような所有者の意思の優越という考え方も採っていない。

■売買における所有権の移転についても、ボワソナード草案はプーフェンドルフの学説に最も近い　以上のような所有権移転の一般規則は、各論者が売買をどのように理解しているかに応じて、修正を受けることがある。

グロチウスは、彼の所有権移転の一般規則を、売買にもそのまま適用した。すなわち、売買においても、所有権移転に関する所有者の意思の表示と譲受人の意思の表示とによって、所有権が売主から買主へと移転する。売買が双務有償契約であること、あるいは諾成契約であることは、ここでは何の意味も持たない。けれども、これは、グロチウスが物権法と債務法との厳格な区別に至っていたからではない。事実はむしろその反対である。グロチウスは、義務負担行為もその履行も同列に「契約」(contractus) と名付けており、具体的な取引における義務負担とその履行との関係を分析しなかった。したがって、契約の性質が所有権の移転に影響を及ぼすという構造自体が、グロチウスの自然法論においては最初から成立しえないのである。

プーフェンドルフは、合意による所有権の移転という原則を、売買には適用していない。彼は、売買という「相互的な義務負担行為」(contractus) においては、ただその負担行為を行うだけで所有権が移転すると説いた。なぜなら、プーフェンドルフの売買概念によれば、売買とは代金とその支払方法について合意されるや否や、所有権の移転を引き起こすような契約だからである。彼は、総論部分において、純粋な義務負担行為と履行行為とを区別しており、この点でグロチウスよりも先進的であった。しかし、売買においては、義務負担行為と所有権移転行為との区別を再び放棄している。

トマジウスは、彼の主著『神法学提要』(*Institutiones jurisprudentiae divinae*, 1688 年) および『自然法と万民法の基礎』(*Fundamenta juris naturae et gentium*, 1705 年) において、体系的な契約論を展開しなかった。彼は、これらの主著において、契約の一般的定義から個々の契約類型を詳細に論じるという課題に取り組んでいない。したがって、今回の研究においては、彼の自然法論における売買と所有権移転との関係は、明らかにならなかった。

ヴォルフは、契約という概念を、片務的な義務負担行為と双務的な義務負担行為との両方を含む包括的な概念に昇華した。売買という契約は、純粋な双方的義務負担行為の一種として捉えられている。したがって、売買それ自体に所有権を移転させる効果はなく、所有権移転に関する売主の意思が決定的な基準となる。ヴォルフの売買概念は、それ自体では所有権の移転の仕方を決定しない。しかし、売買は有償であるということから、売主が特段明示しない限り、代金支払の準備が完了したときに所有権を移転する意思があるものとみなされる。

これらの見解とボワソナードの売買概念および契約概念とを比較すると、ボワソナードは、ヴォルフのような債務法と物権法との厳格な峻別には依拠しておらず、むしろプーフェンドルフに近いことが分かる。なるほど、ボワソナードも、総論部分では契約を債権取得行為であると定義している。しかし、特定物の売買という具体的な契約において、所有権は即座に買主へ移転すると定められており、売主はこれを変更することができない。つまり、ボワソナードも、総論部分において債務法と物権法とを区別しているだけであり、これを個々の契約には反映させていない。このような売買の理解が、債務法と物権法との峻別を厳格に採用した富井のドイツ法的観点から批判されたことは、当然の成り行きであったと言える。

■引渡および占有の理解について、ボワソナードは近世自然法論から影響を受けていない　「引渡」（traditio）および「占有」（possessio）について、近世自然法論者はその大部分を、既存のローマ法研究に負っている。この点に関して、近世自然法論者たちは、自然法論的なオリジナリティを出すことよりも、むしろローマ法の個別的判断に「体系性」（Systematik）を与えるという課題に取り組んだ。

グロチウスは、ローマ法の法文を引用しながら、そこに見られる引渡要件の問題点を指摘した。すなわち、ローマの法学者たちは、所有権の移転に引渡（グロチウスが念頭に置いているのは所有者から譲受人への物の空間的な移動である）が必要であると説きながら、非常に多くの例外を認めている。けれども、グロチウスによれば、ローマ法が混乱しているわけでもなければ、自然法に反しているわけでもない。というのも、引渡は所有権の移転があったことの証拠であり、常に必要と解する理由がないからである。自然法上も、売買において所有権の移転がいつ行われたか判然としない場合は、引渡が行われたときに所有権が移転したとみなされる。他方で、占有について、グロチウスはおよそ新しい見解を付け加えていない。

プーフェンドルフは、グロチウスにおいて大幅に省かれていた引渡および占有に関する学説を、ローマ法の法文および註釈学派の解釈からほとんどそのまま移植することによって補った。このため、プーフェンドルフの書物における用語法は、いずれもローマ法の法文あるいはそれに対する註釈から借用されたものである。彼は、占有の分類についても、アゾーやバシアヌスらの間で行われていた議論を援用しているに過ぎない。したがって、ローマ法のカズイスティックな判断に体系性を与えるという作業は、ここでは着手されたばかりであり、ほとんどその成果を見せていない。

トマジウスは、グロチウスの見解、すなわち引渡（トマジウスが念頭に置いているのは占有の移転である）は所有権移転の要件ではなく証拠になるという見解に賛同している。そして、ローマ法の法文が一定の場合に引渡を要求し、一定の場合に要求していないことを、ここから自然法によって基礎付けようとした。例えば、ローマ法が遺言相続において引渡を要求しないことは、遺言が所有権移転の意思をはっきりと証明するので、それ以上の証拠は必要ないという形で説明が為されている。トマジウスもグロチウスと同様に、引渡と占有の一般的分析については、論述を割いていない。

ヴォルフは、所有権についてそうであったように、引渡および占有についても、グロチウスらよりずっと体系的な定式化を与えた。ヴォルフは、自然法上の占有を、所有者として物を物理的に使用することが可能な状態であると定義して、ここから引渡を、そのような状態を創設する一連の行為であると解した。これによって、ローマ普通法学において既に与えられていた「長手の引渡」（traditio longa manu、物を譲受人の視界に置くこと）、「短手の引渡」（traditio brevi manu、物の所持人に占有を与えること）、「象徴的な引渡」（traditio symbolica、例えば倉庫の鍵の引渡）も、引渡の一般的な定義から体系的に整理されることが可能になった。他方で、引渡が所有権移転の証拠になるという考え方は、ヴォルフにおいては採用されていない。

これらの見解と比較すると、ボワソナードの「引渡」（délivrance）概念も「占有」（possession）概念も、おそらく近世自然法論から取られたものではなく、ローマ法あるいはフランス法から取られている可能性が高いように思われる。そもそも近世自然法論者たちは、引渡や占有について独創的な見解を打ち出していないのであるから、この点について影響を考慮すること自体が適切ではないのかもしれない。

■結論：ボワソナードが自然法論的であると言われるのは、所有権および売買契約に限って言えば、プーフェンドルフに代表される17世紀の自然法学説から影響を受けたという意味である　本書の課題は、ボワソナードと啓蒙期自然法論との関係を、思想史的に位置付けることであった。その解答を結論部分としたい。グロチウスは、二重売りが行われたとき、引渡であれ何であれ、意思の表示をより明瞭に受けた買主が所有者になると考えた。これは、引渡を所有権移転の要件ではなく証拠と考える立場から考案された解決であり、引渡を受けた買主の方が意思の証明において有利であるとされる。トマジウスも同じような考えを採っていたと推測されるが、この点について明確に述べていないので、断言することはできない。

プーフェンドルフは、売買という義務負担行為それ自体によって所有権が移転すると考えたので、先に売買を締結した買主すなわち第一買主が常に優先すると理解した。第二買主には、損害賠償請求権しか認められない。二回目の売りは反モラル的な行為すなわち盗に該当するという懸念が、プーフェンドルフにはあったのではないかと推測される。

ヴォルフは、売買を純粋な義務負担行為と定義することで、所有権移転に関する売主の意思と区別した。売主の意思内容は、特段の取決めがない限り、買主が代金支払の準備を完了するならば、という条件が付されているものとされる。それゆえに、二重売りが行われたときは、特段の取決めがない限り、先に売買代金の支払準備を完了した方が所有権を取得する。但し、ヴォルフは、「使用取得」（usucapio）による救済を肯定しており、正当な権原かつ善意で占有を獲得した者は、所有権取得の推定を即座に受けるものと定めている。この即時取得に類似する制度によって、代金支払の準備に遅れた買主が保護される可能性はある。

ボワソナードにおける二重売り論は、所有者から特定物売買が一旦行われるや否や所有権が買主へ移転して、第二買主は常に非所有者から買うことになるという点で、プーフェンドルフの理論構成と等しい。この一致は、ボワソナードの所有権移転論がプーフェンドルフのそれに最も近いということからして、納得のいくものである。しかし、第二買主の保護については異なる。プーフェンドルフは、第二買主に損害賠償請求権のみを与えた。これに対して、ボワソナードは、第二買主が「即時時効」(prescription instantanée)によって所有権取得の推定を受けられる道を開いた。この即時時効は、第二買主が善意かつ正当な権原にもとづいて目的物の占有を獲得することによって成立する。そして、この解決が、前述のヴォルフのものと極めて類似していることは明らかである。

以上のことから、ボワソナードの思想が啓蒙期自然法論に属さないという従来の学説は、修正を必要とするように思われる。ボワソナードは、アリストテレス的・スコラ的な意味でのみ自然法論者であったとは言えない。啓蒙期の思想的潮流もまた、彼は受け継いでいる。売買における所有権の移転のみならず、他の法制度についても、本書と同じような比較を施す意義があろう。

無論、それは、18世紀において頂点に達した啓蒙期自然法論の成果を全て吸収したという意味でもない。売買概念についてはプーフェンドルフに類似しており、第二買主の救済についてはヴォルフに類似しているという、部分的な一致関係が見られるだけである。ボワソナードは、契約概念に関するヴォルフの成果を受容しなかった。他方で、プーフェンドルフとの類似性は、売買における義務負担行為と所有権移転行為が未分離であるという点で、我が国の民法典にも深い影響を与えている。二重売りに関する現行民法典の説明が難解であることは、プーフェンドルフ的な売買概念と、ヴォルフ的な取引安定の重視とが、本来的には両立困難であることに由来する。

以上を本書の結論としたうえで、最後に、今後の課題と展望を提示しておく。第一に、今回の法制史的な発見は、現在の民法学説に対してどのような解決案を提示することができるのであろうか。問題の源泉の指摘は、時として、その問題の解決に重要な切っ掛けを与える。ふたつの異なる自然法思想の混合が、物権変動における対抗要件の問題を生み出しているのだとすれば、個々の思想の擦り合わせ可能な局面を発見することによって、解決が与えられるかもしれない。第二に、本書では、現行民法典に対するドイツ法の影響を、考慮に入れることができなかった。ドイツ法的なものとフランス法的なものとの混合もまた、論点の形成に寄与しているはずである。この点を明らかにすることによって、我が国における自然法論の位置付けもまた、より明確になるであろう。

参考文献

[1] ACCURSIUS: *Glossa ordinaria: digestum nouum, pandectarum iuris civilis tomus tertius*. Lyon : (unknown), 1551

[2] ACCURSIUS: *Corpus iuris civilis Iustinianei: reimpressio phototypica editionis 1627*. Osnabrück : Otto Zeller, 1966

[3] ANTONIUS, Nebrissensis: *Vocabularium Iuris Utriusque huic singulas a Lexico A. Nebrissensis collectas dictiones interiecimus*. Lyon : apud Simphorianum Beraud, 1579

[4] Azo: *Summa Azonis*. Lyon : (unknown), 1533

[5] BALDUS: *Opera Omnia Baldi Ubaldi Perusini*. Bd. 5. Venezia : (unknown), 1615

[6] BARTHOLUS: *Opera omnia*. Bd. 5. Lyon : (unknown), 1581

[7] BIERMANN, Johannes: *Traditio ficta*. Amsterdam : Verlag B. R. Grüner, 1968

[8] BRUNS, Carl G.: *Das Recht des Besitzes im Mittelalter und in der Gegenwart*. Tübingen : Laupp, 1848

[9] COING, Helmut: *Europäisches Privatrecht 1500–1800*. Bd. 1. München : C. H. Beck'sche Verlagsbuchhandlung, 1985

[10] CUJACIUS, Jacobus: *Opera omnia*. Bd. 9. Goldbach : Keip Verlag, 1996

[11] DONELLUS, Hugo: *Opera Omnia*. Bd. 1. Frankfurt am Main : Keip, 1997

[12] FRIEDBERG, Aemilius (Hrsg.): *Corpus iuris canonici*. Bd. 1. Lipsiae : ex officina Bernhardi Tauchnitz, 1879

[13] GLÜCK, Christian F.: *Ausführliche Erläuterung der Pandecten nach Hellfeld*. Bd. 17.2. Berlin : Johann Jacob Palm, 1844

[14] GRATIANUS: *Decretum Gratiani*. Romae : (unknown), 1582

[15] GROTIUS, Hugo: *De iure belli ac pacis, libri tres, in quibus ius naturae et gentium, item iuris publici praecipua explicantur*. Lugduni Batavorum : A. W. Sijthoff, 1919

[16] GROTIUS, Hugo: *The jurisprudence of Holland*. Bd. 1. Oxford : Clarendon Press, 1926

[17] GROTIUS, Hugo ; BARBEYRAC, Jean: *The rights of war and peace, in three books : wherein are explained, the law of nature and nations, and the principal points relating to government / translated into English ; to which are added, all the large notes of Mr. J. Barbeyrac*. Clark, N.J. : Lawbook Exchange, 2004

[18] GROTIUS, Hugo ; BARBEYRAC, Jean: *Le droit de la guerre et de la paix; traduction*

de Jean Barbeyrac. Bd. 1. Caen : Université de Caen, 1984

[19] HEUMANN, H. (Hrsg.); SECKEL, E. (Hrsg.): *Handlexikon zu den Quellen des römischen Rechts*. 11. Graz : Akademische Druck- u. Verlagsanstalt, 1971

[20] HOBBES, Thomas: *The Clarendon edition of the philosophical works of Thomas Hobbes*. Bd. 2: De Cive: the Latin version. 1. London : Oxford University Press, 1981

[21] KAISER, Wolfgang: Zur hundertjährigen Verjährung zugunsten der römischen Kirche. In: *Zeitschrift der Savigny-Stiftung für Rechtsgeschichte*. Kan. 85 (1999), S. 60-103

[22] KASER, Max: *Römisches Privatrecht*. 10. München : C. H. Beck'sche Verlagsbuchhandlung, 1977

[23] KASER, Max: *Römisches Privatrecht*. 14. München : C. H. Beck'sche Verlagsbuchhandlung, 1986

[24] KOSCHAKER, Paul: *Europa und das römische Recht*. 4. München und Berlin : C. H. Beck'sche Verlagsbuchhandlung, 1966

[25] LANGE, Hermann: *Römisches Recht im Mittelalter*. Bd. 1. München : C. H. Beck'sche Verlagsbuchhandlung, 1997

[26] LIEBERWIRTH, Rolf: *Christian Thomasius: sein wissenschaftliches Lebenswerk: eine Bibliographie*. Weimar : H. Böhlau, 1955

[27] MAYER-MALY, Theo: Der Konsens als Grundlage des Vertrages. In: *Festschrift für Erwin Seidl zum 70. Geburtstag*. Köln : Peter Hanstein Verlag, 1975, S. 118-129

[28] MICHAELS, Ralf: *Sachzuordnung durch Kaufvertrag: Traditionsprinzip, Konsensprinzip, ius ad rem in Geschichte, Theorie und geltendem Recht*. Berlin : Duncker und Humblot, 2002

[29] OSIANDER, Johann A.: *Observationes maximam partem theologicae in libros tres de jure belli et pacis Hugonis Grotii*. Tubingae : Joh. Georgii Cottae, 1671

[30] POTHIER, R. J.: *A treatise on the law of obligations, or contracts*. Union, New Jersey : The Lawbook Exchange, 2000

[31] PRATEJUS, Pardulphus: *Lexicon Iuris Civilis et Canonici*. Frankfurt am Main : impensis Sigismundi Feyrabend, 1581

[32] PUFENDORF, Samuel von ; SCHMIDT, Wilhelm (Hrsg.) u. a.: *De officio*. Berlin : Akademie Verlag, 1997 (Gesammelte Werke 2)

[33] PUFENDORF, Samuel von ; SCHMIDT, Wilhelm (Hrsg.) u. a.: *De jure naturae et gentium*. Berlin : Akademie Verlag, 1998 (Gesammelte Werke 4)

[34] PUFENDORF, Samuel von: *Elementa jurisprudentiae universalis*. Berlin : Akademie Verlag, 1999 (Gesammelte Werke 3)

[35] SAVIGNY, F. C. v.: *Das Recht des Besitzes*. 1. Frankfurt am Main : Vico Verlag, 2009

[36] SCHILLING, Bruno (Hrsg.); SINTENIS, Carl Friedrich F. (Hrsg.): *Das corpus juris canonici in seinen wichtigsten und anwendbarsten Theilen*. Bd. 1. Leipzig : Carl Focke, 1834

[37] SPIEGEL, Jacob: *Lexicon iuris civilis*. Lyon : Apud Sebastianum Gryphium, 1552

[38] STOLLEIS, Michael (Hrsg.): *Staatsdenker im 17. und 18. Jahrhundert: Reichspublizistik, Politik, Naturrecht*. 2. Frankfurt am Main : A. Metzner, 1987

[39] STRYK, Samuel: *Specimen usus moderni Pandectarum*. Bd. 2. Florentiae : apud Josephum Celli, 1841

[40] THIEME, Hans: Humanismus und Naturrecht in Berlin-Brandenburg als Aufgabe der Geschichtsforschung. In: BÜSCH, Otto (Hrsg.); THIEME, Hans (Hrsg.): *Humanismus und Naturrecht in Berlin-Brandenburg-Preußen*. Berlin : De Gruyter, 1979, S. 3-15

[41] THOMASIUS, Christian: *Institutiones jurisprudentiae divinae*. Aalen : Scientia Verlag, 1963

[42] THOMASIUS, Christian ; BESSEL, Christophorus H.: *De origine successionis testamentariae*. Halle, Saale : Salfeld, 1721

[43] THOMASIUS, Christian ; FRANCK, Johann G.: *De dominio et ejus natura in genere intuitu juris Germanici privati*. Halle, Saale : Salfeld, 1721

[44] WIEACKER, Franz: *Privatrechtsgeschichte der Neuzeit: unter besonderer Berücksichtigung der deutschen Entwicklung*. 2. Göttingen : Vandenhoeck und Ruprecht, 1967

[45] WIEACKER, Franz: Die vertragliche Obligation bei den Klassikern des Vernunftrechts. In: *Festschrift für Hans Welzel zum 70. Geburtstag am 25. März 1974*. Berlin : W. de Gruyter, 1974, S. 7-22

[46] WOLF, Erik: *Grosse Rechtsdenker der deutschen Geistesgeschichte*. 4. Tübingen : Mohr, 1963

[47] WOLFF, Christian: *Jus naturae methodo scientifica pertractatum*. Bd. 2. Halae

Magdeburgicae : Officina Libraria Rengeriana, 1742

[48] WOLFF, Christian: *Jus Naturae*. Bd. 3. Hildesheim : Georg Olms Verlagsbuchhandlung, 1968

[49] WOLFF, Christian: *Jus Naturae*. Bd. 4. Hildesheim : Georg Olms Verlagsbuchhandlung, 1968

[50] WOLFF, Christian: *Institutiones juris naturae et gentium*. Hildesheim : Georg Olms Verlagsbuchhandlung, 1969

[51] ZIEGLER, Caspar: *In Hugonis Grotii de jure belli ac pacis*. Wittenbergae : D. Tobiae Mevii et Elerdi Schumacheri, 1676

[52] ゲオルク・クリンゲンベルク（著）；瀧澤栄治（訳）：ローマ債権法講義. 大学教育出版, 2001

[53] ゲオルク・クリンゲンベルク（著）；瀧澤栄治（訳）：ローマ物権法講義. 大学教育出版, 2007

[54] ボワソナード（訓定）；富井政章（校閲）：日本民法〔明治 23 年〕義解 人権及ヒ義務. 東京：信山社, 1998（日本立法資料全集別巻 113）

[55] ボワソナード（訓定）；富井政章（校閲）：日本民法〔明治 23 年〕義解 物権（下）. 東京：信山社, 1998（日本立法資料全集別巻 112）

[56] ボワソナード（講義）；井上操（筆記）：性法講義〔小笠原版〕. 東京：信山社, 1992（復刻叢書法律学篇 28）

[57] ボワソナード（講義）；井上操（筆記）：性法講義〔寶玉堂版〕. 東京：信山社, 1992（復刻叢書法律学篇 29）

[58] ボワソナード民法典研究会（Hrsg.）：ボワソナード民法典資料集成 後期 IV. Bd. 2：*G. Boissonade: Projet de Code civil pour l'Empire du Japon accompagné d'un commentaire: Nouvelle édition: Livre II, Des biens, Des droits personnels, Art. 314-600.* 東京：雄松堂出版, 1998

[59] ボワソナード民法典研究会（Hrsg.）：ボワソナード民法典資料集成 後期 IV. Bd. 1：*G. Boissonade: Projet de Code civil pour l'Empire du Japon accompagné d'un commentaire: Nouvelle édition.: Livre II, Des biens, Des droits rèels, Art. 1-313.* 東京：雄松堂出版, 1998

[60] ボワソナード民法典研究会（Hrsg.）：ボワソナード民法典資料集成 後期 IV. Bd. 3：*G. Boissonade: Projet de Code civil pour l'Empire du Japon accompagné d'un commentaire: Nouvelle édition.: Livre II, Des biens, Des obligations, Art. 314-600.* 東京：雄松堂出版, 1998

[61] ボワソナード民法典研究会（Hrsg.）：*G. Boissonade: Projet de Code civil pour l'Empire du Japon accompagné d'un commentaire. Nouvelle édition.: Livre IV Des sûretés, Livre V Des preuves, Art. 1001-1501*. Bd. 4. 東京：雄松堂出版, 1998

[62] ボワソナード民法典研究会（Hrsg.）：ボワソナード民法典資料集成 前期 I. Bd. 2：ボワソナード氏起稿註釈民法草案：財産編. 東京：雄松堂出版, 1999

[63] ボワソナード民法典研究会（Hrsg.）：ボワソナード民法典資料集成 後期 I-II. Bd. 1：ボワソナード氏起稿再閲修正民法草案註釈：第一編物権ノ部. 東京：雄松堂出版, 2000

[64] ボワソナード民法典研究会（Hrsg.）：ボワソナード民法典資料集成 後期 I-II. Bd. 6：ボワソナード氏起稿再閲修正民法草案註釈：第五編. 東京：雄松堂出版, 2000

[65] ボワソナード民法典研究会（Hrsg.）：ボワソナード民法典資料集成 後期 I-II. Bd. 3：ボワソナード氏起稿再閲修正民法草案註釈：第三編. 東京：雄松堂出版, 2000

[66] ボワソナード民法典研究会（Hrsg.）：ボワソナード民法典資料集成 後期 I-II. Bd. 2：ボワソナード氏起稿再閲修正民法草案註釈：第二編人権ノ部. 東京：雄松堂出版, 2000

[67] ボワソナード民法典研究会（Hrsg.）：ボワソナード民法典資料集成 前期 I. Bd. 3：ボワソナード氏起稿再閲民法草案：財産編. 東京：雄松堂出版, 2000

[68] ミヒャエル・シュトライス（編）；佐々木有司＝柳原正治（訳）：一七・一八世紀の国家思想家たち：帝国公（国）法論・政治学・自然法論. 東京：木鐸社, 1995

[69] 岡本詔治：無償契約という観念を今日論ずることには，どういう意義があるか. In：椿寿夫（Hrsg.）：講座・現代契約と現代債権の展望. 日本評論社, 1990, S. 31-53

[70] 鎌田薫：フランス不動産譲渡法の史的考察（四-完）. In：民商法雑誌 66 (1972), Nr. 6, S. 75-98

[71] 吉田克己：二人の自然法学者―ボワソナードと梅謙次郎. In：法律時報 71 (1999), Nr. 3, S. 74-82

[72] 吉野悟：グロチウスとプーフェンドルフにおける所有権思想（1）. In：日本法学 53（1988）, Nr. 1, S. 35-88

[73] 吉野悟：グロチウスとプーフェンドルフにおける所有権思想（2）. In：日本法学 54（1988）, Nr. 1, S. 35-94

[74] 吉野悟：トマジウス（Thomasius）における所有権：トマジウスからヴォルフまで-1-. In：日本法学 55（1989), 12, Nr. 3, S. 393-429

[75] 吉野悟：近世私法史における時効. 東京：日本評論社, 1989

[76] 吉野悟：比較法史の基礎としての自然法学の所有権概念—まずグロチウスからトマジウスまで. In：法学紀要 35（1993), S. 215-289

[77] 吉野悟：所有権の完全性と絶対性—ボワソナード民法から明治三十年頃まで問題の所在—. In：日本法学 62（1996), Nr. 1, S. 45-81

[78] 吉野悟：所有権の完全性と絶対性（1）—ボワソナード民法の窓を通して見たフランス民法教科書の場合—. In：日本法学 62（1996), Nr. 2, S. 259-294

[79] 吉野悟：所有権の完全性と絶対性（2・完）—ボワソナード民法の窓を通して見たフランス民法教科書の場合—. In：日本法学 62（1996), Nr. 3, S. 459-512

[80] 吉野悟：プーフェンドルフの obligatio, pacta, promissio について（一). In：司法研究所紀要 12（2000), S. 157-192

[81] 高橋良彰：ボアソナードの二重譲渡論について—『倫理（moral)』・『自然法（dorit)』・『実定法（loi)』をめぐる覚書. In：法学会雑誌 30（1989), Nr. 1, S. 635-681

[82] 桜井徹：プーフェンドルフのエンティア・モラーリア理論. (1991), S. 170-178

[83] 七戸克彦：対抗要件主義に関するボワソナード理論. In：法学研究 64（1991), Nr. 12, S. 195-274

[84] 出雲孝：消費貸借に「給付の均衡」法理を適用することの可否—ローマ法, カノン法および近世自然法論における利息の禁止—. In：大学院研究年報 法学研究科篇 39（2010), S. 51-73

[85] 春木一郎：ユスティニアヌス帝学説彙纂プロータ. 東京：有斐閣, 1938

[86] 勝田有恒（Hrsg.)；山内進（Hrsg.)：近世・近代ヨーロッパの法学者たち. 京都：ミネルヴァ書房, 2008

[87] 松尾弘：グロチウスの所有権論（1）—近代自然法における所有権理論と民法理論の古典的体系. In：一橋研究 14（1989), Nr. 3, S. 107-135

[88] 松尾弘：グロチウスの所有権論（2・完）—近代自然法における所有権理論と民法理論の古典的体系. In：一橋研究 14（1990), Nr. 4, S. 131-160

[89] 新井誠：ヴィアッカーにおけるグロチウスの Promissio 概念（一). In：民商法雑誌 81（1979), Nr. 2, S. 208-223

[90] 清水元：「即時取得」論再考. In：東北学院大学論集 62（2004), S. 283-312

[91] 川島武宜：民法 I 総論・物権. 東京：有斐閣, 1960
[92] 船越隆司：物権法. 尚学社, 2002
[93] 大久保泰甫：日本近代法の父ボワソナアド. 東京：岩波書店, 1977（岩波新書黄版 33）
[94] 大久保泰甫：明治日本の「法整備事業」とボワソナード. In：日本法の国際的文脈 西欧・アジアとの連鎖. 東京：早稲田大学比較法研究所, 2005（早稲田大学比較法研究所叢書 32）, S. 61-85
[95] 大久保泰甫=高橋良彰：ボワソナード民法典の編纂. 東京：有松堂出版, 1999
[96] 大川四郎：近世自然法論の十八世紀フランス「強迫」学説に対する影響―バルベイラック版仏訳グロチウス、プーフェンドルフを媒介として. In：比較法史研究 Bd. 6. 東京：未来社, S. 241-255
[97] 大川四郎：近世自然法論の十八世紀フランス債務法論に対する影響―ジャン・バルベイラック版仏訳グロチウス、プーフェンドルフの十八世紀フランス法曹への普及を手がかりとして―. In：比較法史研究 Bd. 5. 東京：未来社, S. 170-190
[98] 池田真朗：自然法学者ボワソナード. In：法律時報 70（1998）, Nr. 9, S. 11-15
[99] 津野義堂：ヨーロッパ近世自然法の二重譲渡論における売買と所有権の移転. In：比較法雑誌 38（2004）, Nr. 1, S. 1-50
[100] 津野義堂：古典期ローマ法において非所有者から二重に売られて二重に引渡された物がウースーカピオによって所有権取得されウースーカピオ占有中に失われた占有がプーブリキアーナによって回復される法理のオントロジー. In：比較法雑誌 37（2004）, Nr. 4, S. 1-26
[101] 田中耕太郎：続世界法の理論（下）. 東京：有斐閣, 1972
[102] 田中実：D.23.3.81 および D.46.3.94（パピニアヌス『質議論』第 8 巻）に対するジャック・キュジャース（1520-1590）の註解―硬貨の所有物取戻訴権について―. In：南山法学 32（2009）, Nr. 3・4 合併, S. 253-292
[103] 筏津安恕：私法理論のパラダイム転換と契約理論の再編―ヴォルフ・カント・サヴィニー―. 東京：昭和堂, 2001
[104] 富井政章：売買ノ本義（一）. In：法學協會雑誌 9（1891）, Nr. 1, S. 42-46
[105] 富井政章：売買ノ本義（二）. In：法學協會雑誌 9（1891）, Nr. 2, S. 50-54
[106] 富井政章：法典ニ対スル意見（一）. In：法學協會雑誌 9（1891）, Nr. 11, S. 60-63
[107] 富井政章：法典ニ対スル意見（二）. In：法學協會雑誌 10（1892）, Nr. 1, S.

37-46

［108］片山直也：フランス法学説としてみたボワソナード旧民法〈覚書〉. In：法律時報 70（1998）, Nr. 9, S. 21-26

［109］穂積陳重：法窓夜話. 東京：岩波書店, 1980

［110］法務大臣官房司法法制調査部（Hrsg.）：法律取調委員会民法草案財産編人権ノ部議事筆記. Bd. 8. In：法務大臣官房司法法制調査部（Hrsg.）：日本近代立法資料叢書 Bd. 8. 東京：商事法務研究会, 1987

［111］堀三友 u. a.：民法疏義：証拠編. Bd. 10. 大阪：岡島宝文館, 1892

索　引

あ

か

さ

た

な

ら

わ

［著者略歴］

1982 年山口県岩国市生まれ。
中央大学法学部法律学科卒業。博士（法学）（中央大学）。
法学博士（フランクフルト大学）。
専門は近世自然法論。
主著に Die Gesetzgebungslehre im Bereich des Privatrechts bei Christian Thomasius（Peter Lang 社、2015 年）。
主要論文に「消費貸借に「給付の均衡」法理を適用することの可否―ローマ法、カノン法および近世自然法論における利息の禁止」（『中央大学大学院研究年報』第 39 号、51-73 頁、2009 年）などがある。

ボワソナードと近世自然法論における所有権論：

所有者が二重売りをした場合に関するグロチウス、プーフェンドルフ、
トマジウスおよびヴォルフの学説史

著者　出雲　孝

2016 年 9 月 20 日初版第 1 刷発行

・発行者――石井　彰

印刷・製本／新協印刷(株)

・発行所

KOKUSAI SHOIN Co., Ltd.
3-32-5, HONGO, BUNKYO-KU, TOKYO, JAPAN.
株式会社 国際書院
〒113-0033 東京都文京区本郷3-32-6 ハイヴ本郷1001
TEL 03-5684-5803　FAX 03-5684-2610
Eメール：kokusai@aa.bcom. ne.jp
http://www.kokusai-shoin.co.jp

（定価＝本体価格 6,400 円＋税）
ISBN978-4-87791-277-2 C3032 Printed in Japan

南山　淳

国際安全保障の系譜学
—現代国際関係理論と権力／知

87791-131-6　C3031　A5 判　299 頁　5,800 円

［21 世紀国際政治学術叢書①］権力／知概念を導入し、国際関係論という知の体系の内部に構造化されている「見えない権力」を理論的に解明するという方向性を探り、日米同盟の中の沖縄に一章を当て現代国際安全保障の意味を問う。(2004.5)

岩田拓夫

アフリカの民主化移行と市民社会論
—国民会議研究を通して

87791-137-5　C3031　A5 判　327 頁　5,600 円

［21 世紀国際政治学術叢書②］アフリカ政治における「市民社会」運動を基礎とした「国民会議」の活動を「グローバル市民社会論」などの角度からも検討し、民主化プロセスを問い直し、21 世紀アフリカの曙光の兆しを探る。(2004.9)

池田慎太郎

日米同盟の政治史
—アリソン駐日大使と「1955 年体制」

87791-138-3　C3031　A5 判　287 頁　5,600 円

［21 世紀国際政治学術叢書③］アメリカにとっては、55 年体制の左右社会党の再統一は保守勢力を結集させる「最大の希望」であった。日米の資料を駆使し、対米依存から抜けきれない日本外交の起源を明らかにする。(2004.10)

堀　芳枝

内発的民主主義への一考察
—フィリピンの農地改革における政府、NGO、住民組織

87791-141-3　C3031　A5 判　227 頁　5,400 円

［21 世紀国際政治学術叢書④］ラグナ州マバト村の住民組織・NGO が連携を取り、地主の圧力に抗し政府に農地改革の実現を迫る過程を通し伝統の再創造・住民の意識変革など「内発的民主主義」の現実的発展の可能性を探る。(2005.4)

阪口　功

地球環境ガバナンスとレジーム発展のプロセス
—ワシントン条約と NGO・国家

87791-152-9　C3031　A5 判　331 頁　5,800 円

［21 世紀国際政治学術叢書⑤］ワシントン条約のアフリカ象の取引規制問題に分析の焦点を当て、レジーム発展における具体的な国際交渉プロセスの過程に「討議アプローチ」を適用した最初の試みの書。(2006.2)

野崎孝弘

越境する近代
—覇権、ヘゲモニー、国際関係論

87791-155-3　C3031　A5 判　257 頁　5,000 円

［21 世紀国際政治学術叢書⑥］覇権、ヘゲモニー概念の背後にある近代文化の政治現象に及ぼす効果を追跡し、「越境する近代」という視点から、国際関係におけるヘゲモニー概念への批判的検討をおこなう。(2006.4)

玉井雅隆

CSCE 少数民族高等弁務官と平和創造

87791-258-1　C3031　A5 判　327 頁　5,600 円

［21 世紀国際政治学術叢書⑦］国際社会の平和をめざす欧州安全保障協力機構・少数民族高等弁務官（HCNM）の成立に至る議論の変化、すなわちナショナル・マイノリティに関する規範意識自体の変容をさまざまな論争を通して追究する。(2014.7)

武者小路公秀監修

ディアスポラを越えて
—アジア太平洋の平和と人権

87791-144-8　C1031　A5 判　237 頁　2,800 円

［アジア太平洋研究センター叢書①］アジア太平洋地域の地域民族交流システムを歴史の流れの中で捉える「ディアスポラ」を中心テーマにし、単一民族という神話から開放された明日の日本の姿をも追究する。(2005.3)

武者小路公秀監修

アジア太平洋の和解と共存
— 21 世紀の世界秩序へ向けて

87791-178-2　C1031　¥3200E　A5 判　265 頁　3,200 円

［アジア太平洋研究センター叢書②］第二次世界大戦の再評価をめぐって、60 年前の失敗と教訓を探りだし、戦後の欧州の経験、アジアでの軌跡をたどりつつ 21 世紀の新世界秩序へ向けて白熱した議論が展開する。(2007.3)

武者小路公秀監修

ディアスポラと社会変容
—アジア系・アフリカ系移住者と多文化共生の課題

87791-168-3　C1031　A5判　295頁　3,200円

［アジア太平洋研究センター叢書③］人種主義の被害を受けながら、移住先の国々でさまざまな貢献をしている何世代にわたるアジア系、アフリカ系移住者たちの不安、願望といった人間としての諸相を明らかにしようとする暗中模索の書である。(2008.3)

山城秀市

アメリカの政策金融システム

87791-173-7　C3033　A5判　291頁　5,400円

アメリカの連邦信用計画・政策金融を政府機関および政府系金融機関の活動に焦点を当て、産業政策・経済動向といった歴史的推移の中で分析し、あらためてわが国における政策金融のありかたに示唆を与える。(2007.9)

坂田幹男

開発経済論の検証

87791-216-1　C1033　A5判　217頁　2,800円

東アジアのリージョナリズムの展望は、市民社会および民主主義の成熟こそが保障する。戦前この地域に対して「権力的地域統合」を押しつけた経験のある日本はそのモデルを提供する義務がある。(2011.4.)

大和田滝惠・岡村　堯編

地球温暖化ビジネスのフロンティア

87791-218-5　C1034　A5判　313頁　2,800円

企業の意欲が自らの成長と地球の維持を両立させられるような国際環境の醸成ビジョンを提示する作業を通して、地球温暖化科学、政策化プロセス、国際交渉の視点などの「企業戦略のためのフロンティア」を追究する。(2011.3.)

立石博高／中塚次郎共編

スペインにおける国家と地域
—ナショナリズムの相克

87791-114-6　C3031　A5判　295頁　3,200円

本書は、地域・民族、地域主義・ナショナリズム、言語の歴史的形成過程を明らかにしながら、カタルーニャ、バスク、ガリシア、アンダルシアを取り上げ、歴史的現在のスペイン研究に一石を投じる。(2002.6)

ジョン・C・マーハ／本名信行編著

新しい日本観・世界観に向かって

906319-41-6　C1036　A5判　275頁　3,107円

アイヌの言語とその人々、大阪の文化の復活、日本における朝鮮語、ニューカマーが直面する問題、日本とオーストラリアの民族の多様性などの検討を通して、国内での多様性の理解が世界レベルの多様性の理解に繋がることを主張する。(1994.2)

林　武／古屋野正伍編

都市と技術

906319-62-9　C1036　A5判　241頁　2,718円

「日本の経験」を「都市と技術」との関わりで検討する。技術の基本的な視点を自然や社会との関わり、技術の担い手としての人間の問題として捉え、明治の国民形成期の都市づくり、職人層の活動に注目し、技術移転の課題を考える。(1995.1)

奥村みさ

文化資本としてのエスニシティ
―シンガポールにおける文化的アイデンティティの模索

87791-198-0 C3036 A5判 347頁 5,400円

英語圏文化および民族の主体性としての文化資本を駆使し経済成長を遂げた多民族都市国家シンガポールは、世界史・アジア史の激変のなかで持続可能な成長を目指して文化的アイデンティティを模索し、苦闘している。(2009.7)

渋谷 努編

民際力の可能性

87791-243-7 C1036 3200E A5判 261頁 3,200円

国家とは異なるアクターとしての民際活動が持つ力、地域社会におけるNPO・NGO、自治体、大学、ソーシャルベンチャー、家族といったアクター間の協力関係を作り出すための問題点と可能性を追求する。(2013.2)

駒井 洋

移民社会日本の構想

906319-45-9 C1036 A5判 217頁 3,107円

[国際社会学叢書・アジア編①] 多エスニック社会化を日本より早期に経験した欧米諸社会における多文化主義が今日、批判にさらされ、国家の統合も動揺を始めた。本書は国民国家の妥当性を問い、新たな多文化主義の構築を考察する。(1994.3)

マリア・ロザリオ・ピケロ・バレスカス 角谷多佳子訳

真の農地改革をめざして―フィリピン

906319-58-0 C1036 A5判 197頁 3,107円

[国際社会学叢書・アジア編②] 世界資本主義の構造の下でのフィリピン社会の歴史的従属性と決別することを主張し、社会的正義を追求した計画を実践する政府の強い意志力と受益農民の再分配計画への積極的関与を提唱する。(1995.5)

中村則弘

中国社会主義解体の人間的基礎
―人民公社の崩壊と営利階級の形成

906319-47-5 C1036 A5判 265頁 3,107円

[国際社会学叢書・アジア編③] 他の国や地域への植民地支配や市場進出、略奪を行わない形で進められてきた自立共生社会中国の社会主義解体過程の歴史的背景を探る。人民公社の崩壊、基層幹部の変質などを調査に基づいて考察する。(1994.6)

陳 立行

中国の都市空間と社会的ネットワーク

906319-50-5 C1036 A5判 197頁 3,107円

[国際社会学叢書・アジア編④] 社会主義理念によって都市を再構築することが中国の基本方針であった。支配の手段としての都市空間と社会的ネットワークが、人々の社会関係を如何に変容させていったかを考察する。(1994.8)

プラサート・ヤムクリンフング 松薗裕子/鈴木規之訳

発展の岐路に立つタイ

906319-54-8 C1036 A5判 231頁 3,107円

[国際社会学叢書・アジア編⑤] タイ社会学のパイオニアが、「開発と発展」の視点で変動するタイの方向性を理論分析する。工業化の効果、仏教の復活、政治の民主化などを論じ、価値意識や社会構造の変容を明らかにする。(1995.4)

鈴木規之

第三世界におけるもうひとつの発展理論
―タイ農村の危機と再生の可能性

906319-40-8 C1036 A5判 223頁 3,107円

[国際社会学叢書・アジア編⑥] 世界システムへの包摂による商品化が社会変動を生じさせ、消費主義の広がり、環境破壊などの中で、「参加と自助」による新しい途を歩み始めた人々の活動を分析し、新たな可能性を探る。(1993.10)

田巻松雄

フィリピンの権威主義体制と民主化

906319-39-4 C1036 A5判 303頁 3,689円

[国際社会学叢書・アジア編⑦] 第三世界における、80年代の民主化を促進した条件と意味を解明することは第三世界の政治・社会変動論にとって大きな課題である。本書ではフィリピンを事例として考察する。(1993.10)

中野裕二

フランス国家とマイノリティ
—共生の「共和制モデル」

906319-72-6 C1036 A5判 223頁 2,718円

［国際社会学叢書・ヨーロッパ編①］コルシカをはじめとした地域問題、ユダヤ共同体、移民問題など、「国家」に基づく共存の衝突を描く。共和制国家フランスが、冷戦崩壊後の今日、その理念型が問われている。（1996.12）

畑山敏夫

フランス極右の新展開
—ナショナル・ポピュリズムと新右翼

906319-74-2 C1036 A5判 251頁 3,200円

［国際社会学叢書・ヨーロッパ編②］1980年代のフランスでの極右台頭の原因と意味を検証。フランス極右の思想的・運動的な全体像を明らかにして、その現象がフランスの政治的思想的価値原理への挑戦であることを明らかにする。（1997.6）

高橋秀寿

再帰化する近代—ドイツ現代史試論
—市民社会・家族・階級・ネイション

906319-70-X C1036 A5判 289頁 3,200円

［国際社会学叢書・ヨーロッパ編③］ドイツ現代社会の歴史的な位置づけを追究する。「緑の現象」、「極右現象」を市民社会、家族、階級、ネイションの四つの領域から分析し、新種の政党・運動を生じさせた社会変動の特性を明らかにする。（1997.7）

石井由香

エスニック関係と人の国際移動
—現代マレーシアの華人の選択

906319-79-3 C1036 A5判 251頁 2,800円

［国際社会学叢書・ヨーロッパ編・別巻①］一定の成果を上げているマレーシアの新経済政策（ブミプトラ政策）の実践課程を、エスニック集団間関係・「人の移動」・国際環境の視点から考察する。（1999.2）

太田晴雄

ニューカマーの子どもと日本の学校

87791-099-9 C3036 A5判 275頁 3,200円

［国際社会学叢書・ヨーロッパ編・別巻②］外国生まれ、外国育ちの「ニューカマー」の子供たちの自治体における対応策、小・中学校における事例研究を通して教育実態を明らかにしつつ、国際理解教育における諸課題を検討し、多文化教育の可能性を探る。（2000.4）

藤本幸二

ドイツ刑事法の啓蒙主義的改革とPoena Extraordinaria

87791-154-5 C3032 A5判 197頁 4,200円

［21世紀国際史学術叢書①］Poena Extraordinariaと呼ばれる刑事法上の概念が刑事法の啓蒙主義的改革において果たした役割と意義について、カルプツォフの刑事法理論を取り上げつつ、仮説を提示し刑事法近代化前夜に光りを当てる。（2006.3）

遠藤泰弘

オットー・フォン・ギールケの政治思想
—第二帝政期ドイツ政治思想史研究序説

87791-172-0 C3031 A5判 267頁 5,400円

［21世紀国際史学術叢書②］19ないし20世紀初頭の多元的国家論の源流となったギールケの団体思想、政治思想の解明をとおして、現代国際政治・国内政治において動揺する政治システムに一石を投ずる。（2007.12）

権　容奭

岸政権期の「アジア外交」
—「対米自主」と「アジア主義」の逆説

87791-186-7 C3031 A5判 305頁 5,400円

［21世紀国際史学術叢書③］東南アジア歴訪、日印提携、日中関係、レバノン危機とアラブ・アフリカ外交そして訪欧、在日朝鮮人の「北送」など岸政権の軌跡の政治的深奥を見極めつつ日本の「アジアとの真の和解」を模索する。（2008.11）

矢崎光圀／野口寛／佐藤節子編

転換期世界と法
―法哲学・社会哲学国際学会連合会第13回世界会議

906319-01-7　C3001　A5判　267頁　3,500円

転換期世界における法の現代的使命を「高度技術社会における法と倫理」、「新たな法思想に向けて」を柱にして論じ、今日の「法、文化、科学、技術―異文化間の相互理解」を求める。本書は世界、法と正義、文化の深淵を示唆する。(1989.3)

坂本百大／長尾龍一編

正義と無秩序

906319-12-2　C3032　A5判　207頁　3,200円

自由から法に至る秩序形成過程を跡づけながら、正義という社会秩序の理念と社会解体への衝動との緊張関係という、社会秩序に内在する基本的ジレンマを追究する。いわば現代法哲学の諸問題の根源を今日、改めて本書は考える。(1990.3)

水林　彪編著

東アジア法研究の現状と将来
―伝統的法文化と近代法の継受

87791-201-7　C3032　A5判　287頁　4,800円

日中韓における西欧法継受の歴史研究および法の現状ならびに東アジア共通法の基盤形成に向けての提言を通して「東アジア共通法」を遠望しつつ、「東アジアにおける法の継受と創造」の研究、教育が本書のテーマである。(2009.11)

後藤　昭編

東アジアにおける市民の刑事司法参加

87791-215-4　C3032　A5判　271頁　4,200円

日・中・韓における「市民の刑事司法参加」を論じた本書は、①制度の生成、②機能、③政治哲学、④法文化としての刑事司法、といった側面から光を当て、各国の違いと共通項を見出し、制度の今後の充実を促す。(2011.2.)

高橋滋／只野雅人編

東アジアにおける公法の過去、現在、そして未来

87791-226-0　C3032　A5判　357頁　3,400円

グローバル化の世界的潮流のなかで、東アジア諸国における法制度の改革、整備作業の急速な進展を受けて、①西洋法の継受の過程、②戦後の経済発展のなかでの制度整備、③将来の公法学のあり方を模索する。(2012.3.)

稲田俊信

商法総制・商行為法講義

906319-61-0　C3032　A5判　195頁　2,200円

基本的事項を分かり易く説明し、どのような法的考え方が現代社会にとって有効か、また将来への先導制を有するものであるか、過去はどうであったかを考える。本書は「制度の維持」より「利用者の権利」を中心に叙述されている。(1995.5)

山村忠平

監査役制度の生成と発展

906319-73-4　C3032　四六判　185頁　2,600円

監査役制度の制度的展開の基礎事情を説明する。監査役制度を商法の枠組みから論述し、背景の社会的要請をも検討し、併せてその延長線上に展望される監査役制度の発展の方向を示唆する。今日見直される監査役制度の新しい理論書。(1997.3)

王　雲海

賄賂はなぜ中国で死罪なのか

87791-241-3　C1032　￥2000E　A5判　157頁　2,000円

賄賂に関する「罪と罰」を科す中国、日本、アメリカの対応を通して、それぞれの国家・社会の本質を追究する筆致は迫力がある。それは「権力社会」であり、「文化社会」あるいは、「法律社会」と筆者は規定する。(2013.1)

加藤哲実

宗教的心性と法
―イングランド中世の農村と歳市

87791-242-0　C3032　￥5600E　A5判　357頁　5,600円

法の発生史をたどるとき、法規範の発生そのものに宗教的心性がかかわっていた可能性を思い描きながら、イングランド中世の農村および市場町の慣習と法を通しての共同体および宗教的心性を探る。(2013.2)

中野裕二

フランス国家とマイノリティ
—共生の「共和制モデル」

906319-72-6　C1036　A5判　223頁　2,718円

[国際社会学叢書・ヨーロッパ編①] コルシカをはじめとした地域問題、ユダヤ共同体、移民問題など、「国家」に基づく共存の衝突を描く。共和制国家フランスが、冷戦崩壊後の今日、その理念型が問われている。(1996.12)

畑山敏夫

フランス極右の新展開
—ナショナル・ポピュリズムと新右翼

906319-74-2　C1036　A5判　251頁　3,200円

[国際社会学叢書・ヨーロッパ編②] 1980年代のフランスでの極右台頭の原因と意味を検証。フランス極右の思想的・運動的な全体像を明らかにして、その現象がフランスの政治的思想的価値原理への挑戦であることを明らかにする。(1997.6)

高橋秀寿

再帰化する近代—ドイツ現代史試論
—市民社会・家族・階級・ネイション

906319-70-X　C1036　A5判　289頁　3,200円

[国際社会学叢書・ヨーロッパ編③] ドイツ現代社会の歴史的な位置づけを追究する。「緑の現象」、「極右現象」を市民社会、家族、階級、ネイションの四つの領域から分析し、新種の政党・運動を生じさせた社会変動の特性を明らかにする。(1997.7)

石井由香

エスニック関係と人の国際移動
—現代マレーシアの華人の選択

906319-79-3　C1036　A5判　251頁　2,800円

[国際社会学叢書・ヨーロッパ編・別巻①] 一定の成果を上げているマレーシアの新経済政策（ブミプトラ政策）の実践課程を、エスニック集団間関係・「人の移動」・国際環境の視点から考察する。(1999.2)

太田晴雄

ニューカマーの子どもと日本の学校

87791-099-9　C3036　A5判　275頁　3,200円

[国際社会学叢書・ヨーロッパ編・別巻②] 外国生まれ、外国育ちの「ニューカマー」の子供たちの自治体における対応策、小・中学校における事例研究を通して教育実態を明らかにしつつ、国際理解教育における諸課題を検討し、多文化教育の可能性を探る。(2000.4)

藤本幸二

ドイツ刑事法の啓蒙主義的改革とPoena Extraordinaria

87791-154-5　C3032　A5判　197頁　4,200円

[21世紀国際史学術叢書①] Poena Extraordinaria と呼ばれる刑事法上の概念が刑事法の啓蒙主義的改革において果たした役割と意義について、カルプツォフの刑事法理論を取り上げつつ、仮説を提示し刑事法近代化前夜に光りを当てる。(2006.3)

遠藤泰弘

オットー･フォン･ギールケの政治思想
—第二帝政期ドイツ政治思想史研究序説

87791-172-0　C3031　A5判　267頁　5,400円

[21世紀国際史学術叢書②] 19ないし20世紀初頭の多元的国家論の源流となったギールケの団体思想、政治思想の解明をとおして、現代国際政治・国内政治において動揺する政治システムに一石を投ずる。(2007.12)

権　容奭

岸政権期の「アジア外交」
—「対米自主」と「アジア主義」の逆説

87791-186-7　C3031　A5判　305頁　5,400円

[21世紀国際史学術叢書③] 東南アジア歴訪、日印提携、日中関係、レバノン危機とアラブ・アフリカ外交そして訪欧、在日朝鮮人の「北送」など岸政権の軌跡の政治的深奥を見極めつつ日本の「アジアとの真の和解」を模索する。(2008.11)

矢崎光圀／野口寛／佐藤節子編

転換期世界と法
—法哲学・社会哲学国際学会連合会第13回世界会議

906319-01-7　C3001　A5判　267頁　3,500円

転換期世界における法の現代的使命を「高度技術社会における法と倫理」、「新たな法思想に向けて」を柱にして論じ、今日の「法、文化、科学、技術—異文化間の相互理解」を求める。本書は世界、法と正義、文化の深淵を示唆する。（1989.3）

坂本百大／長尾龍一編

正義と無秩序

906319-12-2　C3032　A5判　207頁　3,200円

自由から法に至る秩序形成過程を跡づけながら、正義という社会秩序の理念と社会解体への衝動との緊張関係という、社会秩序に内在する基本的ジレンマを追究する。いわば現代法哲学の諸問題の根源を今日、改めて本書は考える。（1990.3）

水林　彪編著

東アジア法研究の現状と将来
—伝統的法文化と近代法の継受

87791-201-7　C3032　A5判　287頁　4,800円

日中韓における西欧法継受の歴史研究および法の現状ならびに東アジア共通法の基盤形成に向けての提言を通して「東アジア共通法」を遠望しつつ、「東アジアにおける法の継受と創造」の研究、教育が本書のテーマである。（2009.11）

後藤　昭編

東アジアにおける市民の刑事司法参加

87791-215-4　C3032　A5判　271頁　4,200円

日・中・韓における「市民の刑事司法参加」を論じた本書は、①制度の生成、②機能、③政治哲学、④法文化としての刑事司法、といった側面から光を当て、各国の違いと共通項を見出し、制度の今後の充実を促す。（2011.2.）

高橋滋／只野雅人編

東アジアにおける公法の過去、現在、そして未来

87791-226-0　C3032　A5判　357頁　3,400円

グローバル化の世界的潮流のなかで、東アジア諸国における法制度の改革、整備作業の急速な進展を受けて、①西洋法の継受の過程、②戦後の経済発展のなかでの制度整備、③将来の公法学のあり方を模索する。（2012.3.）

稲田俊信

商法総制・商行為法講義

906319-61-0　C3032　A5判　195頁　2,200円

基本的事項を分かり易く説明し、どのような法的考え方が現代社会にとって有効か、また将来への先導制を有するものであるか、過去はどうであったかを考える。本書は「制度の維持」より「利用者の権利」を中心に叙述されている。（1995.5）

山村忠平

監査役制度の生成と発展

906319-73-4　C3032　四六判　185頁　2,600円

監査役制度の制度的展開の基礎事情を説明する。監査役制度を商法の枠組みから論述し、背景の社会的要請をも検討し、併せてその延長線上に展望される監査役制度の発展の方向を示唆する。今日見直される監査役制度の新しい理論書。（1997.3）

王　雲海

賄賂はなぜ中国で死罪なのか

87791-241-3　C1032　￥2000E　A5判　157頁　2,000円

賄賂に関する「罪と罰」を科す中国、日本、アメリカの対応を通して、それぞれの国家・社会の本質を追究する筆致は迫力がある。それは「権力社会」であり、「文化社会」あるいは、「法律社会」と筆者は規定する。（2013.1）

加藤哲実

宗教的心性と法
—イングランド中世の農村と歳市

87791-242-0　C3032　￥5600E　A5判　357頁　5,600円

法の発生史をたどるとき、法規範の発生そのものに宗教的心性がかかわっていた可能性を思い描きながら、イングランド中世の農村および市場町の慣習と法を通しての共同体および宗教的心性を探る。（2013.2）

菊池肇哉

英米法「約因論」と大陸法
—「カウサ理論」の歴史的交錯

87791-244-4　C3032　¥5200E　A5判　261頁　5,200円

17世紀初頭に成立した英米法の「約因論」と17世紀以降成立した大陸法の「カウサ理論」における「歴史的比較法」の試みを通して、両者が深い部分で複雑に絡み合っている姿を学問的な「見通し」をもって追究した。(2013.3)

小野田昌彦

法の条件
—法学新講

906319-43-2　C1032　A5判　319頁　3,107円

近代市民法の思想的背景から説き起こし、20世紀における法の実態を鮮明にしながら、我が国の現行法制度の構造を浮き彫りにする。法現象の理論的淵源を論理的に追究する思考訓練の方法も示され、各種の国家試験にも有益である。(1993.12)

山川一陽

新民法のはなし

87791-228-4　C1032　A5判　317頁　3,200円

初めて民法を学ぶ人のための入門書。民法が日常生活においてどのように運用され、どのような機能を発揮しているのか。事例を示しながら話しことばで書かれた民法全体を解説する「民法の本」である。(2012.3)

山川一陽編著

法学入門

906319-49-1　C1032　A5判　361頁　3,689円

法の歴史を述べ、日本法の「法の十字路」としての性格を明らかにする。各種の基本法の必須事項を示した上で、実際の裁判がどのように行われるかを解説する。保健関係法を扱った「社会法」、国際私法についても説明が行われる。(1994.5)

山内　進編

混沌のなかの所有

87791-101-4　C3032　A5判　283頁　3,800円

[法文化（歴史・比較・情報）叢書①] 地域や集団の歴史的過去や文化構造を含む概念としての法文化における対立と交流を総合的に考察する。本書は「自己所有権」に基づく近代所有権思想に21世紀的問い掛けをする。(2000.10)

加藤哲実編

市場の法文化

87791-117-0　C3032　A5判　281頁　3,800円

[法文化（歴史・比較・情報）叢書②] 市場あるいは交換や取引の背後にある法文化的背景、法文化的意味を探る本書は、地理的・歴史的な角度から、市場経済、市場社会などの概念が持つ深層の意味理解に向けて果敢な挑戦を試みた。(2002.2)

森　征一編

法文化としての租税

87791-143-×　C3032　A5判　229頁　3,200円

[法文化（歴史・比較・情報）叢書③] 租税を法文化として捉え直し、租税の歴史の深層に入り込むことによって問題の根源を浮上させ、21世紀の租税の姿を描くべく法学としての租税の新しい地平を開拓する。(2005.3)

森田成満編

法と身体

87791-149-9　C3032　A5判　223頁　3,600円

[法文化（歴史・比較・情報）叢書④] 生物進化と法、イスラム法での身体と内面、自己・所有・身体、王の身体・法の身体、犯罪人類学と人種、身体刑と生命刑の連続性と非連続性、清代の医療提供の仕組みなどを論ず。(2005.9)

津野義堂

コンセンサスの法理

87791-149-2　C3032　A5判　239頁　3,600円

[法文化（歴史・比較・情報）叢書⑤] 本書は、キケロー・古典期ローマ法・イギリス契約法・無名契約・引渡しの正当原因・典雅法学・ヘーゲルの契約論・婚姻・所有権におけるコンセンサスの意味を明らかにする。(2007.5)

林　康史編

ネゴシエイション
—交渉の法文化

87791-190-4　C3032　A5判　247頁　3,600円

［法文化（歴史・比較・情報）叢書⑥］法の実効性を支える法意識・コンセンサスをネゴシエイション・交渉の法文化の視点から捉え直す作業は、法意識・コンセンサスが情報の影響を受けやすいことから情報化時代における意義は大きい。　(2009.6)

佐々木有司編

法の担い手たち

87791-192-8　C3032　A5判　313頁　3,800円

［法文化（歴史・比較・情報）叢書⑦］法の形成・運用に携わり、これを担う人たちを法文化現象として捉える本書では、地域的・時代的に種々の法文化における多彩な「法の担い手たち」を取り上げ、論じている。　(2009.5)

王雲海編

名誉の原理
—歴史的国際的視点から

87791-207-9　C3032　A5判　269頁　3,600円

［法文化（歴史・比較・情報）叢書⑧］「名誉と不名誉の法的原理」の追究を通して、その裏に潜在している「文化的原理」および世界各地の「精神」を明らかにし、よりよく共存する世界の方途を思想する。　(2010.5)

眞田芳憲編

生と死の法文化

87791-208-6　C3032　A5判　255頁　3,400円

［法文化（歴史・比較・情報）叢書⑨］「いのちの尊厳」をめぐり法文化論的探求をおこなう。いのちをめぐる、歴史の中の、医療技術・いのちの尊厳、家族崩壊の中での、それぞれの「生と死の法文化」を追究する。　(2010.6)

屋敷二郎編

夫婦

87791-234-5　C3032　¥3600E　A5判　333頁　3,600円

［法文化（歴史・比較・情報）叢書⑩］変容する社会、国家を背景に見据えつつ、「夫婦」の法文化を法哲学・法制史学・比較法学・法実務などの多元的な学際的アプローチによって意欲的に探究する。　(2012.8)

堅田　剛編

加害／被害

87791-247-5　C3032　¥3600E　A5判　215頁　3,600円

［法文化（歴史・比較・情報）叢書⑪］テーマの「加害／被害」の関係がなぜスラッシュなのか。公害事件など関係の逆転現象さえあるように見える事態がある。いま法的な責任の所在について足場を固める必要性を説く　(2013.5)

小柳春一郎編

災害と法

87791-262-8　C3032　A5判　223頁　3,600円

［法文化（歴史・比較・情報）叢書⑫］災害対応に当たって公的制度のみならず、歴史における災害、災害と民事法、災害と司法制度、国際的文脈での災害などさまざまな角度からの法的研究である。　(2014.11)

大学セミナー・ハウス編

大学は変わる
—大学教員懇談会15年の軌跡

906319-07-6　C3037　四六判　324頁　2,718円

大学と大学観の変貌を分析し、様々な課題に関する議論を通して新しい大学教育像を模索する。大学改革、一般教育、大学間交流、大学の国際化などを、高等教育関係の法規、省令、臨教審報告等を参照しながら論ずる。　(1989.7)